中國學術思想研究輯刊

十二編

林慶彰 主編

第21冊

《列子》與《莊子》論夢之比較研究

黃素嬌 著

花木蘭文化出版社

國家圖書館出版品預行編目資料

《列子》與《莊子》論夢之比較研究／黃素嬌 著 — 初版 — 新
北市：花木蘭文化出版社，2011〔民100〕
目 2+164 面；19×26 公分
（中國學術思想研究輯刊 十二編；第21冊）
ISBN：978-986-254-662-8（精裝）
1. 列子　2. 莊子　3. 夢　4. 比較研究
030.8　　　　　　　　　　　　　　　　　　100015929

ISBN-978-986-254-662-8

9 789862 546628

中國學術思想研究輯刊
十二編　第二一冊　　　　　　　　ISBN：978-986-254-662-8

《列子》與《莊子》論夢之比較研究

作　　者　黃素嬌
主　　編　林慶彰
總 編 輯　杜潔祥
出　　版　花木蘭文化出版社
發 行 所　花木蘭文化出版社
發 行 人　高小娟
聯絡地址　新北市永和區中正路五九五號七樓
　　　　　電話：02-2923-1455／傳眞：02-2923-1452
網　　址　http://www.huamulan.tw 信箱 sut81518@gmail.com
印　　刷　普羅文化出版廣告事業
封面設計　劉開工作室
初　　版　2011 年 9 月
定　　價　十二編 55 冊（精裝）新台幣 90,000 元

《列子》與《莊子》論夢之比較研究

黃素嬌　著

作者簡介

黃素嬌，彰化縣人，畢業於國立台灣師範大學國文學系，國立彰化師範大學國文研究所碩士班。
現職為國中國文教師。

提　　要

　　本論文的研究重心，主要放在深究《列子》與《莊子》書中有關夢的論述，並嘗試比較
其異同，期能瞭解兩者對於夢的認識及藉夢寓理方面的異同。在研究方法方面，首重文本之研
讀與理解，其次則以相關之評點、研究著作、論文等資料，作為論文撰寫的參考；在分析夢例
方面，酌用佛洛依德的「夢是願望的達成」，及榮格的「集體潛意識」、「原型」等現代夢的理論
作為考察夢境成因及夢境內容的依據；在比較《列子》與《莊子》論夢之文字時，主要從形式、
內容方面來進行同異之探討。

　　本文共分為六章：第一章〈緒論〉，說明研究緣起、研究範圍與方法，並整理前人的研究
成果。第二章〈進入夢的世界〉，本章首先探究「夢」字的原始造意；其次將人類對夢的認識，
分為占夢迷信、理性探索、科學觀察等三個階段來加以介紹；最後則以「文本之夢」為題，討
論作家紛紛汲取「夢」為創作題材的原因。第三章〈《列子》論夢〉，本章針對《列子》一書涉
及夢理論和夢寓言之處，作全面的分析與探討，其中又分別以「夢有六候」、「夢覺之辨」、「夢
遊理想國」等三個主題，來觀察《列子》書中的夢理論與夢寓言。第四章〈《莊子》論夢〉，本
章針對《莊子》一書涉及夢理論和夢寓言之處，作全面的審視與分析，其中又分別以「夢與
不夢」、「蝴蝶夢」、「『非人』形象透過夢境表達意見」、「其他」等四個主題，來探討《莊子》書
中的夢理論與夢寓言。第五章〈《列子》與《莊子》論夢之比較〉，本章從「夢的產生」、「夢覺
問題」、「敘述特徵」等三個方面來比較《列子》與《莊子》書中所出現的夢理論與夢寓言。第
六章〈結論〉，總結本論文的研究成果，並進行研究檢討。

　　本文的研究發現，《列子》與《莊子》書中有關夢的論述，雖有部分思想或內容是極為相似
的；但若進一步深入探究，就會發現它們對於夢的基本關注是不同的，如《列子》主要是從冷靜、
理智的角度來分析夢的特性、夢覺問題等；而《莊子》則多偏重在夢覺問題的哲學思辨，以及
創造充滿「物化」色彩的夢寓言。因此，我們可以說《列子》之論夢，其主要貢獻是建立了理
論化與系統化的夢研究模式，而其對於夢因的多面性探討，即使從現在看來，也是極具參考價
值的。至於《莊子》之論夢，其最有價值之處則在於作者運用了文學虛構手法來創造不同的夢
境情節，並藉此表達作者的思想情感，使得人類對於夢的關注，從單純的夢象意義探索，進入
到夢象描寫藝術的文學殿堂，也正因為如此，所以莊子才會被視為中國「夢象藝術」的創始人。

目
次

第一章 緒 論

第一節 研究緣起

「最近突然覺得，生活像夢一樣。」因爲有了這樣的念頭，我開始不斷思考自己爲何會這樣想。是因爲自己沒有人生的目標，所以才產生這樣的不安？但仔細想想，似乎又不是這樣。畢竟，目標多少還是有一些的。還是說，因爲自己無法完成某些方面的目標，所以產生一種不確定；又因爲有了這些不確定，所以產生種種設想，而設想出來的種種，卻又同樣不確定，於是，才有人生如夢的感覺？當我不斷思考這個問題時，腦海油然浮現一闋詞：「……遙想公瑾當年，小喬初嫁了，雄姿英發，羽扇綸巾，談笑間，檣櫓灰飛煙滅。故國神遊，多情應笑我，早生華髮，人生如夢，一尊還酹江月。」（〈念奴嬌·赤壁懷古〉）這闋詞是蘇軾謫居黃州時期所作，它以「赤壁懷古」爲題，抒發作者期望建功立業的抱負和壯志難酬的感慨，但作者在結尾兩句，卻以曠達的胸襟，對人生的失意與苦悶作了一番自我解脫：「人生如夢，一樽還酹江月。」蘇軾面對無力改變的人生挫折，選擇用「人生如夢」這四個字來寬慰自己，隨後又舉起酒杯，將滿腹的心事、苦衷和多情，傾倒給江月，讓失意的情緒暫得寬解。但令人好奇的是，「人生」和「夢」真能「等同觀之」嗎？如果說，「人生如夢」是對人生狀況的一種近於真理的描述，那「真實」與「夢幻」之間的區隔又在哪裡？作過夢的人都有這樣的經驗，那就是我們在夢中絕少知道自己正在作夢，即使偶爾明白是在作夢，也並不能因此而醒來，在半夢半醒之間，夢依然持續作下去。正因爲如此，所以我常常在想，當我覺

得生活像夢一樣時，會不會是因為我正在作夢，而此刻出現在眼前的一切，其實只是一場虛幻的夢，也許就在下一刻，我會突然驚醒，然後過著所謂的「真實」人生？當我急切想要找出答案的同時，我突然明白，這一連串的疑問，早已不再是「人生如夢」這四個字所能輕易承載了。

「也許有一句話或一本書，能為我解決這些疑惑吧？」當我埋首於書堆，企圖從中尋找令人滿意的答案時，我想起「莊周夢蝶」這個故事：莊子曾於夢中幻化為一隻蝴蝶，並在夢中享受自適愉悅的飛翔之樂，但因為這個夢實在太過真實，所以莊子在醒來之後，不禁產生「究竟是莊周夢為蝴蝶，還是蝴蝶夢為莊周」的疑惑。「蝴蝶會夢見莊周嗎？」「科學地說，是『不會』。當然，有人可以用典型的『莊子邏輯』狡辯說：『你又不是蝴蝶，怎麼知道蝴蝶不會夢見莊周？』但這是一個科學問題，而非哲學問題。蝴蝶不可能夢見莊周，因為蝴蝶不會作夢，牠們沒有 REM 睡眠期。」〔註1〕（根據現代科學研究表明，人的睡眠狀態有兩種：一種是非眼球快動型睡眠，即 NREM；一種是眼球快動型睡眠，即 REM。而人們通常將 REM 作為夢活動的標誌。）的確，如果從科學的角度來看「究竟是莊周夢為蝴蝶，還是蝴蝶夢為莊周」這個問題，答案是明確的。但仔細深究又發現，這個夢的故事終究不在討論到底是「蝴蝶在作夢」還是「莊周在作夢」的問題，而是在於傳達「覺夢如一」、「生死如一」、「物我冥合」……等種種觀念。當我再進一步翻閱《莊子》一書時，又赫然發現書中不止一次利用夢的概念或夢的寓言來傳達對生命的認識與體悟。換句話說，當人們習慣性地以「夢」為喻依，間接傳達對生命的慨嘆時，莊子卻一再藉「夢」表述生命之理境，照這樣看來，「夢」已躍升為莊子體道、證道的工具，而不再僅僅是人生狀況的修飾語。「人生究竟是『真實』還是『虛幻』？我想，《莊子》或許能給我一個答案吧！」畢竟莊子曾經多次利用夢的概念或夢的寓言來談論生命的侷限、迷惘與偏執。也許，從莊子的夢理論或夢寓言裡，我能找到區分真實與夢幻的界限；亦或許，我能從中獲得生命的啟示，進而積極面對當下的每一刻，不再有人生如夢似幻的感慨。

有了這樣的想法，我決定以《莊子》藉「夢」寓理之題材，作為我碩士

〔註 1〕 王溢嘉：《夜間風景──夢》（台北：野鵝出版社，1994 年），〈夢周邊的科學觀察〉，頁 37。又筆者以為，代表古代中國人在邏輯問題及思辯形上學問題方面之思想成績者，應屬名家一派，故此處所云「莊子『邏輯』」，略有不妥。

論文的研究方向。當我向指導教授說明我的想法後，教授建議我以另一部對夢有精彩論述的古籍——《列子》，作爲相互比較的對象；而根據筆者的進一步探究，由於《列子》與《莊子》在文字上有許多雷同之處，所以學界對於「《莊》、《列》異同」問題的探討，多停留在「相類之篇章、文句」究竟是「誰抄襲誰」的爭辯上，〔註2〕而缺乏個別思想的比較。然而，古代社會並無所謂「著作權」觀念，所以古人在撰述文章之時，往往會用「徵引」或「闡述」古聖先人文章的方式，來表達自己的思想，如莊子所謂的「重言十七」，因此，有關古籍文字重出現象，實不該用今日的著作權法觀念來判定其爲「抄襲」。又依蕭登福之說，列子其人固在莊子之前，則《莊子》書容或有引《列子》書之處；而《列子》既是屢經增刪，則未必不雜《莊子》語，因此，硬說《列

〔註2〕 如梁啓超《古書眞僞及其年代》主張《列子》是東晉張湛採集道家之說湊合而成，並引證說明《列子》抄襲《莊子》。馬敍倫〈列子僞書考〉列舉數十例說明《列子》抄襲其它古籍的情形，並直陳此書乃魏晉時代好事之徒，「聚斂《管子》、《晏子》、《論語》、《山海經》、《墨子》、《莊子》、《尸佼》、《韓非》、《呂氏春秋》、《韓詩外傳》、《淮南》、《說苑》、《新序》、《新論》之言」而成書，並「假爲向序以見重」。陳旦〈列子楊朱篇僞書新證〉引證說明《列子》抄襲的對象包括《老子》、《周易》、《莊子》、《呂氏春秋》、《尸子》等，因此判斷《列子》是「魏晉間好事之徒」托僞而作。陳文波〈僞造列子者之一證〉認爲《列子》「頗似魏晉時之出品」，並舉證說明《列子》稱引《老子》、《靈樞》、《說苑》、《莊子》、《穆天子傳》、《史記》之處，同時指出其中抄錄最多的是《莊子》。以上參見楊伯峻：《列子集釋》（台北：華正書局，1987年），附錄三〈辨僞文字輯略〉，頁299～323。嚴靈峯《列子辯證及其中心思想》詳細比對《列子》與《莊子》、《周官》、《靈樞經》、《穆天子傳》雷同之文字，最後推出《莊子》及《周易》抄襲《列子》的結論。參見嚴靈峯：《列子辯證及其中心思想》（台北：時報文化出版事業有限公司，1983年），辯證〈列子書與莊子書雷同文字之比較與分析〉，頁50～110、附錄〈辯列子書不後於莊子書〉，頁233～265。馬達《《列子》眞僞考辨》詳細比較了《列子》與《莊子》大部分相同者十三例、一部份相同者四例、只有極少部分相同者六例，共二十三例，並以此推證出《莊子》抄襲《列子》。參見馬達：《《列子》眞僞考辨》（北京：北京出版社，2000年），〈《列子》與先秦著作〉，頁207～236。譚家健〈《列子》故事淵源考略〉說《列子》共可分爲143章，其中故事情節和先秦兩漢魏晉古籍相同者有58章，而在這當中又有高達19章是與《莊子》相同。當然，兩者之所以相同，完全是因爲《列子》之襲《莊》。參見譚家健：〈《列子》故事淵源考略〉，《社會科學戰線》第3期（2000年），頁136～144。鄭良樹〈從重文的關係，論《列子・黃帝》的流傳〉詳細分析《列子・黃帝》與《莊子》二書的重文，最後得出《莊子》抄襲《列子》的結論。參見鄭良樹：《諸子著作年代考》（北京：北京圖書館出版社，2001年），〈從重文的關係，論《列子・黃帝》的流傳〉，頁90～111。

子》抄《莊子》，或《莊子》抄《列子》，「皆多臆測，亦屬無益」。〔註3〕基於上述原因，本論文的研究重心，將放在深究《列子》與《莊子》書中有關夢的論述，並嘗試比較其異同，期能瞭解兩者對於夢的認識及藉夢寓理方面的異同，而不涉入傳統「《列子》抄《莊子》」或「《莊子》抄《列子》」的揣測當中。

第二節　研究範圍與方法

一、研究範圍

（一）取自《列子》之研究材料

　　列子乃列禦寇，或列圄寇之稱。關於列子其人其事的記載，散見於先秦典籍中，如《莊子》提及列子或列禦寇其人其事者就有七章之多：「夫列子御風而行」（〈逍遙遊〉）、「鄭有神巫曰季咸，……列子見之而心醉」（〈應帝王〉）、「列子行食於道從」（〈至樂〉）、「子列子問關尹」（〈達生〉）、「子列子窮」（〈讓王〉）、「列禦寇之齊」（〈列禦寇〉）、「列禦寇爲伯昏無人射」（〈田子方〉）。另如《戰國策》、《呂氏春秋》、《尸子》、《韓非子》等書，也都曾提及列子其人其事。因此，一般認爲列子是歷史上確實存在的人物，而非虛構之形象。〔註4〕至於列子的生存年代，將列子視爲鄭繻公時人，是較爲一般人接受的說法，換句話說，列子應是春秋末期的人物。〔註5〕

　　今之學者大抵認爲列子實有其人，但關於《列子》其書則存在許多爭議。有人以爲《列子》一書是晉人僞託而成，全然不可信；有人以爲《列子》雖

〔註3〕蕭登福：《列子探微》（台北：文津出版社，1990年），〈列子其人及《列子》成書年代之探討〉，頁11～12。

〔註4〕關於列子是眞實或虛構之人物，前人已有詳細論述。雖有人以《史記》不爲列子立傳，而懷疑列子存在的眞實性（如宋代高似孫），但多數學者認爲，列子應是歷史上確實存在的人物（可參見周紹賢《列子要義》、莊萬壽《新譯列子讀本》、蕭登福《列子探微》等書），這是因爲多部典籍都曾提及列子其人，若以太史公不爲列子立傳而否定其人的存在，顯然不盡合理。

〔註5〕列子生存年代歷來頗多爭議，如劉向以列子爲鄭繻公時人，柳宗元、葉大慶以列子爲魯穆公（鄭繻公）時人，馬敍倫以列子爲鄭簡公時人等。但一般較採信的說法，則以列子爲鄭繻公時人。如今人蕭登福、莊萬壽等，便針對以上各個說法而推證出列子爲鄭繻公時人（可參見莊萬壽《新譯列子讀本》、蕭登福《列子探微》等書）。

有後人薈萃補綴之跡而非先秦全書，然其中蘊藏了列子眞言；也有人以爲今本《列子》是根據《列子》殘卷，並糅雜秦漢以前的一些古書（主要是《莊子》）及魏晉資料編集而成，代表某些魏晉人的思想。蕭登福指出，一般認爲《列子》是僞書者，其所持理由主要有四：其一、列子是春秋時人，但《列子》書中卻有戰國時所發生的事。其二、《列子》摻雜漢魏佛家語，因而有人推斷爲張湛所杜撰。其三、《列子》與其它子書，如《莊子》、《呂氏春秋》、《韓非子》、《淮南子》、《穆天子傳》等，文字相近者甚多。其四、楊伯峻以爲《列子》文字語法，不似先秦。然蕭登福認爲，古籍在流傳過程中，被增刪的情形是時有所見的，因此，《列子》書中出現的戰國事及佛家語，很可能是後人所增入，我們可以說這些增入的部分非原書所有，但卻不能據此推斷此書爲僞。又所謂地有南北，而人物各殊、方言各異，以漢語史的角度來評斷《列子》爲僞，就如同據《詩經》之語詞來評斷《楚辭》之眞僞，這種考證方法是非常不合理的。另如《列子》文字與其它書籍文字重出者，很可能是因爲這些重出的文字，都是取自古老傳說或當時社會流傳之事蹟；或只是藉其故事演述自己的哲理，而與抄襲無關；亦或一段文字或故事傳抄既久，常會出現兩屬或多屬的現象，甚至有故事雖同，而主角互異的情形，此係傳抄、傳聞致誤，而與抄襲無關。蕭登福以爲，先秦諸子大抵先有其人及其學說，然後再由自己筆之成書，或由自己與門人合撰而成書。故《列子》一書之編纂，或由列子門人及其再傳門人所撰，故書中常有「子列子」、「列子」之稱；再由戰國時韓人史疾已治其學看來，《列子》一書也可能有部分是列子自撰。換言之，《列子》一書應成書於春秋至戰國之世，它是由列子之門弟子及其後學所陸續編纂增入，但亦可能存有部分列子之原作。又由於《列子》摻有後人增撰之語，因而可說書中有部分爲僞，但整體而言，《列子》仍可謂先秦舊籍，而非六朝人僞撰。〔註6〕再者，由《莊子》曾多次提到列子其人，而《列子》卻隻字未提莊子的情況看來，《列子》亦當成書於莊子之前。

　　本文對於《列子》之研究，只著重探討《列子》全書有關夢的論述，而不涉入《列子》眞僞問題的考辨。至於《列子》書中出現夢理論或夢寓言之處，謹以簡表羅列如下：〔註7〕

〔註6〕蕭登福：《列子探微》，頁 9～19。
〔註7〕《列子·楊朱篇》有一處寫道：「太古之事滅矣，孰誌之哉？三皇之事若存若亡，五帝之事若覺若夢，三王之事或隱或顯，億不識一。」其內容雖涉及「夢」

篇　名	內　容　摘　述
〈黃帝篇〉	黃帝即位十有五年，……晝寢而夢，遊於華胥氏之國。華胥氏之國在弇州之西，台州之北，不知斯齊國幾千萬里。蓋非舟車足力之所及，神游而已。……天下大治，幾若華胥氏之國，而帝登假，百姓號之，二百餘年不輟。
〈周穆王篇〉	周穆王時，西極之國有化人來，……化人曰：「吾與王神遊也，形奚動哉？且曩之所居，奚異王之宮？曩之所遊，奚異王之圃？王閒恆有，疑暫亡。變化之極，徐疾之間，可盡模哉？」
	覺有八徵，夢有六候。……子列子曰：「神遇為夢，形接為事。故晝想夜夢，神形所遇。故神凝者想夢自消。信覺不語，信夢不達；物化之往來者也。古之真人，其覺自忘，其寢不夢；幾虛語哉？」
	西極之南隅有國焉，不知境界之所接，名古莽之國。……以夢中所為者實，覺之所見者妄。四海之齊謂中央之國，……以為覺之所為者實，夢之所見者妄。東極之北隅有國曰阜落之國，……多馳步，少休息，常覺而不眠。
	周之尹氏大治產，……有老役夫，筋力竭矣，而使之彌勤。晝則呻呼而即事，夜則昏憊而熟寐。精神荒散，昔昔夢為國君。……尹氏心營世事，慮鍾家業，心形俱疲，夜亦昏憊而寐。昔昔夢為人僕，趨走作役，無不為也；……尹氏聞其友言，寬其役夫之程，減己思慮之事，疾並少間。
	鄭人有薪於野者，遇駭鹿，御而擊之，斃之。恐人見之也，遽而藏諸隍中，覆之以蕉，不勝其喜。俄而遺其所藏之處，遂以為夢焉。……國相曰：「夢與不夢，臣所不能辨也。欲辨覺夢，唯黃帝孔丘。今亡黃帝孔丘，孰辨之哉？且恂士師之言可也。」

（二）取自《莊子》之研究材料

　　莊子名周，為戰國中期宋國蒙城人。〔註8〕莊子的形象曾多次出現在《莊子》一書中，余靜惠在《死亡的問題與《莊子》哲學的回應》中，對《莊子》書中的莊子作了整理，她認為從《莊子》一書可以勾勒出莊子是一位家境貧苦、終身不仕、生活愜意、死生無掛的人，並以惠子為好友。〔註9〕在《史記・老

　　　　字，但因為此處只在形容遠古之事消失不傳，而不涉及夢理論或夢寓言，故
　　　　不列入本文討論範圍。參見楊伯峻：《列子集釋》，頁234。
〔註8〕莊子的生活年代，據聞一多考證在前375～前295年，馬敘倫考證在前369～
　　　　前286年，范文瀾考證在前328～前286年，呂振羽考證在約前355～前275
　　　　年，楊榮國考證在前365～前290年等說法。各家觀點雖有差異，但大略屬於
　　　　戰國中期。參見熊鐵基、劉固盛、劉韶軍等著：《中國莊學史》（長沙：湖南
　　　　人民出版社，2003年），〈莊子其人其書及其思想〉，頁2。
〔註9〕余靜惠：《死亡的問題與《莊子》哲學的回應》（桃園：中央大學哲學研究所

子韓非列傳》有一段關於莊子的記載：

> 莊子者，蒙人也，名周。周嘗爲蒙漆園吏，與梁惠王、齊宣王同時。
> 其學無所不闚，然其要本歸於老子之言。故其著書十餘萬言，大抵
> 率寓言也。作漁父、盜跖、胠篋，以詆訿孔子之徒，以明老子之術。
> 畏累虛、亢桑子之屬，皆空語無事實。然善屬書離辭，指事類情，
> 用剽剝儒、墨，雖當世宿學不能自解免也。其言洸洋自恣以適己，
> 故自王公大人不能器之。楚威王聞莊周賢，使使厚幣迎之，許以爲
> 相。莊周笑謂楚使者曰：「千金，重利；卿相，尊位也。子獨不見郊
> 祭之犧牛乎？養食之數歲，衣以文繡，以入大廟。當是之時，雖欲
> 爲孤豚，豈可得乎？子亟去，無污我。我寧游戲污瀆之中自快，無
> 爲有國者所羈，終身不仕，以快吾志焉。」〔註10〕

《史記》記載：「楚威王聞莊周賢，使使厚幣迎之，許以爲相。」但莊周並未
接受。他說：「寧游戲污瀆之中自快，無爲有國者所羈。」後終身不仕。莊周
一生過著十分貧苦的生活，就連在《莊子》書中，也曾多次寫到他鄙棄高官
厚祿的故事。他居處陋巷，向人借糧，並自織草鞋，穿著粗布衣和破鞋，甘
願閒居獨處，這點與《史記》中簡單的記載是一樣的。

關於《莊子》一書，《漢書·藝文志》著錄《莊子》有五十二篇，而今所
見郭象注的《莊子》僅存三十三篇，其中又分爲三部分：一是內篇七篇，二
是外篇十五篇，三是雜篇十一篇。一般以爲，內七篇爲莊子自著，而外雜篇
爲莊子後學所著，但內容大抵不違莊周主旨。因此，本文將視《莊子》爲一
個完整的莊子思想體系，在研究材料的取捨方面，除了內七篇之外，亦將擴
及外雜篇。換句話說，本文只針對《莊子》全書有關「夢」之主題作一探討，
而不涉及《莊子》一書的作者問題。又由於莊子是其學派唯一可稱的代表，
故本文將以「莊子」作爲《莊子》作者的代稱。至於《莊子》書中出現夢理
論或夢寓言之處，謹以簡表羅列如下：

篇　名	內　容　摘　述
〈齊物論〉	夢飲酒者，旦而哭泣；夢哭泣者，旦而田獵。方其夢也，不知其夢也。夢之中又占其夢焉，覺而後知其夢也。且有大覺而後知此其大夢也。……萬世之後而一遇大聖，知其解者，是旦暮遇之也。

碩士論文，1994 年 6 月），〈導論〉，頁 7～8。
〔註10〕瀧川龜太郎：《史記會注考證》（台北：文史哲出版社，1993 年），頁 834。

	昔者莊周夢爲胡蝶，栩栩然胡蝶也，自喻適志與！不知周也。俄然覺，則蘧蘧然周也。不知周之夢爲胡蝶與，胡蝶之夢爲周與？周與胡蝶，則必有分矣。此之謂物化。
〈人間世〉	匠石之齊，至於曲轅，見櫟社樹。……匠石歸，櫟社見夢曰：「……使予也而有用，且得有此大也邪？且也若與予也皆物也，奈何哉其相物也？而幾死之散人，又惡知散木！」……不爲社者，且幾有翦乎！且也彼其所保與眾異，而以義喻之，不亦遠乎！」
〈大宗師〉	古之眞人，其寢不夢，其覺无憂，其食不甘，其息深深。
	顏回問仲尼曰：「孟孫才，其母死，哭泣无涕，中心不戚，居喪不哀。……回壹怪之。」……且汝夢爲鳥而厲乎天，夢爲魚而沒於淵。不識今之言者，其覺者乎，其夢者乎？造適不及笑，獻笑不及排，安排而去化，乃入於寥天一。」
〈天運〉	孔子西遊於衛。顏淵問師金曰：「以夫子之行爲奚如？」師金曰：「惜乎，而夫子其窮哉！」……將復取而盛以篋衍，巾以文繡，遊居寢臥其下，彼不得夢，必且數眯焉。……惜乎，而夫子其窮哉！」
〈刻意〉	故曰：聖人之生也天行，其死也物化。……其寢不夢，其覺无憂。其神純粹，其魂不罷。虛无恬惔，乃合天德。
〈至樂〉	莊子之楚，見空髑髏，髐然有形，撽以馬捶，……夜半，髑髏見夢曰：「子之談者似辯士。視子所言，皆生人之累也，死則无此矣。子欲聞死之說乎？」……髑髏深矉蹙頞曰：「吾安能棄南面王樂而復爲人閒之勞乎！」
〈田子方〉	文王觀於臧，見一丈夫釣，而其釣莫釣；非持其釣有釣者也，常釣也。……於是旦而屬之大夫曰：「昔者寡人夢見良人，黑色而頯，乘駁馬而偏朱蹄，號曰：『寓而政於臧丈人，庶幾乎民有瘳乎！』」……仲尼曰：「默，汝无言！夫文王盡之也，而又何論刺焉！彼直以循斯須也。」
〈外物〉	宋元君夜半而夢人被髮闚阿門，……如是，則知有所困，神有所不及也。雖有至知，萬人謀之。魚不畏網而畏鵜鶘。去小知而大知明，去善而自善矣。嬰兒生无石師而能言，與能言者處也。」
〈列禦寇〉	鄭人緩也呻吟裘氏之地。祇三年而緩爲儒，河潤九里，澤及三族，使其弟墨。儒墨相與辯，其父助翟。十年而緩自殺。其父夢之曰：「使而子爲墨者予也。闔胡嘗視其良，既爲秋柏之實矣？」……聖人安其所安，不安其所不安；眾人安其所不安，不安其所安。

二、研究方法

　　本論文的研究方法，首重文本之研讀與理解，其次則以相關之評點、研究著作、論文等資料，作爲論文撰寫的參考。又在佛洛依德（Sigmund Freud，

1856-1939）的觀念裡，夢的產生是有意義的精神現象，是一種願望的達成；〔註11〕而榮格（Carl Gustav Jung，1875-1961）則認為，夢在將概念影像化時，其中某些概念是人類所共有的，這些共同的概念就是「集體潛意識」中的「原型」。「原型」是人類心靈的一種本能傾向，它們會一再以象徵的方式出現在人類的神話和夢境，當這些充滿象徵意義的原型出現在夢中時，它的目的不是要滿足欲望，而是要對現實生活裡的難題帶來啟示，或提醒被忽視的一些重要問題。〔註12〕因此，本文在分析夢例方面，亦將酌用佛洛依德的「夢是願望的達成」，及榮格的「集體潛意識」、「原型」等現代夢的理論作為考察夢境成因及夢境內容的依據。而在比較《列子》與《莊子》論夢之文字時，則主要從形式、內容方面來進行同異之探討。至於論文之架構，主要安排如下：

第一章〈緒論〉：說明研究緣起、研究範圍與方法，並整理前人的研究成果。

第二章〈進入夢的世界〉：本章首先探究「夢」字的原始造意；其次將人類對夢的認識，分為占夢迷信、理性探索、科學觀察等三個階段來加以介紹；最後則討論「文本之夢」，期能瞭解作家紛紛汲取「夢」為創作題材的原因。

第三章〈《列子》論夢〉：本章針對《列子》一書涉及夢理論和夢寓言之處，作全面的分析與探討。其中又分別以「夢有六候」、「夢覺之辨」、「夢遊理想國」等三個主題，來觀察《列子》中的夢理論與夢寓言，期能瞭解《列子》對於夢的認識及藉由這一「夢」的主題所寄託的哲理。

第四章〈《莊子》論夢〉：本章針對《莊子》一書涉及夢理論和夢寓言之處，作全面的審視與分析。其中又分別以「夢與不夢」、「蝴蝶夢」、「『非人』形象透過夢境表達意見」、「其他」等四個主題，來探討《莊子》中的夢理論

〔註11〕 在佛洛依德的觀念裡，夢的產生是有意義的精神現象，是一種願望的達成：「夢，並不是空穴來風、不是毫無意義的、不是荒謬的、也不是一部分意識昏睡，而只有少部分乍睡乍醒的產物。它完全是有意義的精神現象。實際上，是一種願望的達成。它可以算是一種清醒狀態精神活動的延續。它是由高度錯綜複雜的智慧活動所產生的。」佛洛依德著，賴其萬、符傳孝譯：《夢的解析》（台北：志文出版社，2005年），〈夢是願望的達成〉，頁67。

〔註12〕 依據榮格的理論，「原型是普遍的模式或主題，源自集體潛意識，也是宗教、神話、傳說以及童話故事的基本內容。它們會在個人的夢裡和視覺影像中浮現」；去瞭解夢者有意識的心靈所不知道的原型形象，可以瞭解夢者心靈更深層的本質。參見詹姆斯·霍爾（James A.Hall,M.D）著，廖婉如譯：《榮格解夢書——夢的理論與解析》（台北：心靈工坊文化事業股份有限公司，2006年），頁58、201、202。

與夢寓言，期能瞭解莊子藉「夢」表述之生命理境。

　　第五章〈《列子》與《莊子》論夢之比較〉：本章將在〈《列子》論夢〉與〈《莊子》論夢〉的研究基礎下，嘗試比較《列子》與《莊子》書中所出現的夢理論與夢寓言。其中又分別從「夢的產生」、「夢覺問題」、「敘述特徵」等三個方面來加以比較，盼能理解兩者的夢理論或夢寓言在形式、內容上的異同。

　　第六章〈結論〉：總結本論文的研究成果，並進行研究檢討。

第三節　前人研究成果

一、《列子》論夢之研究現況

（一）一般著述

　　有關《列子》論夢的之研究現況，在一般著述方面，錢鍾書《管錐編（中）》（香港：太平圖書公司，1980 年）於〈列子張湛註九則〉一章中，在「周穆王」一節對〈周穆王篇〉的夢描述作了探討。嚴靈峯《列子辯誣及其中心思想》（台北：時報文化出版事業有限公司，1983 年）於第三章〈「《列子》書」大同歸於老莊──列子的中心思想〉中，以一節「夢覺異境由於感受不同」來探討〈周穆王篇〉的夢、覺之說。楊汝舟《道家思想與西方哲學》（台北：中央文物供應社，1983 年）於第三章〈列子神秘思想之意旨〉中，在「列子神秘思想之眞意」一節探討了「黃帝『晝寢而夢』之眞意」與「周穆王與『化人』之眞意」。

（二）期刊論文

　　在期刊論文方面，雖有一些研究《列子》思想的文章在行文中多少涉及《列子》之夢的探討，但目前還沒有專以《列子》之夢為研究主題的文章出現。不過，在網路論壇上，由陳寒鳴所寫〈列子夢論──列子與夢的探索〉（中華文史網 http://www.historychina.net/Search/index.jsp，2006 年 11 月 2 日）一文，則分析了《列子》一書關於夢的探討，其中包含神的論述、想與夢、有接與無接、陰陽相對的觀點、夢因的探討、覺有八徵等，著者並且在文章後半段，從形開與形接、眞人無夢、齊夢覺等三個方向，來比較《莊子》與《列子》夢論之異同。

（三）學位論文

　　在學位論文方面，雖有研究者在論文中涉及《列子》之夢的探討，如黃美煖《列子神話、寓言研究》（台北：台灣師範大學國文研究所碩士論文，1986 年12 月）於第四章〈列子神話、寓言之思想〉裡，在「政治論」一節討論了「黃帝夢遊華胥」的故事，並指出華胥國是一淨化之精神世界，它是亂世所尋求之遠心避世勝境；在「人生論」一節則討論了〈周穆王篇〉中有關夢的記載。而第五章〈列子神話、寓言之表現技巧及其文學價值〉裡，則在「列子神話、寓言之表現技巧」一節中討論「古莽、中央、阜落三國」的遠國意象。黃銘亮《先秦兩漢間夢的類型與意義——中國古代夢的迷思》（台北：台灣大學歷史學研究所碩士論文，1993 年）於第四章〈夢的解析——先秦及漢代諸子論夢〉中，以一節「莊子、列子、荀子、黃帝內經」對〈周穆王篇〉中「覺有八徵，夢有六候……」一段作了探討。黃翔《《列子》寓言思想研究》（台北：台灣大學中國文學研究所碩士論文，2002 年 1 月）於第五章〈認識論寓言〉裡，在「論名實」一節中，藉「尹氏與役夫」、「鄭人爭鹿」兩則寓言來探討夢覺概念。在第六章〈政教論寓言〉裡，於「論治道」一節指出，華胥國是政治理想最高境界；於「論出處」一節中，藉「鄭人爭鹿」的故事來論儒、道兩家之高下。熊道麟《先秦夢文化探微》（高雄：高雄師範大學國文研究所博士論文，2002 年）在第六章〈占夢態度的理智與調和〉裡，於「《莊子》論夢與生命哲理」一節亦對《列子》之夢進行探討。王志瑜《唐代傳奇夢之研究》（台北：中國文化大學中國文學研究所碩士論文，2005 年）在第二章〈唐傳奇夢文化之淵源〉裡，於「哲理散文中夢寓言」一節對《列子》中的夢寓言進行探討。但整體來說，只有熊道麟《先秦夢文化探微》對《列子》之夢有較全面的審視。

二、《莊子》論夢之研究現況

（一）一般著述

　　有關《莊子》論夢之研究，在一般著述方面，陳鼓應《莊子哲學》（台北：台灣商務印書館股份有限公司，1966 年）於第二章〈蝴蝶夢〉中探討「莊周夢蝶」之義蘊，而作者在討論莊子何以變形為蝴蝶時，更引用卡夫卡《變形記》作為對照。王煜《老莊思想論集》（台北：聯經出版事業公司，1979 年）於〈辯無勝負：論敵似生死或夢覺不相解悟〉一文，探討〈齊物論〉中有關

夢的記載，並指出「莊周夢蝶」之「物化」是指在夢境中改變了身份，而非死亡與輪迴；而〈無情無憂無夢：靈臺鏡心應物勝物〉一文則探討了「眞人無夢」，認爲眞人因爲超化了世俗的思慮營謀，心靈如赤子嬰兒，所以才能免除幻夢。傅正谷《中國夢文化》（北京：中國社會科學出版社，1993 年）於第一章〈中國古代夢理論的代表者〉中，以一節「莊子」對《莊子》全書涉及「夢」描述的地方作了討論；而傅正谷的另一本著作《中國夢文學史》（北京：光明日報出版社，1993 年），也於第一章〈先秦：中國夢文學的萌芽與奠基時期〉中，以一節「莊子：中國古代夢理論與夢文學的重要奠基人」對《莊子》之夢進行了討論，但內容和《中國夢文化》所提極爲相似。杜保瑞《莊周夢蝶》（台北：書泉，1995 年）雖以「莊周夢蝶」爲書名，但作者只於其中一小節論述了「莊周夢蝶」之義蘊。楊健民《中國夢文化史》（福建：福建教育出版社，1997 年）於第四章〈春秋戰國時期的夢象與夢占語言〉中，以一節「『道』的觀念與老莊論夢」對《莊子》之夢進行探討，然其中諸多觀點都承襲傅正谷的說法，缺乏獨特新穎的見解。由牟宗三講述、陶國璋整構之《莊子齊物論義理演析》（台北：書林出版有限公司，1999 年）一書，於第六章〈聖人之葆光〉中，以一節「大夢而後大覺」來探討〈齊物論〉中「瞿鵲子問長梧子」一章所提出的夢、覺觀念；並於第七章〈尾聲〉中，以一節「莊周夢爲蝴蝶」來討論〈齊物論〉中「莊周夢蝶」之義蘊。姚偉鈞《神秘的占夢：夢文化散論》（南寧：廣西人民出版社，2004 年）在下篇第四章〈占夢與養生及氣功〉裡，於「莊子的『夢』與『道』」一節中指出，莊子所描述的夢境和養生氣功的實踐活動是有密切關係的。

此外，由周熾成翻譯出版之美國學者愛蓮心（Robert E.Allinson）所著《嚮往心靈轉化的莊子：內篇分析》（南京：江蘇人民出版社，2004 年）一書，作者於第六、七章裡，透過調整《莊子》文本的作法來理解「莊周夢蝶」這個故事，爲莊子蝴蝶夢的詮釋帶來新視界。

（二）期刊論文

在期刊論文方面（大陸 1994～2006，台灣 1997～2007），學者對於《莊子》夢理論或夢寓言之研究，可概分爲以下幾個方向：

1. 探究《莊子》之夢在中國夢文學發展史上的地位

有關這方面的研究，在台灣期刊方面，目前未有專論此議題的文章出現。

至於大陸期刊方面，蔣振華〈《莊子》夢寓言——中國夢文學的開山鼻祖〉（《求索》第 3 期，1995 年）指出，雖然在《莊子》之前已有許多作品涉及夢的記載（如《論語》、《詩經》），但這些夢的記載都未具備完整的夢境描寫，一直要到《莊子》才開創了風格奇異、文學色彩濃厚的夢文學——夢寓言，因此《莊子》可謂中國夢文學的開山鼻祖。張蘭花〈論莊子之夢的文化地位〉（《商丘師範學院學報》第 21 卷第 3 期，2005 年 6 月）指出，《莊子》藉夢象釋理抒情，打破了哲學常規的邏輯說理方式，且莊子筆下的夢象均為自覺虛構，是為整體哲理的闡釋和審美需求服務而設，而不以宗教意義為最終目的，使夢描寫進入真正自由的藝術天地。而莊子以夢為文所開創的夢象藝術，不僅打通了窺視人心及社會隱密的渠道，並正式拉開中國夢文學發展的序幕。張蘭花、白本松〈莊子是中國「夢象藝術」的創始人〉（《中州學刊》第 4 期，2005 年 7 月）指出，在莊子之前，夢描寫是帶有「夢兆」神學性質的簡單紀實，而莊子的夢描寫則充滿夢幻式文學虛構和複雜描寫，故莊子可謂中國「夢象藝術」的創始人。

綜合上述可以發現，莊子在中國夢文學的發展史上實具有關鍵地位，有了莊子夢象藝術的激發，中國夢文學的發展始得以更加完善。

2. 探究《莊子》之夢的哲學義蘊

有關這方面的研究，在台灣期刊方面，鍾雲鶯〈《莊子》之「夢」探析〉（《鵝湖月刊》第 23 卷第 5 期，1997 年 11 月）將《莊子》全書涉及「夢」描述的地方作了一番整理。作者將莊子的夢描述分為「直接論理」與「間接寓託」兩種描述方式，並認為莊子的夢描述都指向「大覺」與「大夢」兩大意義。吳明益〈試論《莊子》藉「夢」表述之生命理境〉（《國立中央大學中國文學研究所論文集刊》第 5 期，1998 年 5 月）探討《莊子》所認為的生命迷執（夢）與生命覺醒（夢覺）及生命超越（不夢）之意義，繼而分析生命本然面貌與境界（真人）。而李美燕〈從「莊周夢蝶」論莊子的「物化」觀〉（《國立屏東師範學院屏東師院學報》第 10 期，1997 年）、林漢彬〈試探《莊子》「莊周夢蝶」的幾種詮釋取向與效用〉（《東華中國文學研究》創刊號，2002 年 6 月）、許雅芳〈從笛卡兒之「夢幻論證」探究「莊周夢蝶」的哲學意涵〉（《鵝湖月刊》第 31 卷第 6 期，2005 年 12 月）等，都在討論「莊周夢蝶」之義蘊。

在大陸期刊方面，以「莊周夢蝶」故事為研究主題的有：陳洪〈莊蝶之

夢與渾沌之死——《莊子》「物化」「氣變」論解析〉（《蘇州大學學報（哲學社會科學版）》第 1 期，1997 年），張中載〈莊周夢蝴蝶與格里戈爾變甲蟲〉（《外國文學》第 6 期，1998 年），周明俠〈莊周夢蝶與「以物觀物」——《齊物論》主旨解讀〉（《船山學刊》第 1 期，2000 年），郭公民〈「莊周夢蝶」的悲劇內涵及其哲學指歸〉（《湖州師範學院學報》第 25 卷，2003 年 6 月），劉文英〈莊子蝴蝶夢的新解讀〉（《文史哲》第 5 期，2003 年），張廷國〈「莊周夢蝶」的現象學意義〉（《學術研究》第 2 期，2004 年），王兵〈三種夢境一樣人生——試析《莊子》、《牡丹亭》、《紅樓夢》之夢〉（《遼寧教育行政學院學報》第 21 卷第 5 期，2004 年 5 月），劉偉安〈論莊子的蝴蝶夢——人生在夢幻中超越〉（《台州學院學報》第 27 卷第 1 期，2005 年 2 月），潘國好〈白馬堪做蝴蝶飛——白馬非馬論題和莊周夢蝶反映的邏輯和想像力反變關係研究〉（《天水師範學院學報》第 25 卷第 4 期，2005 年 8 月）等。其中較爲特殊的，是將「莊周夢蝶」和卡夫卡《變形記》作對照的〈莊周夢蝴蝶與格里戈爾變甲蟲〉一文，透過作者的分析比較，讀者從中看見了東方文化、哲學思想和西方文化、哲學思想的差異；另如劉文英〈莊子蝴蝶夢的新解讀〉一文，作者用「精神心理分析」的理論重新解讀莊子蝴蝶夢，讓讀者對「莊周夢蝶」有另一層新的認識，這種利用現代醫學觀念重新解讀古典文學的研究方式，不失爲研究古典文學的另一方向，也頗得題目所標的「新解讀」之義。此外，諸如李伯聰〈論莊子的夢覺弔詭——〈齊物論〉讀書筆記之一〉（《自然辯證法研究》第 13 卷第 8 期，1997 年），張廣保〈原始道家道論的展開——道家形而上的夢論與生死論〉（《中國哲學史》第 3 期，2002 年），范曾〈莊子的生命體驗——從說夢到徹悟生死〉（《解放軍藝術學院學報》第 1 期，2003 年），李耀南〈夢歟覺歟〉（《學術研究》第 1 期，2004 年）等文章，也都對《莊子》之夢的哲學義蘊作了探討。其中，張廣保〈原始道家道論的展開——道家形而上的夢論與生死論〉一文更指出，《莊子》對夢的載述是圍繞著其道論而建立，也是支撐其道論的重要基石。

　　3. 探究《莊子》之夢的美學意義

　　有關這方面的研究，乃以大陸期刊爲主，如孫琪〈「莊周夢蝶」的生態美學解讀〉（《貴州社會科學》第 1 期，2005 年 1 月），鄒強《莊子》經典夢意象的美學分析——以「莊周夢蝶」爲例〉（《船山學刊》第 1 期，2006 年），伏愛華〈「莊周夢蝶」的美學意義〉（《安徽大學學報（哲學社會科學版）》第 30

卷第 2 期，2006 年 3 月）等，其中〈「莊周夢蝶」的生態美學解讀〉一文，作者用生態美學的觀點對「莊周夢蝶」故事進行重新解讀，可謂爲古典文學的再詮釋帶來新的言說空間。

（三）學位論文

在學位論文方面，徐聖心《莊子內篇夢字義蘊試詮》（台北：台灣大學中國文學研究所碩士論文，1991 年）取內篇四章爲論文研究範圍，此爲第一本專門討論《莊子》之夢的學位論文。作者指出，〈齊物論〉中「瞿鵲子問長梧子」一章是以夢象來比喻吾人生命心知的種種樣態和境界；而「莊周夢蝶」一章則是藉由「夢覺並視」來表達豐富自身心靈的歷程。至於〈大宗師〉的「眞人不夢」一章，主要在說明在一般心知作用之外，有一更理想的心靈結構和運作方式──精神自由；而「孟孫才其母死」一章則以夢來比喻死生的變化及生命處理問題。黃銘亮《先秦兩漢間夢的類型與意義──中國古代夢的迷思》（台北：台灣大學歷史學研究所碩士論文，1993 年）於第四章〈夢的解析──先秦及漢代諸子論夢〉中，以一節「莊子、列子、荀子、黃帝內經」來討論〈齊物論〉中有關夢的記載。不過，作者僅簡單討論「莊周夢蝶」的「物化」意義；並以「其寐也魂交，其覺也形開；與接爲構，日以心鬥」來辨別覺寐之異，內容相當淺顯。汪逸楓《莊子〈齊物論〉研究》（台中：東海大學哲學研究所碩士論文，2000 年）於第五章〈〈齊物論〉中的夢境〉裡，專門討論〈齊物論〉中的夢記載，並將論述重心擺在「莊周夢蝶」上。熊道麟《先秦夢文化探微》（高雄：高雄師範大學國文研究所博士論文，2002 年）於第六章〈占夢態度的理智與調和〉裡，以「《莊子》論夢與生命哲理」一節來討論《莊子》全書有關夢的記載之篇章。作者認爲，莊子乃藉由這些夢的題材來談生論死，並對生命展開思考，同時也在有意無意間嘲諷世人的夢兆迷信。此論文的特別之處在於，它是第一本全面討論《莊子》全書有關夢的記載之學位論文，雖然它只佔整本論文的一個小章節，然其對於外雜篇中夢寓言之探討，不無功勞。王志瑜《唐代傳奇夢之研究》（台北：中國文化大學中國文學研究所碩士論文，2005 年）在第二章〈唐傳奇夢文化之淵源〉裡，於「哲理散文中夢寓言」一節對《莊子》中的夢寓言進行探討。而大陸學者鄒強的博士論文《中國經典文本中夢意象的美學研究》（山東：山東大學博士論文，2006 年 5 月）在第四章〈中國文學傳統中夢意象的美學歷程〉裡，於「夢意象的發展」一節中探討了《莊子》中的夢意象，並指出莊子已跳脫時人記

夢常限於宣揚天命的窠臼，而開始對夢進行自覺的形而上思考，因此《莊子》中的夢意象具有更純粹的文學色彩，而不與迷信神學、政治功利目的等產生直接關連。

由上述可知，相較於《莊子》論夢的豐富研究成果，學界對於《列子》論夢的探討，明顯缺乏系統性的整理與歸納。而由陳寒鳴所寫〈列子夢論——列子與夢的探索〉一文，即便分析了《列子》書中包含神的論述、想與夢、有接與無接、陰陽相對的觀點、夢因的探討、覺有八徵等各種和夢相關的理論，但作者的分析明顯偏向生理方面的探討，而缺乏「哲理寄託」方面的分析。又雖然目前有關《莊子》論夢的研究成果已經相當豐富，但仔細深究又可以發現，大家關注的焦點仍多集中在「莊周夢蝶」故事的探討，相較之下，《莊子》書中其它有關夢的論述的研究則略顯單薄。因而筆者以為，現階段有關《列子》論夢與《莊子》論夢的研究缺角，正可作為本研究努力的方向。

此外，有關《列子》與《莊子》之比較，除了大陸學者詹福瑞〈莊子與《列子》生命觀異同論〉（《哲學研究》第 3 期，2005 年）一文，曾將二者之生命觀區分為「養生派」與「厚生派」外，其餘涉及《列子》、《莊子》之比較者，仍多圍繞在「相類之篇章、文句」究竟是「誰抄襲誰」之爭辯，而很少有人像研究儒道對立互補那樣去研究過《列子》與《莊子》。基於此，本論文嘗試針對《列子》與《莊子》二書涉及夢理論與夢寓言之處做一比較、分析，期待本文能稍微填補有關這方面的研究缺角。〔註13〕

〔註13〕陳寒鳴的〈列子夢論——列子與夢的探索〉一文，雖曾在文章後半段，從形開與形接、真人無夢、齊夢覺等三個方向，來比較《莊子》與《列子》夢論之異同。然正如陳寒鳴所說：「莊子與列子關於夢的論述還有很多可以做有意思的比較。」因此，本論文除了全面檢視《列子》與《莊子》書中關於夢的論述，並將嘗試比較兩者有關這方面的論述。

第二章　進入夢的世界

　　相信很多人小時候都聽過這個故事：在一個無聊的午後，愛麗絲陪著姊姊在樹下看書，忽然間，一隻穿著背心、戴著懷錶的兔子從她身旁跑過，因為好奇心驅使，愛麗絲便緊追其後，然而，卻不小心掉進了一個奇幻的世界。在那裡，愛麗絲的身體可以變大縮小，有會追人的大蝴蝶，抽菸不愛理人的大毛毛蟲，以及會抓人的撲克牌士兵……等。這是大家所熟知的經典童話——《愛麗絲夢遊仙境》的故事情節。隨著引人入勝的情節，我們的心情也跟著愛麗絲一同冒險，到最後才發現，原來這只是一場夢而已。在這個故事裡面，時間不是絕對，秩序不是必然，它以現實和虛構交雜為題材，活潑生動地呈現了想像豐富的孩童幻想世界，帶給讀者荒謬怪誕的特殊感受，陪伴無數人度過美好的童年時光……。

　　在夢的世界裡，各種光怪陸離的情節，似乎都有合理的解釋，而不讓人起疑。〔註 1〕然而，諸如「人為什麼會作夢？」「夢的內容究竟有無意義？」等問題，卻一直困擾著人們。於是，在面對千奇百怪的夢內容時，人們總是習慣將它與真實人生聯繫在一起，企圖以此建立一套合理的夢的解釋機制，而這些積累下來的各種有關夢的論述，也在無形中構築了一個龐大的夢資料庫，讓夢的神秘面紗得以逐漸被揭開。本章的研究重心，即放在人類對夢的

〔註 1〕 潘震澤：「夢向來在睡眠時發生，作夢的人通常是夢中的主角，夢境中的人物、景觀、動作都栩栩如生，讓人信以為真。但夢的場景不僅變化多端，情節更是光怪陸離，只不過在夢裡似乎都有合理的解釋，而不讓人起疑。」潘震澤：〈夢裡不知身是客〉，見霍布森（J.Allan Hobson）著，潘震澤譯：《夢的新解析》（台北：天下遠見出版股份有限公司，2005 年），〈導讀〉，頁 9～10。

探索與認識之上，第一節主要討論「夢」字的原始造意；第二節探討夢研究史的幾個重要觀念與進展；第三節以「文本之夢」爲題，主要討論作家紛紛汲取「夢」爲創作素材的原因。

第一節　「夢」字的原始造意

許慎《說文解字》「夕」部云：「夢，不明也。从夕，瞢省聲。」〔註2〕段玉裁注曰：「夢之本義爲不明，今字叚爲癮寐字，夢行而癮廢矣。」〔註3〕也就是說，「夢」爲「癮」的假借字，後來取代了癮字。對此，劉文英有不同的看法：

> 許多文字學家說，「癮」是「夢」的本字，「夢」是「癮」的假借字。
> 在我們看來，「夢」不是假借字，而是簡化字。因爲「夢」正是從「癮」
> 中分出並保留了其中的主要成分。〔註4〕

劉文英指出，從「癮」簡化爲「夢」，大概戰國時期就已經出現。到了漢代以後，「癮」字基本上已被淘汰，而「夢」字則大爲通行。〔註5〕「夢」究竟是「癮」的假借字還是簡化字，這個問題還是留給文字學家去討論。在此，我們所要瞭解的是，何以「不明」爲「夢」？段玉裁說：「以其字從夕，故釋爲不明也。」黃銘亮說：

> 不明的原因可以是指外在的天、夜晚引起的視線不清楚；也可以是
> 指內在的精神昏亂而看不清楚（含作夢）。〔註6〕

其實，不管從「外在的不明」或「內在的不明」來詮釋「不明」的原因，似乎都能夠說得通。但是，應該朝哪一個方向理解「夢」字，才最符合「夢」字造字的初意，勢必要從甲骨文字來觀察了。

劉文英在《夢的迷信與夢的探索》中提到甲骨文夢字的形象爲「𢇃」，他

〔註2〕 〔漢〕許慎著，〔清〕段玉裁注：《說文解字》（台北：書銘出版事業有限公司，1997年），頁318。

〔註3〕 〔漢〕許慎著，〔清〕段玉裁注：《說文解字》，頁318。

〔註4〕 劉文英：《夢的迷信與夢的探索》（台北：曉園出版社有限公司，1993年），〈關於夢的本質和特徵〉，頁159。

〔註5〕 劉文英：《夢的迷信與夢的探索》，〈關於夢的本質和特徵〉，頁159。

〔註6〕 黃銘亮：《先秦兩漢間夢的類型與意義——中國古代夢的迷思》（台北：台灣大學歷史學研究所碩士論文，1993年6月），〈天啓——從「占夢」到「解夢」〉，頁24～25。

解釋這個字形說：

> 它的左旁是一張有支架的床，右上方是一隻長著長長睫毛的被特別
> 突出出來的大眼睛，右下方曲折向下的一筆，表示人的身體，剩下
> 的部分，表示手指連帶手臂。整個字形的原始含義是，人睡在床上
> 以手指目，表示睡眠中目有所見。〔註7〕

熊道麟進一步根據李孝定在《甲骨文字集釋》中對夢字所作的整理，依其構
造的表現重心，歸納出甲骨文夢字的五種類型：〔註8〕

（1）表現頭手軀體的扭曲招展：如下圖。

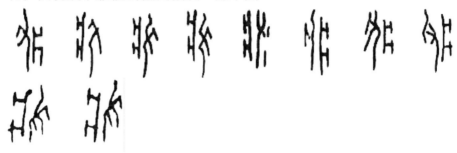

（2）表現夢魘時的汗水涔涔：如下圖。

（3）表現若有所見的瞪大眉眼：如下圖。

（4）表現眉眼與指爪：如下圖。

〔註7〕　劉文英：《夢的迷信與夢的探索》，〈關於夢的本質和特徵〉，頁158。
〔註8〕　熊道麟：《先秦夢文化探微》（高雄：高雄師範大學國文研究所博士論文，2002
　　　　年），〈卜辭與殷人夢文化探微〉，頁31～37。

（5）表現執杖或扑擊：如下圖。

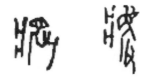

熊道麟指出，從甲骨文起的漢字系統，便以近似繪圖的形象文字來溝通人與人之間的意念。由於夢中的景象往往因人而異，草創初期的夢字，若要從夢象的角度，擷取夢的共同特徵作為字素構成夢字，勢必難以引起共鳴。因此，最理想的呈現方式，便是從人類作夢時的共同生理特徵下手。他指出，甲骨文中夢字的形構雖然存在些許差異，不過卻對人類作夢時的種種生理反應特徵，捕捉得十分細膩。他認為甲骨文夢字的造意，其實就是各種夢生理現象的描摹圖。〔註9〕

綜合劉文英所說的「睡眠中目有所見」，和熊道麟說的「夢生理現象的描摹圖」，我們可以推斷出「夢」字的原始造意除了指「作夢」這件事之外，它同時也可以代表夢中有所見，或因夢中有所見而引起的各種生理反應。如此一來，要詮釋許慎所說的「不明」，也許應該朝著「內在的不明」來理解，即「夢中所見景象令人不明」的方向來理解，方能貼近「夢」字的原始造意。

第二節　人類對夢的認識

有關「夢是什麼？」這個看似簡單，卻又極其複雜的問題，在前人的努力之下，已累積為數不少的研究成果。本節的論述重心，將以「人類對夢的認識」為研究主題，企圖瞭解有關夢研究的一些重要觀念。

一、占夢迷信

原始時代的人類普遍存在一種觀念，認為夢的產生和鬼神的牽引指示有關。如古代中國認為夢來自作夢者的內在靈魂，作夢是靈魂受鬼神指使而離身外游，夢的內容就是鬼神對夢者的啟示，為了體察神意、預卜吉凶，便出現專門為人解夢的占夢者。〔註10〕因此，中國最早有關夢的資料，便是殷人卜辭中的「占夢」行為。劉文英在《夢的迷信與夢的探索》一書中，曾用大

〔註 9〕 熊道麟：《先秦夢文化探微》，〈卜辭與殷人夢文化探微〉，頁40～41。
〔註10〕 劉文英：《夢的迷信與夢的探索》，〈占夢的起源和發展〉，頁10。

量篇幅探討中國古代的占夢迷信，他以「占夢的起源和發展」、「占夢家的歷史蹤跡」、「占夢術的秘密」、「占夢書的流傳」、「占夢迷信的社會影響」等五個章節，詳細述說著中國人的占夢迷信。他在文章中提到：

> 原始時代的占夢，主要由長者和神職人員擔任。在殷王身旁，占夢有專職的占卜官員。西周的王制，更設立了專職的占夢之官。但春秋以後，占夢者的地位不斷下降，逐漸由政府官員而世俗化，占夢也不必非求占夢者。然從魏晉至隋唐，又有一批世俗的占夢家，在歷史舞台上相當活躍。宋明以後，占夢家則從方術之士而淹沒在江湖九流之中。〔註11〕

在歷史發展的軌跡中，占夢者的地位雖然逐漸下降，但他們在歷史的舞台上，從來不曾消失過。伴隨占夢迷信而誕生的是占夢書（亦稱夢書）。占夢書的內容主要是關於各種夢象的占辭，它的材料來源是先民口頭流傳的夢象占辭，或神職人員所選擇的占夢記錄。劉文英根據史志目錄的統計發現，中國歷代出現過的夢書共有二十二部，最早的夢書可能在秦漢之前就已經出現，而在此之後的漢魏、隋唐、宋明等各個朝代，也都相繼有夢書問世。〔註12〕從占夢家和占夢書在歷史出現的軌跡來看，占夢迷信不僅存在於人類知識未開發時期，它同時也是源遠流長的一項歷史傳統。這種迷信的風氣，甚至在科學發達的現代社會，還是不減熱度，否則坊間就不會出現專門為人解夢的行業或書籍了。

　　值得注意的是，占夢行為同樣存在於西方社會。如王溢嘉在《夢的世界》中提到，古埃及時代有專門奉祀夢神 Serapis 的廟，在這些廟中有專門為人釋夢的先知。當時的人如果遇到什麼疑難問題，便會來到這些夢神廟中過夜，希望夢神進入他的夢中，為他的疑惑提供解答。而古希臘則有專門奉祀希臘醫神 Aesculapius 的神廟，當時的人們若糾纏於病痛之中，便會在位於各地的醫神廟中過夜，如果醫神在求助者的睡夢中入夢，就會給予病人醫療的指示或直接醫癒病人。不過，因為夢中的指示通常並不明確，所以後來又衍生釋夢的祭司，決定病人需要什麼治療。〔註13〕經由上述可知，占夢行為是中西方社會都普遍存在的現象，它可以說是原始人類在知識未開發時期，對夢所

〔註11〕劉文英：《夢的迷信與夢的探索》，〈占夢家的歷史蹤跡〉，頁 42。
〔註12〕劉文英：《夢的迷信與夢的探索》，〈占夢書的流傳〉，頁 114～119。
〔註13〕王溢嘉：《夢的世界》（台北：野鵝出版社，1983 年），〈夢與文化〉，頁 13～16。

進行的初步探索。而占夢行爲之產生，主要由於夢者不瞭解夢的本質，以爲夢象的產生是鬼神在暗中支配指使，再加上夢的內容通常令人難解，夢者在無法解讀夢象特殊意義的情況下，便求助於占夢者以體察神意。然而，儘管占夢行爲和鬼神迷信有很大關聯，卻也顯示人類從遠古時期開始，便已經對夢象產生好奇與重視。

從科學的角度來看，「占夢」這種迷信的行爲，似乎是不可取的。但從另一個方面來說，幾千年來的占夢歷史，有時難免不自覺涉及到夢的一些秘密，如劉文英就說：

> 然而，如果我們不抱偏見的話，占夢者在附會的過程中，也不自覺地接觸到心理分析。……我敢斷言，佛洛依德如果認眞地研究一下中國古代的占夢術，他會興奮地喊起來、跳起來。佛洛依德自己承認，他所講的夢象的象徵意義「在一定程度上暗合古人和一般人釋夢的意思」。……中國古代占夢術中的心理分析自有它的科學價值，並不因爲它依附於占夢迷信而改變。〔註14〕

就像占星術對於天文星象的貢獻，占夢迷信在人類探索夢的過程中，同樣扮演不可或缺的角色。這是因爲，占夢者在釋夢的過程中，爲了滿足夢者的心理需求，不免要依夢者的心理狀態來解釋夢象，好讓夢者可以因此獲得心理的滿足，在這過程中所涉及的心理分析，難免有一部份和夢的精神分析理論暗合。因此，占夢雖被視爲一種迷信行爲，但它卻又不盡然完全「一無可取」，如果人們能夠仔細、認眞地研究古代占夢術，或許便能發現其中隱藏的深層智慧。〔註15〕

二、理性探索

（一）夢的分類

王溢嘉在《夜間風景──夢》提到：

〔註14〕劉文英：《夢的迷信與夢的探索》，〈占夢術的秘密〉，頁105。

〔註15〕姚偉鈞也認爲不可完全否定占夢迷信，因爲他覺得：「中國古代占夢迷信雖是中國傳統文化中的糟粕，但對這一糟粕，我們也不能採取簡單地否定態度，因爲在這些占夢例子中，實質上反映出了中國傳統文化的價值取向。作爲中國先民的夢生活，在特定的文化作用下，已成爲一種人文現象，占夢家對人們夢的解釋實際上是對文化的解釋。我們從占夢家的占辭中，是不難看出中國傳統民俗和先民心理結構的。」姚偉鈞：《神秘的占夢：夢文化散論》（南寧：廣西人民出版社，2004年），〈導言〉，頁2。

　　我們一夜最少作四到五個夢，一年作一千五百個以上的夢，一生則
　　將作十萬個以上的夢。人生的三分之一用來睡眠，而睡眠的五分之
　　一則用來作夢，所以夢是我們「十五分之一的人生」。〔註16〕

如果說一個人一夜最少會作四到五個夢，那麼以台灣目前總人口數約二千三
百萬來計算，在台灣這片土地上，每天至少會產生九千二百萬至一億一千五
百萬個夢。用這個粗略的統計數目加以推算，全人類每天製造出來的夢，簡
直是令人咋舌的天文數字；再加上夢的內容總是因人而異、千奇百怪，要想
瞭解每個夢象的特殊意義，想必是一項艱難的挑戰。人類在探索夢的過程中，
意識到各個夢象的異質性，但又發現其中似乎有規則可循，於是便開始對夢
進行歸納和分類。

　　劉文英在《夢的迷信與夢的探索》一書中，對中國古代夢的分類作了詳
細分析，他提到的幾種分類方式如下：〔註17〕

（1）原始時代的吉、凶二分法。

（2）先秦《周禮》的六夢之分：正夢（夢中心境恬淡自然）、噩夢（惡
　　　夢）、思夢（夢中有思念、謀慮）、寤夢（白日夢）、喜夢（夢中有
　　　喜）、懼夢（夢中有懼）。

（3）東漢王符《潛夫論・夢列》的十夢之分：直（直應之夢）、象（象
　　　兆之夢）、精（意精之夢）、想（記想之夢）、人（人位之夢）、感（感
　　　氣之夢）、時（應時之夢）、反（極反之夢）、病（病氣之夢）、性夢
　　　（性情之夢）。

（4）明代陳士元《夢占逸旨》的九夢之分：氣盛（氣盛而夢）、氣虛（氣
　　　虛而夢）、邪寓（邪氣寓居身體而夢）、體滯（因肉體知覺有所凝滯
　　　而夢）、情溢（因喜憂過分而夢）、直叶（直應之夢）、比象（夢象
　　　為人事之象徵）、反極（和現實相反之夢）、厲妖（厲鬼、妖怪作祟
　　　而得夢）。

（5）佛經的四夢之分：《法苑珠林・眠夢篇・三性部》分為四大不和夢
　　　（體內地、水、火、風不調所引起）、先見夢（白晝先見，夜則入
　　　夢）、天人夢（善人修善，則天現善夢，以使善根增長；惡人作惡，

〔註16〕王溢嘉：《夜間風景——夢》（台北：野鵝出版社，1994 年），〈夢周邊的科學
　　　　觀察〉，頁 32。
〔註17〕劉文英：《夢的迷信與夢的探索》，〈關於夢的幾個具體問題〉，頁 246～254。

則天現惡夢，使之恐怖轉而產生善心）、想夢（想善事者則現善夢，想惡事者則現惡夢）；《法苑珠林・眠夢篇・述意部》分爲有記夢（宿有善惡、夢有吉凶）、無記夢（習無善惡，泛睹平事）、想夢（畫緣青黃，夢想還同）、病夢（若見升沈，水火交侵）。

（6）佛經的五夢之分：《大智度論・解了諸法釋論》分爲熱氣多（會夢見火、黃、赤）、冷氣多（會夢見水、白）、風氣多（會夢見飛、黑）、復所聞見事（多思則夢）、天與夢（欲令知未來事）；《毘婆沙論》分爲由他引夢（由神秘力量所引之夢）、由曾更夢（曾經歷過的事情在夢中再現）、由當有夢（吉凶先兆出現夢中）、由分別夢（心中有所思而夢）、由諸病夢（病夢）。

從上述可知，夢的分類大體可從「夢的內容」與「發夢原因」等兩方面來區分。人類在對夢的認知還很有限的情況下，通常藉由夢象來預卜吉凶，因此最初的夢分類便有所謂「吉」、「凶」之別。然而，在持續探索夢的過程中，人們發現夢的產生並非單純受到鬼神的牽引指示（舉凡人的生理、心理原因都可能導致作夢），於是便又針對各種不同的發夢原因，對夢進行分類。如王符的「感夢」和「病夢」，說明夢和生理疾病的關係；「想夢」和「性夢」，則說明夢和精神心理的關係。劉文英針對這些分類作了這樣的評語：

> 以上「六夢」、「十夢」、「四夢」、「五夢」和「九夢」之分，在内容上，科學同迷信常常交錯滲透；在邏輯上，劃分標準一般不夠明確。……這些情況，主要是古代社會、歷史條件和人們當時的認識水平所造成的，現在不應該去指責和苛求。〔註18〕

的確，雖然諸如「天人夢」、「天與夢」、「屬妖之夢」的歸類劃分，還是瀰漫著鬼神迷信色彩，「直夢」、「象夢」也和占夢迷信有所關連，但人類開始注意到生理、心理因素與夢的關係，此足以顯示人們已逐漸朝著理性、科學的方向來揭開夢的神秘面紗，而這種理性觀察的科學態度，可以說是夢研究史的一項重要進展。

（二）區分夢覺的界限

王文戈在〈以夢設喻的審美意識〉說道：

> 夢中情景不是現實的情景，不會與主體發生直接的現實的利害關

〔註18〕劉文英：《夢的迷信與夢的探索》，〈關於夢的幾個具體問題〉，頁254。

係，但夢畢竟創造了另一種「真實」，一種雖屬虛幻但歷歷在目的真
實。面對這個虛幻的世界，主體有兩種身份：一是事件的參與者，
夢者本人作為一個角色出現在事件中，進行活動，有悲有喜，事件
直接影響主體角色的行為，產生各種結果，並為主體角色所承
擔。……一種是主體不出場，主體以一種超視的目光「觀看」著整
個夢中事件與情景，並隨著事件、情景的展開而產生各種情感體驗。
在第一種情況下他是「演員」，在第二種情況下他是「觀眾」。夢的
「真實性」的一個重要表現，就是夢者對於夢境的這種親歷以及由
此產生的各種情感體驗。〔註19〕

的確，夢的體驗是非常奇特的經驗，它既是一種真實的體驗，又是一種虛幻
的形象。在作夢的過程中，人們可以超越時空的界限，和過世或遠地的親友
相會，如蘇軾〈江城子〉（乙卯正月二十日夜記夢）寫道：

> 十年生死兩茫茫，不思量，自難忘。千里孤墳，無處話淒涼。……
> 夜來幽夢忽還鄉，小軒窗，正梳妝。相顧無言，惟有淚千行。〔註20〕

在夢境裡，也可以有各種扭曲變形的事物，不合邏輯地出現在夢中，如莊子
夢見自己變成一隻蝴蝶，自適愉悅地到處飛翔；李白從未到過天姥山，卻在
夢中領略「霓為衣兮風為馬，雲之君兮紛紛而來下」〔註21〕的神仙境界。

當一個人身處夢境時，並不知道那是一個虛幻的世界，所以情緒總是隨
著夢象而起伏，以為夢裡所發生的事情都是真實的。如李煜在亡國之後寫下
〈浪淘沙〉這個作品：

> 簾外雨潺潺，春意闌珊，羅衾不耐五更寒，夢裡不知身是客，一晌
> 貪歡。獨自莫憑欄，無限江山，別時容易見時難，流水落花春去也，
> 天上人間。〔註22〕

因為夢中的人物、景觀、動作總是栩栩如生，讓人信以為真，所以當李煜在
夢中享受奢侈的帝王生活時，他並不知道自己早已淪為階下囚，等到醒來之

〔註19〕王文戈：〈以夢設喻的審美意識〉，《湖北師範學院學報（哲學社會科學版）》
第 24 卷第 1 期（2004 年），頁 93。

〔註20〕蘇軾：〈江城子〉，世界書局編輯部主編：《全宋詞》（台北：世界書局，1984
年），冊 1，頁 300。

〔註21〕李白：〈夢遊天姥吟留別〉，〔清〕彭定求、楊中訥等主編：《全唐詩》（北京：
中華書局，1992 年），冊 5，頁 1780。

〔註22〕李煜：〈浪淘沙〉，楊家駱主編：《全唐五代詞彙編》（台北：世界書局，1980
年），上冊，頁 231。

後，才瞭解那只是一場夢而已。莊子曾經做過一個美麗的蝴蝶夢，因爲夢中的一切太過眞實，所以夢醒之後，莊子作了這樣的思考：

> 昔者莊周夢爲胡蝶，栩栩然胡蝶也，自喻適志與！不知周也。俄然覺，則蘧蘧然周也。不知周之夢爲胡蝶與，胡蝶之夢爲周與？周與胡蝶，則必有分矣。此之謂物化。〔註23〕

當莊子夢見自己成爲蝴蝶時，他不知道自己就是莊周；醒來的時候才發現自己是莊周。當莊子以爲自己是莊子時，會不會只是蝴蝶夢見自己變成莊子，所以蝴蝶誤以爲自己就是莊子，而事實上，此時的莊子只是蝴蝶變成的，並非眞正的莊子。究竟是莊周夢爲蝴蝶，還是蝴蝶夢爲莊周呢？連莊子也有點迷惑了。

人類在探索夢的過程中，清楚意識到夢帶給人們的眞實性感受，所以特別針對這個議題展開思考，期待劃清夢覺之間的界限。根據劉文英和曹田玉的研究，古代中國劃分夢覺的界限，主要有以下幾種：〔註24〕

（1）形閉與形開：人在清醒時，肉體的各個門戶都面向外界而開放；在睡眠作夢時，肉體的各種門戶則對外關閉起來。

（2）無接與有接：人在「形開」時，手足四肢和五官七竅必然同外物發生交接的關係，因而目能辨色、耳能聞聲、心知他人之意；「形閉」時，人的精神系統則基本上處於閉目塞聽的無知狀態，即使有人睜著眼睛睡覺，他在夢中也對身邊的事情不知道。

（3）緣舊與知新：清醒的意識活動在內容上會不斷翻新，而睡眠中的夢象活動在內容上只能限於舊有的材料。因爲人在「形閉」而「無接」的狀態下，不會有外界新事物、新現象、新信息進入人腦。

（4）無志與有志：人的精神在醒覺狀態的所見所聞、所思所慮、所作所爲，都是在自我意志的支配之下；在作夢時自己的意志則隱藏、潛伏下來，不能發揮作用。

（5）無主與有主：心智在清醒時，各種思慮欲念都受主體意志的支配；在睡眠中，各種思慮欲念則不受控制地活動起來。

（6）無僞與有僞：在清醒狀態下，人的心理活動受自我意志控制，所以

〔註23〕〔清〕郭慶藩：《莊子集釋》（台北：萬卷樓圖書有限公司，1993 年），上冊，頁 113。

〔註24〕劉文英、曹田玉：《夢與中國文化》（北京：人民出版社，2003 年），〈夢與醒覺的幾條界限〉，頁 195～208。

會故意將惡的、不好的欲念，以善的、好的形象表現出來；在作夢
時則不管是善的、惡的、好的、不好的欲念，都在夢中暴露出來。
根據現代睡眠科學的說法，人在睡眠當中，腦部會有活化的現象。當腦部在
睡眠當中自我活化時，它會改變腦中的化學自我指令，同時心靈也無從選擇
地隨著程式指令而起舞：它會專注地看、移動以及感覺事物，但它卻不會想、
不會記得，注意力也不怎麼集中。和清醒時相比，人在作夢時，內在的刺激
更可能引發幻覺的影像；和作夢時相比，人在清醒時，較能準確接受外在的
刺激。清醒與作夢其實是意識的兩種狀態，它們的不同點就在於腦中的化學
系統。〔註25〕當我們以現代睡眠科學的角度，檢視古代中國劃分夢覺的幾條
界限，會發現它們所表現的特殊思路與基本思想，已經具備現代睡眠科學理
論的雛形。由此可見，中國古代對夢的探索，並非只有愚昧的迷信，其中也
有理性科學的觀察，足以和現代夢說相互接軌。

（三）夢的精神分析

綜上所述，人類在探索夢的過程中，雖曾觸及到精神心理分析方面，但
眞正在這方面提出系統性研究，且對後世影響深遠的，則以佛洛依德和榮格
爲指標性人物。因此，我們有必要瞭解他們在這方面的重要學說：

1. 佛洛依德

佛洛依德原是奧地利的一位精神病醫生，他透過多年臨床經驗的分析與
總結，提出一整套精神分析理論，其中夢的理論又是最獨特、最具創造性的
部分。他在1900年出版的《夢的解析》一書，至今仍是夢的精神分析研究裡，
最有影響力的著作。

佛洛依德認爲夢的材料和來源主要有三類，一種是日常生活的經驗，一
種是孩提時期的經驗，另一種則是來自肉體的刺激。在佛洛依德的觀念裡，
夢的產生是有意義的精神現象，是一種願望的達成：

> 夢，並不是空穴來風、不是毫無意義的、不是荒謬的、也不是一部
> 分意識昏睡，而只有少部分乍睡乍醒的產物。它完全是有意義的精
> 神現象。實際上，是一種願望的達成。它可以算是一種清醒狀態精
> 神活動的延續。它是由高度錯綜複雜的智慧活動所產生的。〔註26〕

〔註25〕霍布森著，潘震澤譯：《夢的新解析——承繼佛洛依德的未竟事業》，〈夢是化
　　　　學系統的精心傑作〉，頁85～93。
〔註26〕佛洛依德著，賴其萬、符傳孝譯：《夢的解析》（台北：志文出版社，2005年），

然而，夢在運作的過程中，通常會透過「凝縮作用」〔註27〕或「轉移作用」
〔註28〕對潛意識中的欲望、衝突、見不得人的東西進行改裝，這些被改裝
過的願望，經過意識檢查認可之後，才會進而浮現在意識面，爲人們所「意
識到」。因此，人們所意識到的夢，只是經過改裝後的表面內容，這種夢的
表面內容，佛洛依德把它稱爲「夢的顯意」，而那種改裝前的潛意識思想，
則被稱爲「夢的隱意」。他認爲，如果想瞭解夢者潛意識裡眞正的欲望和動
機，就必須將「夢的顯意」還原至「夢的隱意」，也就是必須分析夢境象徵
什麼。

2. 榮 格

榮格曾經是佛洛依德的學生，但後來卻與佛洛依德分道揚鑣，並在修正
佛洛依德夢論的基礎上，建立他自己的一套學說。榮格對夢的分析有一個特
點，就是除了對夢進行個別分析外，非常重視夢的系列分析。他認爲，夢的
個別分析意義不大，而夢者在一段時期內的夢的系列，則可以提供一個連貫
的人格畫面，可以揭示某些反覆出現的主題，從而顯露夢者心靈的主要傾向。

在佛洛依德的觀念裡，潛意識中充滿了見不得人的欲望，所以必須經過
改裝作用的潤飾後，才得以通過檢查而呈現在意識面。榮格則認爲象徵作用
不單純是受壓抑的欲望的僞裝表現，而是人類心靈尋求和諧平衡的一種嘗
試。由此，榮格提出夢的功能主要是一種心理補償：「夢將隱藏在內心深處的
事物帶到意識之中，使人的心靈成爲一個統一和諧的整體，因此可以說夢是
對意識中欠缺部分的補償。」〔註29〕

〈夢是願望的達成〉，頁 67。

〔註27〕「所謂『凝縮作用』是指將兩種或兩種以上的觀念融合，以一個表像來代表
多種成分。在夢中最容易發現的凝縮作用產物是『集錦人物』或『集錦舞台』，
譬如某個人夢見自己站在一間屋子的房間裡，而沙發上則坐著一個道貌岸然
的老人。這個老人的臉孔是他父親的臉，但卻留著夢者小學老師的鬍子（事
實上，夢者的父親是無鬚的），而且穿著軍服（夢者的父親是個商人）。夢中
的客廳在格局上是夢者家中的客廳沒錯，但卻有兩扇西班牙式的窗子，而老
人所坐的沙發則是夢者女朋友家中的沙發。」王溢嘉：《夢的世界》，〈夢的象
徵語言〉，頁 67～68。

〔註28〕「所謂『轉移作用』是指把某種情緒由原來之物轉移或讓渡到另一個較可被
接受的代替物上。譬如一個公司的經理受到老板責罵，滿肚子怒火，但他不
敢頂撞老闆，只好把憤怒轉移到他部門的職員上。」王溢嘉：《夢的世界》，〈夢
的象徵語言〉，頁 70。

〔註29〕霍普克（Robert H.Hopcke）著，蔣韜譯：《導讀榮格》（台北：立緒文化事業

佛洛依德以「潛意識」的理論來解釋夢，他認爲夢是潛意識經過改裝後的呈現，這裡的潛意識概念，指的主要是「個體潛意識」。榮格雖然同意佛洛依德的說法，認爲夢是潛意識的一種表現，但他認爲人類除了有來自個人經驗的「個體潛意識」外，還有來自人類各種族心理遺傳所共有的「集體潛意識」。「集體潛意識」和「原型」是兩個密不可分的概念。〔註 30〕榮格認爲夢在將概念影像化時，其中某些概念是人類所共有的，這些共同的概念就是「集體潛意識」中的「原型」。「原型」是人類心靈的一種本能傾向，它們會一再以象徵的方式出現在人類的神話和夢境，當這些充滿象徵意義的原型出現在夢中時，它的目的不是要滿足欲望，而是要對現實生活裡的難題帶來啓示，或提醒被忽視的一些重要問題。榮格認爲，如果對原型象徵有細緻的瞭解，將可以更有效地進行釋夢。

三、科學觀察

王溢嘉在《夜間風景——夢》有一段值得深省的話：

> 人類從事夢的解析已有三千多年的歷史，但對夢作科學觀察則只有三十多年的時間，以前的釋夢者雖然能舌燦蓮花，但若問他們某些基本問題，譬如「一個人到底花多少時間來作夢？」他們的舌頭可能就會打結。這不是他們不想或不願回答，而是「不能」，因爲他們缺乏對夢作科學觀察的適當工具。〔註31〕

的確，人類在探索夢的過程中，雖然慢慢累積出一套自成系統的理論，但缺乏科學實證基礎所提出的論點，總難免讓人覺得「半信半疑」。基於此，一直要到測試腦電波的儀器問世之後，人類才終於得以對夢進行一系列的科學觀察，夢

有限公司，1998 年），〈心靈的運作方式與表現手法〉，頁 15～16。

〔註30〕 「『集體潛意識』爲人類各種族心理遺傳所共有。康貝爾（J.Campbell）曾指出，剛孵出的小雞，尾巴上仍黏著蛋殼的碎片，看到老鷹（影）時，即會奔馳著尋求掩護（對其他鳥類則無此反應），我們只能將之解釋爲小雞繼承了逃避鷹影的本能。楊格認爲，人類『並非生來就像白紙』，在人體構造上，我們仍可找出進化早期階段的痕跡，同樣的，人類心靈的構成元素亦依進化學的原理而形成，其行爲的先天型態，『在不斷反覆的心理作用之模式中顯現』，楊格將這些構成『集體潛意識』的材料稱爲『原型』，它『比有史的人類還要古老……至今仍是人類心靈的基礎結構』，在心靈邁向成熟的個體化過程中，『原型』是結構的因素，亦是主要的調節因子。」王溢嘉：《精神分析與文學》（台北：野鵝出版社，1991 年），〈楊格的理論及運用〉，頁 60。

〔註31〕 王溢嘉：《夜間風景——夢》，〈夢周邊的科學觀察〉，頁 30。

的研究也於此展開新的一頁。以下我們就來談談這方面的重要研究成果：

（一）睡眠與作夢

根據現代科學研究表明，人的睡眠狀態有兩種：一種是非眼球快動型睡眠（NREM），一種是眼球快動型睡眠（REM）。在 REM 狀態下，腦電波的振幅和頻率都會發生變化，心跳和呼吸變快，肌張力顯著抑制。如果在此時將睡者喚醒，約有 80% 的人都會說自己正在作夢，所以人們通常將 REM 作為夢活動的標誌。〔註 32〕但這也只是一種「粗略」的說法，因為研究也顯示，並非所有的夢都發生在 REM 睡眠期，若在 NREM 睡眠期叫醒睡者，約有 10% 的人也會說自己正在作夢，但夢的情節比較單調；富於情節變化的夢都是發生在 REM 睡眠期。〔註 33〕

這個研究成果顯示，《莊子》所說的「古之真人，其寢不夢，其覺無憂」，〔註 34〕以及《列子》提到的「古之真人，其覺自忘，其寢不夢」，〔註 35〕只能是一種理想狀態，因為人只要進入睡眠狀態，就必定有作夢行為的出現。

（二）腦的活化與作夢

有一種稱為正子斷層掃瞄（PET）的造影技術，可以顯示幻覺出現時遭受活化的腦區。經由 PET 研究所得，人類在 REM 睡眠時期，腦中有許多區域會變得比清醒時活化，但也有些區域則出現去活化。夢境之所以讓人感覺強烈、充滿情緒，是因為支持這些功能的腦區，在夢中有更高的活性造成的；我們之所以在夢裡不能夠正確決定自己處於什麼狀態，無法清楚掌握人時地，以及不能批判或主動思考，原因是支援這些功能的腦區變得不夠活躍。〔註 36〕

精神分析學派認為，夢是潛意識的欲望或衝動經過改裝之後的呈現。但這個腦部的研究則顯示，作夢是因為在睡眠當中腦部有所活化而造成的。在活化的過程中，人類的原始衝動或許會受到啟動，但這些衝動並不會受到隱藏，反而是在夢中顯現。〔註 37〕這是兩者之間的顯著差異。此外，既然作夢和腦部的

〔註 32〕劉曉明：〈夢：一種人類奇特的思維方式——論夢的本質特徵及其成因〉，《浙江師大學報》第 6 期（1998 年），頁 105。
〔註 33〕王溢嘉：《夜間風景——夢》，〈夢周邊的科學觀察〉，頁 32。
〔註 34〕〔清〕郭慶藩：《莊子集釋》，上冊，頁 228。
〔註 35〕楊伯峻：《列子集釋》（台北：華正書局，1987 年），頁 103～104。
〔註 36〕霍布森著、潘震澤譯：《夢的新解析——承繼佛洛依德的未竟事業》，〈看見夢與腦的關聯：神經心理學新證〉，頁 140～146。
〔註 37〕霍布森著、潘震澤譯：《夢的新解析——承繼佛洛依德的未竟事業》，〈找出夢

活化有關，所以要區分夢覺的界線，只要透過儀器來觀察腦部活化情形即可，這種科學觀察的方式，較之古代區分夢覺的幾條界線，顯然是客觀多了。

第三節　文本之夢

在璀璨的中國文化中，我們發現文學作品具有驚人的連續性及傳承性。王立曾在《中國古代文學十大主題──原型與流變》中指出，中國古代文學的十大主題爲惜時、相思、出處、懷古、悲秋、春恨、遊仙、思鄉、黍離、生死。〔註38〕這表示在文學作品中，諸如相思、悲秋、傷春、懷古、思鄉……等主題，總是不斷地被作家拿來吟詠，因而形成文學史上的一個特殊現象。然而，王力指出的中國古代文學十大主題，並未提及文學作品中廣泛出現的另一重要主題──「夢」。

傅正谷曾在《中國夢文學史》中指出，夢文學的創作是一種貫穿古今的文學現象：

> 夢文學之水從古流到今，並將繼續流向那無極的未來，從這個意義
> 上說，它是一種永動的、永恆的文學現象。除非人類毀滅了，它才
> 不再發展。因爲只要人類還存在，人們就必然有夢，有人生之夢，
> 而人們只要有夢，有人生之夢，就必然有夢文學的不斷產生。〔註39〕

「在現實世界中，或者在文本的現實世界之維，人們總是用世俗的眼光來看待一切，如果其中出現了有悖於世間規範、物理邏輯的事情，人們總覺得其可信度多多少少會打一個折扣。如果這一切發生在夢中，無論怎麼完美、怎麼離奇、甚至怎麼荒誕，人們都不以爲奇。相反，人們對夢中出現的一切，總是懷有一份莫名的信任與憧憬。所以自古以來，國人擅長於利用夢的形式來抒發一種超越現實的期盼與追求。」〔註40〕當然，作品中荒誕的夢境描寫之所以能被讀者接受，那是因爲「夢」純粹是一種個人體驗，當夢者在描述夢中所見、所遇時，即使情節多麼荒謬、乖誕，旁人都無法全然否定這些情

的解析新法〉，頁 195～196。

〔註38〕王立：《中國古代文學十大主題──原型與流變》（台北：文史哲出版社，1994
　　　　年）。

〔註39〕傅正谷：《中國夢文學史》（北京：光明日報出版社，1993 年），〈夢：創作重
　　　　要推動力之一〉，頁 4。

〔註40〕郤強：〈文本之夢的美學特徵──略論自然之夢衍化爲文本之夢的內部原
　　　　因〉，《山東社會科學》第 9 期（2005 年），頁 114～115。

節——因爲夢者很可能確實在夢中經歷了那樣的事件，而一個「非當事者」的人，當然沒有足夠的證據來駁斥這些內容。有了這樣的前提，作者在從事夢題材的創作時，便可以充分發揮想像力，恣意創造離奇、荒誕、不合常理的夢幻故事。換句話說，作者在從事夢題材的創作時，可以不必受到眞實性的限制，舉凡自身經歷、他人轉述，甚至是憑空杜撰的夢，都可以寫入文本，因此，夢的題材便永遠取之不盡、用之不竭，沒有結束的一天。

鄒強曾在〈文本之夢的美學特徵——略論自然之夢衍化爲文本之夢的內部原因〉這麼說道：

> 在各種文本當中，夢完全是被當成文學藝術的一種特殊形式來進行創作的。這些文本之夢從被虛構的那一刻開始，就已經被知道是不可能達到的，它也不追求獲得眞正的實現。所需要的，只是讓人在虛擬的夢境當中，獲得一種替代性實現的滿足，所謂實現「夢寐以求」的願望。〔註41〕

劉文英在《夢與中國文化》也提到：

> 中國古代文學家特別善於通過夢象建構和夢境描寫，突破現實障礙，而展示自己的理想世界，實現自己的情感超越。〔註42〕

由上述可知，作家之所以喜歡從夢中汲取營養，並將夢視爲創作的泉源之一，那是因爲在虛幻的夢境中，他們可以暫時拋開現實的不如意，在夢中得到願望的滿足，藉此展示一個理想世界。如李煜在亡國之後，幾乎都是透過夢境來重溫過去的美好生活：「多少恨，昨夜夢魂中。還似舊時游上苑，車如流水馬如龍。花月正春風。」〔註43〕（〈望江南〉）「閒夢遠，南國正芳春。船上管弦江面綠，滿城飛絮混輕塵。愁殺看花人。」（〈望江梅〉）「閒夢遠，南國正清秋。千里江山寒色暮，蘆花深處泊孤舟。笛在月明樓。」〔註44〕（〈望江梅〉）又如蘇軾因爲想念亡妻，於是設想與亡妻相逢的情形，他害怕自己飽歷風霜，外貌改變，縱使與亡妻相見，妻子應該也認不出他了。沒想到夜裡作夢時，作者眞的和亡妻重逢了，雖然兩人見面時相顧無言，但是萬千情愫，卻盡在

〔註41〕鄒強：〈文本之夢的美學特徵——略論自然之夢衍化爲文本之夢的內部原因〉，頁115。

〔註42〕劉文英、曹田玉：《夢與中國文化》，〈從夢的體驗到夢的文化〉，頁18。

〔註43〕李煜：〈望江南〉，楊家駱主編：《全唐五代詞彙編》（台北：世界書局，1980年），上冊，頁223。

〔註44〕李煜：〈望江梅〉，楊家駱主編：《全唐五代詞彙編》，上冊，頁226。

這不言之中。〔註45〕

　　作者除了可以在夢裡尋求願望的滿足，藉此展示一個理想世界，他們還常常藉夢寓理，以此表達對人生的感悟。鍾玖英在〈夢之喻與傳統文士心態〉中提到：

> 中國有獨特的夢境文化。古今文學中有五彩繽紛的「夢」。而以夢爲喻體所構成的夢之喻，是夢幻型文學之園中一道悲涼而美麗的風景。……在夢之喻中，文士們反覆吟唱的是形異而實同的曲調：人生如夢、世事如夢、宦海如夢、英雄如夢、歡愛如夢、富貴如夢、繁華如夢……一切的一切都只是幻夢而已，都將轉瞬歸於空無，……由此可見，從語言形式來看，「△△如夢」的比喻模式早已形成，文士們正是借助這一手段直接抒發、宣泄著自己的人生感受的，而我們從中窺見的是這一階層一脈相承的人生心態。〔註46〕

以唐代傳奇小說《枕中記》爲例，這個故事記載，盧生於邯鄲客店中遇見道士呂翁，他感歎自己快三十歲了，還無法考取功名，只得下田耕作求溫飽。呂翁便授枕給盧生，使他入夢。盧生在夢中享盡了榮華富貴，等到他從睡夢中醒來，發現道士還坐在身旁，而店主人鍋裡的黃粱飯也還沒煮熟，這時盧生猛然醒悟，自己剛才只是作了一場人生的大夢，並從此看破得失，不再因爲自己的貧賤而憂愁。這個故事是藉「黃粱美夢」諷刺當時讀書人熱衷追求功名利祿的心態，同時隱含「人生如夢」，「富貴如浮雲」的道理。李白在天寶三年被唐玄宗「賜金放還」之後，寫下膾炙人口的〈夢遊天姥吟留別〉。他在詩中寫道：「惟覺時之枕席，失向來之煙霞。世間行樂亦如此，古來萬事東流水。」夢覺之間的轉換和差異，讓他意識到「世間行樂」如夢如幻，「古來萬事」如流水一去不復返。於是，他毅然放下低眉彎腰去侍奉權貴的常人心，走上遍歷名山大川、尋仙訪道的出塵之路。

　　承上所述，「夢」之所以成爲文學的永恆主題，除了它本身不受現實侷限，作者可以隨心所欲地駕馭外；在現實不如意時，虛幻的夢境也可以提供一個避難的場所，讓作者桎梏的心靈獲得暫時的舒緩與解脫；而夢覺之間的轉換

〔註45〕「十年生死兩茫茫，不思量，自難忘。千里孤墳，無處話凄涼。縱使相逢應不識，塵滿面，鬢如霜。夜來幽夢忽還鄉，小軒窗，正梳妝。相顧無言，惟有淚千行。料得年年斷腸處，明月夜，短松岡。」蘇軾：〈江城子〉，世界書局編輯部主編：《全宋詞》，冊 1，頁 300。

〔註46〕鍾玖英：〈夢之喻與傳統文士心態〉，《修辭學習》第 4 期（1998 年），頁 8。

差異，更促使作者對生命展開思考，體悟「人生如夢」、「夢如人生」的道理。總而言之，不管是對夢境的描寫，或藉夢傳達人生思考，「夢」在這些人的手裡，可以不再是生理層次的反應而已，它可以代表對理想追求、對現實的諷刺，或是對人生的感悟，凡此種種，無不顯示「文本之夢」已成為作者傳達思想的手段，在他們的手裡，夢也可以不只是夢。

　　綜合上述各節可知，有關夢的種種觀點，已從原始的蒙昧迷信，躍升為理性、科學探索的階段。然而，雖然透過科學儀器的觀察，人們已逐漸掌握、瞭解夢的產生機制，但對於千奇百怪的夢內容，人們還是難以理出一套制式化的解釋模式。也許正是因為這樣，所以對於人類來說，「夢」始終充滿獨特的誘惑力，不斷誘使人們去解開這道難解的謎題。

　　而在現實生活中，由於一般人多能在理性的制約下，將夢視為虛幻的存在，所以大多數的夢境，並不一定對夢者的生活造成多大的影響。不過，在敘夢作品中，夢便不再是抽象的符號，而是作品中一個有意義、有影響的代碼。它可以滿足作者的願望，可以展示理想的世界，更可傳達對人生的感悟，所以許多作家便紛紛引進夢的題材來表達思想、抒發情感。

第三章 《列子》論夢

　　本章將擺脫歷來對於《列子》成書年代及其真偽問題的爭議，而專以《列子》一書出現的夢理論與夢寓言爲研究基點，企圖梳理這些研究材料所蘊含的內在哲理。文章概分爲以下幾節：第一節討論的重點在於《列子》的「夢有六候」之說，意欲釐清《列子》的「六候」所指爲何；第二節探討《列子》針對夢覺問題所作的思考；第三節以《列子》「夢遊理想國」的故事爲研究重心，揭示「黃帝夢遊華胥國」及「周穆王神遊化人之宮」這兩則夢寓言所隱含的義蘊。

第一節 夢有六候

　　《列子·周穆王篇》提出「夢有六候」：

　　夢有六候。……奚爲六候？一曰正夢，二曰噩夢，三曰思夢，四曰寤夢，五曰喜夢，六曰懼夢。此六者，神所交也。〔註1〕

此「六候」之說，和《周禮·春官·占夢》的「六夢」之說，〔註2〕在名稱上完全一致，所以馬敘倫在〈列子僞書考〉說道：「〈周穆王篇〉言夢，與《周官》占夢合。《周官》漢世方顯，此乃勦竊之。」〔註3〕對此，嚴靈峯則有不同看法：

〔註1〕楊伯峻：《列子集釋》（台北：華正書局，1987年），頁101～102。

〔註2〕《周禮·春官·占夢》：「占夢：掌其歲時，觀天地之會，辨陰陽之氣。以日月星辰占六夢之吉凶，一曰正夢，二曰噩夢，三曰思夢，四曰寤夢，五曰喜夢，六曰懼夢。」〔清〕阮元校勘：《十三經注疏》（台北：大化書局，1989年），冊3《周禮注疏》，頁1743。

〔註3〕楊伯峻：《列子集釋》，附錄三〈辨僞文字輯略〉，頁302。

《周官》所占「六夢」文字雖與《列子》「六候」之文完全相同，或許此「六夢」之說爲先秦之通說，……況《周官》所說，乃占夢之職司，而斷其「吉凶」，而非從事理論之解釋；如何斷爲「勦竊」？〔註4〕

由於馬敘倫主張《列子》一書是魏晉以來的好事之徒，聚斂多部典籍，附益而成，〔註5〕所以《列子》的「六候」之說，自然成爲支持其「僞書說」的重要證據。而嚴靈峯的基本立場則認爲，並沒有人存心去僞造《列子》一書，此書乃是張湛根據劉向定著新書之殘闕者，加以輯錄校注而成，〔註6〕所以他把「六候」和「六夢」名稱相同的巧合，歸因於「先秦之通說」，並認爲「六候」和「六夢」之所指，根本是兩回事。

關於《列子》眞僞問題，目前學界仍未取得共識，因此，要說「六候」勦竊「六夢」之文，或將它們視爲「先秦的通說」，恐怕是各說各話，難以釐清。至於「六夢」和「六候」所指是否相同，這又牽涉到二者的定義問題，暫且撇開「六候」不說，光是對「六夢」的認知，歷來就存在許多不同看法。熊道麟在《先秦夢文化探微》指出，歷來研究者對《周禮》六夢的認知，存在許多觀念上的差異，這些差異可區分爲夢因說、夢類說、綜合說等各方面：〔註7〕

（1）夢因說：起源於鄭玄對六夢所做定義：「正夢，無所感動，平安自夢。噩夢，驚愕而夢。思夢，覺時所思念之而夢。寤夢，覺時道之而夢。喜夢，喜悅而夢。懼夢，恐懼而夢。」因爲這些定義主要是

〔註4〕嚴靈峯：《列子辯証及其中心思想》（台北：時報文化出版事業有限公司，1983年），辯証〈列子書與莊子書雷同文字之比較與分析〉，頁103。

〔註5〕馬敘倫：「世傳《列子》書八篇，……魏晉以來，好事之徒，聚斂《管子》、《晏子》、《論語》、《山海經》、《墨子》、《莊子》、《尸佼》、《韓非》、《呂氏春秋》、《韓詩外傳》、《淮南》、《說苑》、《新序》、《新論》之言，附益晚說，成此八篇，假向敘以見重。」楊伯峻：《列子集釋》，附錄三〈辨僞文字輯略〉，頁305。

〔註6〕嚴靈峯認爲《列子》一書：「（一）此書非列禦寇所自著，可能由其門弟子及後學所裒集。（二）其成書當在戰國三家分晉之後，並羼雜有後人文字及他殘卷和錯簡。（三）現存本乃劉向定著新書之殘闕者，經由張湛輯錄散亡並加以校注而成。（四）其書非有人存心所僞造，更非張湛之所爲。（五）本書的中心思想，大歸同於老、莊。」嚴靈峯：《列子辯証及其中心思想》，〈自序〉，頁11～12。

〔註7〕熊道麟：《先秦夢文化探微》（高雄：高雄師範大學國文研究所博士論文，2002年），〈占夢態度的理智與調和〉，頁310～314。

根據夢的成因對夢類進行劃分。

（2）夢類說：源於清孫詒讓在《周禮正義》解釋六夢時，明言六夢皆為「夢之象感」，即六夢的劃分是依夢象所呈現的感應；另如劉文英、黃銘亮也同樣支持這種看法。

（3）綜合說：熊道麟指出，孫詒讓在六夢的個別解說中，並未否定「夢因說」的看法，所以依照孫氏的看法，六夢既是夢的成因，也是因為六種不同原因所形成的六種不同夢象，這種認知就是偏向「綜合說」了。而傅正谷認為，六夢可以是對夢的明確分類，又可以是對致夢原因的論述，明顯也是偏向「綜合說」。

（4）多質邏輯說：熊道麟還提到卓松盛的「多質邏輯說」，也就是六夢的劃分標準實際上是非常複雜的，它可能根據三至四種標準進行分類，其中包括夢境內容在被作夢者回憶時所造成的心理狀態（如正夢、噩夢、懼夢），人的夢前思維對夢象形成所構成的作用（如思夢），在非完全睡眠狀態中產生的幻覺（如寤夢）等。熊道麟本身也傾向卓松盛的說法，他認為六夢的分類反映出各種夢類的背景因素，這些因素包括人的睡眠、睡前思維、夢象對夢者所造成的感受與所引發的價值判斷等各種生理、心理上的作用。

綜合上述，既然歷來研究者對於六夢的認知，仍存在許多觀念上的差異，那麼，要判斷「六夢」和「六候」所指是否相同，似乎也是各持己見了。基於此，我們不妨回歸主題，將重心放在《列子》「夢有六候」的闡釋即可。

《列子·周穆王篇》提出「六候」之說，張湛注「候」云：「候，占也。六夢之占，義見《周官》。」〔註 8〕如果再比對張湛對六候的個別注解，更會發現他幾乎是循著鄭玄注六夢之言，來對六候進行個別解說：

	《周禮》鄭玄注	《列子》張湛注
正夢	無所感動，平安自夢	平居自夢
噩夢	驚愕而夢	驚愕而夢
思夢	覺時所思念之而夢	因思念而夢
寤夢	覺時道之而夢	覺時道之而夢
喜夢	喜悅而夢	因喜悅而夢
懼夢	恐懼而夢	因恐怖而夢

〔註 8〕楊伯峻：《列子集釋》，頁 101。

從上面的表格看來，張湛很可能是因循鄭玄注「六夢」的說法，對「六候」進行個別解釋。然而，張湛對「六候」的個別註解，是否爲《列子》一書的原意？黃銘亮的看法是這樣的：

> 晉張湛注「徵」、「候」云：「徵，驗也。候，占也。六夢之占，義見《周官》。」明顯的張湛注是將《列子》的「夢有六候」等同於《周禮》的占夢。但通觀《列子·周穆王》篇，列子説夢的究竟義在於世間人事都是人的「形、神」接受天地感變，形爲徵、夢爲候，若能明白徵、候，則事到臨頭就不會恐懼，所以列子不言占夢。……張湛注《列子》六夢與鄭玄之注《周禮》大同小異，極有可能受鄭玄影響，以鄭注來解釋列子「夢有六候」，頗失列子原意。〔註9〕

黃銘亮認爲張湛用鄭注來解釋「六候」，並不符合《列子》原意。因爲他認爲，《列子》是將夢歸因於人的生理因素，而鄭玄則是將夢歸因於人的心理所造成，若用鄭注對「六候」進行個別註解，就誤解了《列子》原意。〔註10〕而黃銘亮之所以認爲《列子》將夢歸因於生理因素所導致，主要是因爲《列子》的這段話：

> 一體之盈虛消息，皆通於天地，應於物類。故陰氣壯，則夢涉大水而恐懼；陽氣壯，則夢涉大火而燔焫。陰陽俱壯，則夢生殺。甚飽則夢與，甚饑則夢取。是以浮虛爲疾者，則夢揚；以沈實爲疾者，則夢溺。藉帶而寢則夢蛇，飛鳥銜髮則夢飛。將陰夢火，將疾夢食。飲酒者憂，歌儛者哭。〔註11〕

這段話因爲和《靈樞經·淫邪發夢》一段文字雷同，所以陳文波認爲這段話是抄自《靈樞經》。〔註12〕不過，嚴靈峯則認爲，《靈樞經》是談論人因五臟

〔註9〕 黃銘亮：《先秦兩漢間夢的類型與意義——中國古代夢的迷思》（台北：台灣大學歷史學研究所碩士論文，1993年6月），〈夢的解析——先秦及漢代諸子論夢〉，頁131～132。

〔註10〕 黃銘亮：「以鄭玄注來解釋列子『夢有六候』，頗失列子原意，最明顯的例子是注『思夢』照抄鄭玄『因思念而夢』作解釋。列子説人所以會作夢的原因是『一體之盈虛消息，皆通於天地，應於物類。故陰氣壯，則夢涉大水而恐懼…歌舞者哭』的一段話。列子與鄭玄的區別在於鄭玄説夢是因爲人的心理（因幻想、思念、及情緒）造成的；而列子是循《內經》説夢是因爲人的生理（身體內氣的盈虛消息與天地通感）造成的。」黃銘亮：《先秦兩漢間夢的類型與意義——中國古代夢的迷思》，〈夢的解析——先秦及漢代諸子論夢〉，頁132。

〔註11〕 楊伯峻：《列子集釋》，頁102～103。

〔註12〕 陳文波：「引陰陽夢寐之解，則出於《靈樞》。」陳文波：〈僞造「列子」者之

六腑的疾病而發夢，和《列子》之說夢殊少關連，而且《靈樞經》始見於宋世，縱使《列子》是晉人偽託，也不至於抄襲《靈樞經》。〔註13〕暫不論《列子》此處是否抄襲《靈樞經》，楊健民對這段文字的詮釋是這樣的：

> 作者對感變概念的分析，是從內、外兩個方面入手的。從「一體之
> 盈虛消息」看，夢來自內感；從一體之「通於天地，應於物類」看，
> 夢又是來自外感。屬於內感的有陰壯、陽壯、甚飽、甚飢以及浮虛、
> 沈實等等，而屬於外感的有藉帶、銜髮、將陰、將晴（註：「將晴」
> 一詞是劉文英在《夢的迷信與夢的探索》對《列子》原文所作的補
> 闕，而楊健民從之）等等。其實，從這些夢象看，它們所涉及到的
> 關係是非常多的，有夢與陰陽二氣的關係，有夢與生理狀態的關係，
> 有夢與疾病的關係，有夢與外界刺激的關係，有夢與環境（包括地
> 理與氣候）的關係，還有夢與人的處境的關係。但總的說來，不外
> 乎是「內感」和「外感」的所謂「感變」的關係。〔註14〕

在他看來，《列子》這段話是在表明，夢象是由內感或外感的感變所引起。然而，這中間有沒有涉及心理因素呢？劉文英說：

> 「將陰夢水，將晴夢火」（註：這兩句話是劉文英在《夢的迷信與夢的
> 探索》中，針對《列子》原文所作的補闕），「陰壯夢水，陽壯夢火」，
> 這些夢還可以「單純」用生理病理的原因來解釋。而「藉帶而寢則夢
> 蛇，飛鳥銜髮則夢飛」，顯然不能單純用「藉帶」、「銜髮」的生理刺激
> 來解釋，因為，「帶」並不等於蛇，頭髮動也不意味飛。其實，「甚飽
> 則夢與，甚饑則夢取」，「夢與」「夢取」也已經涉及心理原因。〔註15〕

一證），見楊伯峻：《列子集釋》，附錄三〈辨偽文字輯略〉，頁318。

〔註13〕嚴靈峯：《列子辯誣及其中心思想》，辯誣〈列子書與莊子書雷同文字之比較
與分析〉，頁103。

〔註14〕楊健民：《中國夢文化史》（福建：福建教育出版社，1997年），〈魏晉南北朝
的夢學理論與宗教夢說〉，頁162～163。（註：楊健民云：「從『一體之盈虛消
息』看，夢來自內感；從一體之『通於天地，應於物類』看，夢又是來自外
感。屬於內感的有陰壯、陽壯、甚飽、甚飢以及浮虛、沈實等等，而屬於外
感的有藉帶、銜髮、將陰、將晴等等。」以此對照劉文英在《夢的迷信與夢
的探索》頁二〇六所云：「從一體之『通於天地，應於物類』看，睡夢來自外
感。然從『一體之盈虛消息』看，睡夢又來自內感。陰壯、陽壯、甚飽、甚
飢以及浮虛、沈實等等，都屬於內感，但藉帶、銜髮、將陰、將晴等等，又
都屬於外感。」兩者文字大同小異，應該是楊健民沿用劉文英說法。）

〔註15〕劉文英：《夢的迷信與夢的探索》（台北：曉園出版社有限公司，1993年），〈關

劉文英認為，任何夢象的發生，「想」和「因」都起作用，「藉帶」、「銜髮」是屬於「因」，但會導致「夢蛇」、「夢飛」則非單純來自這種肉體刺激，這中間還有精神心理因素的「聯想作用」，扮演著由帶子到蛇身，由頭髮到飛天的過渡與轉化。〔註16〕的確，身體感受到人體本身的陰陽變化與天地自然後，若非透過心理意識的轉化，如何形成夢象？所以，要單純以生理因素來解釋夢的產生，顯然是不夠的。所以，黃銘亮認為《列子》這段話是從生理因素來解釋夢的產生，顯然看得還不如劉文英深入。

　　況且《列子》中也講到：「神遇為夢，形接為事。故晝想夜夢，神形所遇。故神凝者想夢自消。」〔註17〕張湛認為晝「想」的意思是：「此想謂覺時有情慮之事，非如世間常語晝日想有此事，而後隨而夢也。」〔註18〕「儘管張湛認為列子『晝想夜夢』並非常說的『日有所思，夜有所夢』，但他並未否定『晝想』為『夜夢』之因，而是認為『夜夢』並非都是『晝想』的直接演繹，也就是說，人的『夜夢』並非都是源於當日的所想，也可以是以往覺時有過的情慮之事」。〔註19〕而劉文英則認為這是在說明，「晝想是想夢的原因，晝不想，『神凝』則無『想夢』」。〔註20〕既然「晝想」而「夜夢」、「神凝」而「想夢自消」，可見《列子》並不是將夢單純歸因於生理因素。所以，黃銘亮說張湛用鄭注（心理因素引發作夢）來注解六候，並不符合《列子》原意，那倒也不一定，因為《列子》一書並未排斥心理因素會致夢。但是，這就表示張湛對「六候」的個別解釋是正確的？

　　要分析這六候指的是什麼，我們應該從整段文章加以審視，在解釋過程中，若能達到文意相互貫通，應該就接近文本原意了。所以，我們先來看看這一大段文章是怎麼寫的：

　　　覺有八徵，夢有六候。奚謂八徵？一曰故，二曰為，三曰得，四曰喪，五曰哀，六曰樂，七曰生，八曰死。此者八徵，形所接也。奚為六候？一曰正夢，二曰噩夢，三曰思夢，四曰寤夢，五曰喜夢，

　　　於夢的原因和機制〉，頁224。
〔註16〕劉文英：《夢的迷信與夢的探索》，〈關於夢的原因和機制〉，頁231～232。
〔註17〕楊伯峻：《列子集釋》，頁103。
〔註18〕楊伯峻：《列子集釋》，頁103。
〔註19〕傅正谷：《中國夢文化》（北京：中國社會科學出版社，1993年），〈中國古代夢理論的基本內容〉，頁209。
〔註20〕劉文英：《夢的迷信與夢的探索》，〈關於夢的原因和機制〉，頁216。

六曰懼夢。此六者，神所交也。不識感變之所起者，事至則惑其所由然；識感變之所起者，事至則知其所由然。知其所由然，則無所怛。一體之盈虛消息，皆通於天地，應於物類。故陰氣壯，則夢涉大水而恐懼；陽氣壯，則夢涉大火而燔焫。陰陽俱壯，則夢生殺。甚飽則夢與，甚饑則夢取。是以浮虛爲疾者，則夢揚；以沈實爲疾者，則夢溺。藉帶而寢則夢蛇，飛鳥銜髮則夢飛。將陰夢火，將疾夢食。飲酒者憂，歌儛者哭。子列子曰：「神遇爲夢，形接爲事。故晝想夜夢，神形所遇。故神凝者想夢自消。信覺不語，信夢不達；物化之往來者也。古之眞人，其覺自忘，其寢不夢；幾虛語哉？」

〔註21〕

由於《列子》是先將「覺有八徵，夢有六候」並列提出，然後再分述八徵和六候，所以，當它在分述八徵和六候時，應該是有所比照對應的。如俞樾認爲「此者八徵，形所接也」當作「此八者，形所接也」，以與「此六者，神所交也」相對；而王叔岷則認爲「此者八徵，形所接也」當作「此八徵者，形所接也」，而「此六者，神所交也」當作「此六候者，神所交也」，以便兩兩相對。〔註22〕俞樾和王叔岷注意的是句式方面的對應關係，既然句式有對應，在句意方面應該也是如此。在文中，《列子》提出醒時的八徵包括「故、爲、得、喪、哀、樂、生、死」，《列子》所說的「八徵」是指人類在醒覺狀態時，身體跟外界接觸所產生的結果。〔註23〕若要達到比照對應，則《列子》接下來所說的「六候」，應該是指人類在作夢時，精神跟外界接觸所產生的結果，而非指人類作夢的原因。因爲唯有這樣詮釋八徵和六候，才能形成對應關係，也才能對照出夢覺的不同（一個是身體跟外界接觸所產生的結果，一個是精神跟外界接觸所產生的結果）。

〔註21〕楊伯峻：《列子集釋》，頁 101～104。

〔註22〕楊伯峻：《列子集釋》，頁 101。

〔註23〕對「八徵」的解釋，晉張湛云：「徵，驗也。」楊伯峻：《列子集釋》，頁 101。莊萬壽認爲八徵是「人的形體對外界有所接觸而產生的」。莊萬壽：《新譯列子讀本》（台北：三民書局股份有限公司，1979 年），〈周穆王篇〉，頁 117。蕭登福認爲八徵是「當我們醒著的時候，以身體和外界接觸所產生的八種結果」。蕭登福：《列子古注今譯》（台北：文津出版社，1990 年），〈周穆王第三〉，頁 285。嚴北溟、嚴捷認爲「徵」是「迹象」。嚴北溟、嚴捷：《列子譯注》（台北：書林出版股份有限公司，1995 年），〈周穆王篇〉，頁 73。綜合來說，對於八徵的解釋，可釋爲人在清醒時，形體接觸外界所產生的跡象或結果。

順這個說法往下解釋，所謂「不識感變之所起者，事至則惑其所由然；識感變之所起者，事至則知其所由然。知其所由然，則無所怛」一段，是在說明八徵和六候是由「感變」引起，在醒覺時身體因爲有所感（跟外界接觸）而變化成「八徵」，在作夢時精神因爲有所感（跟外界接觸）而變化成「六候」，明白了八徵和六候產生的原因，就能夠「無所怛」。而人在作夢時，精神「感變」的是什麼呢？「一體之盈虛消息，皆通於天地，應於物類。故陰氣壯，則夢涉大水而恐懼……將陰夢火，將疾夢食。飲酒者憂，歌儛者哭。」人在作夢時，精神先感受到天地自然與人體本身的陰陽變化，進而變化成各種夢象。（這些「隨著感變而呈現的各種夢象」，《列子》把它簡單劃分成六大類，就是所謂的「六候」。）而文章最後出現的「子列子」之語，自然不影響六候解釋爲「人類在作夢時，精神跟外界接觸所產生的結果」（即夢象），因爲「夢象」本來就可能由心理因素導致。所以，站在「八徵」與「六候」的對應關係上，「六候」解釋爲「六種夢象」，也許比較適切。

綜合上述，「六候」指的應該是人類在作夢時，精神跟外界接觸所產生的結果，也就是精神感受到天地自然與人體本身的陰陽變化，進而轉化成的各種夢象，其中包括平常生活的夢境、驚愕之夢境、思念之夢境、清醒時處於一種出神狀態所出現的夢境、喜悅之夢境、恐怖之夢境等，它可以是作夢者在回憶夢境內容時所引發的心理感受，但卻不是指作夢的原因。

第二節　夢覺之辨

《列子》雖提出「覺有八徵，夢有六候」，用以說明人類在不同精神狀態時，分別會遭遇「故、爲、得、喪、哀、樂、生、死」或「正夢、噩夢、思夢、寤夢、喜夢、懼夢」等結果；但另一方面，《列子》又試圖告訴人們，所謂的夢覺之辨，其實是沒有必要的。這是因爲：

一、方俗之異，覺夢反用

按照《列子》書中的看法，生理所感受的「夢」、「覺」差異，其實根源於人的習慣和成見。所謂的眞實和虛妄，完全取決於「夢」與「覺」在人的生活中所佔時間的長短。《列子·周穆王篇》提到：

> 西極之南隅有國焉，不知境界之所接，名古莽之國。陰陽之氣所不

交，故寒暑亡辨；日月之光所不照，故晝夜亡辨。其民不食不衣而
多眠，五旬一覺，以夢中所爲者實，覺之所見者妄。

四海之齊謂中央之國，跨河南北，越岱東西，萬有餘里。其陰陽之
審度，故一寒一暑；昏明之分察，故一晝一夜。其民有智有愚。萬
物滋殖，才藝多方。有君臣相臨，禮法相持。其所云爲不可稱計。
一覺一寐，以爲覺之所爲者實，夢之所見者妄。

東極之北隅有國曰阜落之國。其土氣常燠，日月餘光之照。其土不
生嘉苗。其民食草根木實，不知火食，性剛悍，彊弱相藉，貴勝而
不尚義；多馳步，少休息，常覺而不眠。〔註24〕

「時間和空間都是人們爲了說明或了解某種情況而建立的概念。……人與萬
物在生滅變化的過程中，時間和空間是最重要的兩個要素，人及萬物的活動
都必然地受限於一定的時間和空間之中，難以超脫」。〔註25〕在這則故事中，
所謂「不知境界之所接」及「跨河南北，越岱東西，萬有餘里」等描述，雖
給人一種廣闊無垠的空間感，但實際上，其活動範圍仍不可避免地受到空間
的限制。而「古莽之國」的人因爲受地理環境的影響，夢多覺少，所以「以
夢中所爲者實，覺之所見者妄」。「中央之國」的人因爲夢覺時間相當，所以
「以爲覺之所爲者實，夢之所見者妄」。「阜落之國」的人因爲處於永晝，所
以是「常覺而不眠」，根本不知道有夢的存在。作者把這三者放在一起比較，
除了說明夢覺的長短差異，與所處的天地自然的陰陽之氣相交、調和與否有
很大的關係；〔註26〕同時也說明，夢覺之分是人們主觀所設定，並沒有客觀、
確定的界線。

《列子‧周穆王篇》有一個「迷惘之疾」的故事：

秦人逢氏有子，少而惠，及壯而有迷罔之疾。聞歌以爲哭，視白以
爲黑，饗香以爲朽，嘗甘以爲苦，行非以爲是：意之所之，天地、
四方、水火、寒暑，無不倒錯者焉。楊氏告其父曰：「魯之君子多術

〔註24〕楊伯峻：《列子集釋》，頁104〜105。
〔註25〕陳宏銘：〈列子的宇宙論〉，《中華道教學院南臺分院學報》第2期（2001年
　　　　10月），頁80。
〔註26〕楊健民：「夢覺的長短及其特點的差異，與其所處的天地自然的陰陽之氣相
　　　　交、調和與否，是有很大關係的。這裡，同樣有一個陰陽之『所起者』與夢
　　　　覺之『所由然』的『感變』問題。」楊健民：《中國夢文化史》，〈魏晉南北朝
　　　　的夢學理論與宗教夢說〉，頁163。

藝，將能已乎？汝奚不訪焉？」其父之魯，過陳，遇老聃，因告其
子之證，老聃曰：「汝庸知汝子之迷乎？今天下之人皆惑於是非，昏
於利害。同疾者多，固莫有覺者。且一身之迷不足傾一家，一家之
迷不足傾一鄉，一鄉之迷不足傾一國，一國之迷不足傾天下。天下
盡迷，孰傾之哉？向使天下之人其心盡如汝子，汝則反迷矣。哀樂、
聲色、臭味、是非，孰能正之？且吾之此言未必非迷，而況魯之君
子迷之郵者，焉能解人之迷哉？榮汝之糧，不若遄歸也。〔註27〕

這個故事在說明，歌哭、白黑、香朽、苦甘等相對性的東西，並無真正的標
準可言，都是以人的習慣及生理結構爲依據。如果眾人像逢氏子一樣，以歌
爲哭、以白爲黑、以香爲朽、以甘爲苦、以非爲是，那麼如今所謂的是非對
錯都將轉換顛倒。同樣的道理，生理所感受的夢覺差異，也是根源於人的習
慣和成見，這些相對而生的觀念，都是不眞實的，常在變化之中，要想釐清
夢覺虛實的問題，誠如張湛所云：「方俗之異，猶覺夢反用，動寢殊性，各適
一方，未足相非者也。」〔註28〕

二、覺便是夢，夢便是覺

在《列子》的觀念裡，夢覺差異是由人的主觀所設定；但依照世俗的成
見，多數人還是主張「中央之國」的「以爲覺之所爲者實，夢之所見者妄」。
因此，要人們普遍認同「以夢中所爲者實，覺之所見者妄」的說法，仍有認
知上的困難，因爲無論夢境多麼眞實，人們總是習慣說服自己：「那不過是一
個夢而已。」所謂的眞實與虛妄，在既定的世俗觀念裡，終究是很難打破的。
基於此，《列子・周穆王篇》便創作一個「樵夫藏鹿」的故事：

鄭人有薪於野者，遇駭鹿，御而擊之，斃之。恐人見之也，遽而藏
諸隍中，覆之以蕉。不勝其喜。俄而遺其所藏之處，遂以爲夢焉。
順塗而詠其事。傍人有聞者，用其言而取之。既歸，告其室人曰：「向
薪者夢得鹿而不知其處；吾今得之，彼直眞夢者矣。」室人曰：「若
將是夢見薪者之得鹿邪？詎有薪者邪？今眞得鹿，是若之夢眞邪？」
夫曰：「吾據得鹿，何用知彼夢我夢邪？」薪者之歸，不厭失鹿。其
夜眞夢藏之之處，又夢得之之主。爽旦，按所夢而尋得之。遂訟而

〔註27〕楊伯峻：《列子集釋》，頁 111～112。
〔註28〕楊伯峻：《列子集釋》，頁 105。

爭之，歸之士師。士師曰：「若初眞得鹿，妄謂之夢；眞夢得鹿，妄
謂之實。彼眞取若鹿，而與若爭鹿。室人又謂夢仭人鹿，無人得鹿。
今據有此鹿，請二分之。」以聞鄭君。鄭君曰：「嘻！士師將復夢分
人鹿乎？」訪之國相。國相曰：「夢與不夢，臣所不能辨也。欲辨覺
夢，唯黃帝孔丘。今亡黃帝孔丘，孰辨之哉？且恂士師之言可也。」
〔註29〕

鄭國一個樵夫在野外獵到一頭鹿，因爲擔心別人看見，於是將牠藏起來。沒
想到一會兒就忘記剛才藏鹿的地方，樵夫便以爲自己是在作夢。在回家路途
中，樵夫跟人講起打鹿藏鹿的怪夢，路人順著他的話去取鹿，果然找到一頭
鹿。樵夫回到家中後，因爲不甘心丟掉鹿，當天夜裡幽然入夢，結果不僅夢
到藏鹿的地方，而且夢見取走藏鹿的人。第二天早上，樵夫按照夢中的情形
去找拿了鹿的人，果然找到取走藏鹿的人。故事最後，安排士師處理樵夫、
路人爭鹿的問題。士師認爲樵夫最初眞的得鹿，卻說是作夢；後來眞的作夢，
卻又說是事實而非作夢；路人眞的得到鹿，他的妻子卻又說他是因爲作夢而
得鹿。所以，整個事件並沒有人得鹿。於是，士師把眼前的眞鹿，判各分一
半。

熊道麟認爲，鄭國的樵夫之所以失去所獵的鹿，是因爲「以眞爲夢」；路
人聽信樵夫的描述，並因此取得藏鹿，是因爲「以樵夫所夢爲眞」；路人的妻
子聽了路人的陳述，認爲路人之所以得到鹿，並非眞有一位樵夫，而是「以
路人所夢爲眞」。這三人所代表的是世俗小民對夢的認知（有人以眞爲假，也
有人以假爲眞），以及夢幻與眞實在人們生活中所構成的虛實變化。故事安排
士師處理爭議的情節，是爲了讓士師扮演如同讀者一樣的理智超然立場，在
面對樵夫、路人的爭議問題時，不再隨著各人的主觀思維，陷入夢覺虛實的
爭論泥淖中。〔註30〕不過，整個故事到此還未結束。鄭君聽聞此事而云：「士
師大概也是在夢中替人分鹿吧！」國相回應鄭君：「夢與不夢，臣所不能辨也。
欲辨覺夢，唯黃帝孔丘。今亡黃帝孔丘，孰辨之哉？且恂士師之言可也。」
所謂「欲辨覺夢，唯黃帝孔丘」，俞樾曰：

《史記正義》引《帝王世紀》云：「黃帝夢大風吹天下塵垢皆去，又
夢人執千鈞之弩驅羊萬羣。帝寤而嘆曰：風爲號令，執政者也；垢

〔註29〕楊伯峻：《列子集釋》，頁 107～108。
〔註30〕熊道麟：《先秦夢文化探微》，〈占夢態度的理智與調和〉，頁 336～337。

去土，后在也。天下豈有姓風名后者哉？夫千鈞之弩，異力者也；驅羊萬羣，能牧民爲善者也。天下豈有姓力名牧者哉？於是依二占而求之，得風后於海隅，登以爲相；得力牧於大澤，進以爲將。黃帝因著《占夢經》十一卷」……孔子兩楹之夢見〈檀弓〉。辨夢言黃帝孔丘，此其義也。〔註31〕

傳說黃帝夢見大風吹天下的塵垢，而舉用風后；夢見力士執大弓牧羊羣，而舉用力牧。孔子曾夢見自己坐在兩楹之間，就以爲自己快死了（因爲孔丘是殷的後代，殷人死了要停棺在兩楹之間），果然七天之後，孔子就死了。〔註32〕夢象的虛實，有時是很難辨別清楚的，張湛認爲：「聖人之辨覺夢何耶？直知其不異耳。」〔註33〕樵夫先是得鹿復失之，以爲是夢，後來又以夢而復得所失之鹿，究竟是夢是覺，是虛是實，又有誰能分辨清楚呢？國相說：「夢與不夢，臣所不能辨也。欲辨覺夢，唯黃帝孔丘。」而黃帝孔丘等聖人已經不在了，無法分別。「實際上《列子》認識到區別事物的關鍵在於要有一個標準，但的確沒有一個普遍有效的標準存在，也不可能提出這樣一個標準」，〔註34〕所以，覺便是夢，夢便是覺，夢覺齊一的思想，成爲這個故事所要傳達的主旨。

三、覺夢不異，苦樂各適一方

在《列子》的觀念裡，夢覺差異是由人的主觀所設定，所以在眞實人生與虛妄夢境所遭遇的一切，應該平等視之，才能從人生際遇解脫出來，不再因貧賤而自悲自憐，或爲了長保富貴而勞心勞神。如《列子・周穆王篇》裡「周之尹氏」與「老役夫」的故事：

〔註31〕楊伯峻：《列子集釋》，頁 108。

〔註32〕《禮記・檀弓上》：「孔子蚤作，負手曳杖，消搖於門，歌曰：『泰山其頹乎？梁木其壞乎？哲人其萎乎？』既歌而入，當戶而坐。子貢聞之曰：『泰山其頹，則吾將安仰？梁木其壞、哲人其萎，則吾將安放？夫子殆將病也。』遂趨而入。夫子曰：『賜！爾來何遲也？夏后氏殯於東階之上，則猶在阼也；殷人殯於兩楹之間，則與賓主夾之也；周人殯於西階之上，則猶賓之也。而丘也殷人也。予疇昔之夜，夢坐奠於兩楹之間。夫明王不興，而天下其孰能宗予？予殆將死也。』蓋寢疾七日而沒。」〔清〕阮元校勘：《十三經注疏》，冊 5《禮記正義》，頁 2776～2777。

〔註33〕楊伯峻：《列子集釋》，頁 108。

〔註34〕彭自強：〈《列子》的名實觀〉，《西南師範大學學報（哲學社會科學版）》第 5 期（1997 年），頁 80。

周之尹氏大治產，其下趣役者侵晨昏而弗息。有老役夫筋力竭矣，
而使之彌勤。晝則呻呼而卽事，夜則昏憊而熟寐。精神荒散，昔昔
夢爲國君。居人民之上，總一國之事。遊燕宮觀，恣意所欲，其樂
無比。覺則復役。人有慰喻其勤者，役夫曰：「人生百年，晝夜各分。
吾晝爲僕虜，苦則苦矣；夜爲人君，其樂無比。何所怨哉？」尹氏
心營世事，慮鍾家業，心形俱疲，夜亦昏憊而寐。昔昔夢爲人僕，
趨走作役，無不爲也；數罵杖撻，無不至也。眠中啽囈呻呼，徹旦
息焉。〔註35〕

《列子·周穆王篇》說：「（夢）飲酒者憂，（夢）歌儛者哭。」〔註36〕它強調
的是，白天的情態和夜間的夢象，有時是相反的，這種相反的情況，張湛名
之曰：「造極相反」。〔註37〕在這個故事裡，窮苦的老役夫日日辛勞，到了夜
裡，則夢見自己成爲一位高居人上、總攬國事的君王，享盡榮華富貴，恣意
地遊玩宴飲，快樂無比。尹氏雖然在現實生活中產業眾多，然而夢中卻成爲
他人僕役，不僅要辛勞作役，還得受罵挨打。「應該承認，尹氏和役夫心理中
的兩種因素都是精神因素，都是情之所化，但有此情之化和彼情之化。白天
在現實生活中，此情之化可能占主要地位，然而睡眠中由於暫時脫離了現實
生活，原來居次要地位的彼情之化，則反可能上升到主要地位。」〔註38〕老
役夫的兩種心理狀態是勞役的壓迫和幸福的企盼；尹氏的兩種心理狀態是富
貴的喜悅與失去地位的擔憂。老役夫在白天供人差遣勞役，在夢裡卻成爲至
上的國君；尹氏在白天苦心經營富貴，在夢中卻偏偏失去富貴而淪爲奴役。
這是因爲人的感情活動不是單向的，所以夢象也不一定是情化的單向延續，
在情化往復的過程中，便可能出現「反夢」。〔註39〕出現這種夢境與現實處境
相反的夢意象並不是偶然的，老役夫在現實生活中渴望改變自己社會地位的
願望未能實現，這種被壓抑的欲望，只有在快樂順意的夢境中才成爲了可能；
尹氏爲保持現實的地位與處境而心神俱疲，身心長期處於極度緊張和疲勞狀

〔註35〕楊伯峻：《列子集釋》，頁105～106。
〔註36〕陶鴻慶□：「飲酒者憂，歌舞者哭，兩句之首皆當有『夢』字。」楊伯峻也同
　　　意此說。楊伯峻：《列子集釋》，頁103。
〔註37〕楊伯峻：《列子集釋》，頁103。
〔註38〕劉文英：《夢的迷信與夢的探索》，〈關於夢的原因和機制〉，頁219。
〔註39〕楊健民：「老役夫和尹氏的精神心理因素和心理狀態都是情之所化的，而這種
　　　『情化』則往往因人的心理狀態而『往復』，從而產生『反夢』。」楊健民：《中
　　　國夢文化史》，〈魏晉南北朝的夢學理論與宗教夢說〉，頁166。

態，所以產生與現實相反的夢境。〔註40〕

　　老役夫在白天從事賤役的工作，夜裡入夢則成爲高居人上的國君，盡情地享樂。曾經有人慰問他的勞苦，他卻說：「人生百年，晝夜各分。吾晝爲僕虜，苦則苦矣；夜爲人君，其樂無比。何所怨哉？」黃美煖云：

> 方老役夫之沈酣夢境也，則儼然人君，貴爲帝王，凡平生之所缺憾者，夢中乃得快然自足，無復知此身之長爲賤役，每遭勞苦矣。雖覺則復爲趨走作役，然心中實有所變化焉。「人生百年，晝夜各分。吾晝爲僕虜，苦則苦矣；夜爲人君，其樂無比。何所怨哉？」此其覺後所悟之人生理境，遂能於人生諸苦，甘之如飴。〔註41〕

而尹氏在現實生活中，既要因爲操心家業而弄得心神疲憊，到了夜晚還會作惡夢，夢見自己失去家產而成爲辛苦勞動的僕役。「周之尹氏」因爲太在乎所擁有的榮華富貴，深怕有一天保不住這份產業，所以搞得自己無論夢覺都疲累不堪。故事最後，藉著「尹氏之友」的一段話，讓尹氏頓悟了一些道理：

> 尹氏病之，以訪其友。友曰：「若位足榮身，資財有餘，勝人遠矣。夜夢爲僕，苦逸之復，數之常也。若欲覺夢兼之，豈可得邪？」尹氏聞其友言，寬其役夫之程，減己思慮之事，疾並少間。〔註42〕

尹氏聽了他朋友的話，於是放寬對奴僕工作的要求限度，減少自己思慮治產聚斂的事，於是他的痛苦便減輕了許多。盧重玄云：「夫勞形而逸其神者，則覺疲而夢安；勞神而役形者，則覺樂而夢苦。神者，生之主也；而人不知養神以安形。形者，神之器也，而人不知資形以逸神也。故形神俱勞，兩過其分。若勞役適中者，疾並少間矣。」〔註43〕「由此可見，減少思慮，乃至無憂無慮，不但可以消除夢因，而且可以治癒疾病，使心形俱健，達到養生長壽。」〔註44〕

　　周紹賢指出：

> 年老勞力，其苦何堪？然老役夫有夜夢爲君之樂，其樂趣爲心理構成之夢境。其實人生本如一夢，然欲構成美夢，誠非易事。老役夫

〔註40〕鄧新躍：〈先秦文學中的夢意象〉，《文史雜誌》第 3 期（2001 年），頁 61。
〔註41〕黃美煖：《列子神話、寓言研究》（台北：台灣師範大學國文研究所碩士論文，1986 年 12 月），〈列子神話、寓言之思想〉，頁 177～178。
〔註42〕楊伯峻：《列子集釋》，頁 106。
〔註43〕楊伯峻：《列子集釋》，頁 106～107。
〔註44〕傅正谷：《中國夢文化》，〈中國古代夢理論的代表者〉，頁 38。

能構成其所想像之美夢，能使苦中生樂，此亦特有之心靈，不可學
而能者也。尹氏則忙於治產，日間勞瘁，夜則夢爲僕夫，作賤役、
受打罵，無時不苦。雖無老役夫之機靈，然聞友人之言，而能減其
思慮，消其疾苦，亦非執迷不悟者也。〔註45〕

「周之尹氏」與「老役夫」的故事告訴我們，「覺夢不異，苦樂各適一方」，〔註
46〕如果大家能像老役夫一樣，將眞實與夢幻同等視之，對於世間的富貴貧賤
就能坦然面對，再不必因爲計較功名利祿而患得患失，身心也才能得到最佳
的安頓。

四、古之眞人，其覺自忘，其寢不夢

《列子》雖然主張「覺夢不異，苦樂各適一方」，但這還不是一種最理想
的境界，如果能達到「其覺自忘，其寢不夢」的眞人境界，才是更理想的狀
態：

子列子曰：「神遇爲夢，形接爲事。故畫想夜夢，神形所遇。故神凝
者想夢自消。信覺不語，信夢不達；物化之往來者也。古之眞人，
其覺自忘，其寢不夢；幾虛語哉？」〔註47〕

《列子》指出，白天所想的乃是夜晚作夢的原因。因此，精神凝靜不與外界
相遇，夢就無從做起。夢醒和作夢是情化往復中來去相接之事，能做到夢醒
時忘我而不想，睡覺時也不作夢，這就是古代的眞人。劉文英認爲：

「自忘」者，外忘萬物，內忘自身。一個人連自己的存在都忘了，
那還能不能說是醒覺，那還能不能知道自己睡眠、自己作夢？由此
論證所謂「其寢不夢」，不但邏輯上自相矛盾，事實上純粹屬於一種
想像。〔註48〕

此外，現代睡眠科學也指出，人的睡眠狀態有兩種：一種是非眼球快動型睡
眠（NREM），一種是眼球快動型睡眠（REM）。富於情節變化的夢，通常發
生在 REM 睡眠期，至於情節比較單調的夢，則發生在 NREM 睡眠期。所以，
《列子》提到的「其寢不夢」，只能是一種理想狀態，因爲人只要進入睡眠狀

〔註45〕周紹賢：《列子要義》（台北：文景出版社，1975 年），〈達生論〉，頁 47。
〔註46〕張湛云：「此章亦明覺夢不異，苦樂各適一方，則役夫勩於畫而逸於夜，尹氏
　　　　榮於畫而辱於夜。」楊伯峻：《列子集釋》，頁 106。
〔註47〕楊伯峻：《列子集釋》），頁 103～104。
〔註48〕劉文英：《夢的迷信與夢的探索》，〈關於夢的幾個具體問題〉，頁 275。

態，就必定有作夢的行爲出現。

即便《列子》提出的「古之眞人，其覺自忘，其寢不夢」，只是一種理想狀態，但它所代表意義，則表明《列子》希望人們能夠擺脫心靈和形體的累贅，達到超越是非，不爲是非利害所擾的境界。《列子·周穆王篇》有一個「陽里華子病忘」的故事：

> 宋陽里華子中年病忘，朝取而夕忘，夕與而朝忘；在塗則忘行，在室則忘坐；今不識先，後不識今。闔室毒之。謁史而卜之，弗占；謁巫而禱之，弗禁；謁醫而攻之，弗已。魯有儒生自媒能治之，華子之妻子以居產之半，請其方。儒生曰：「此固非卦兆之所占，非祈請之所禱，非藥石之所攻。吾試化其心，變其慮，庶幾其瘳乎！」於是試露之，而求衣；饑之，而求食；幽之，而求明。儒生欣然告其子曰：「疾可已也。然吾之方密，傳世不以告人。試屏左右，獨與居室七日。」從之。莫知其所施爲也，而積年之疾一朝都除。華子既悟，迺大怒，黜妻罰子，操戈逐儒生。宋人執而問其以。華子曰：「曩吾忘也，蕩蕩然不覺天地之有無。今頓識既往，數十年來存亡、得失、哀樂、好惡，擾擾萬緒起矣。吾恐將來之存亡、得失、哀樂、好惡之亂吾心如此也，須臾之忘，可復得乎？」子貢聞而怪之，以告孔子。孔子曰：「此非汝所及乎！」顧謂顏回紀之。〔註49〕

周紹賢云：「華子蓋感世事憂煩之苦，有時強將一切拋諸度外，以求心境之寧靜，久之遂得善忘之病，其在此病中，無所記憶，無所好惡，無所憂慮。是非得失概不在意，渾渾噩噩，一任自然，冰炭不存於胸中，憂患消滅於無形，此即類老子所說『復歸於嬰兒』，坦然自如之境，如此迥然無所求，實爲至樂，無怪乎其不願恢復昔日萬事纏心，多思多慮之苦也。」〔註50〕當陽里華子病健忘之時，朝取夕忘、夕與朝忘；在塗忘行、在室忘坐；今不識先、後不識今，無識無知，故能無是非利害。一旦病癒，則數十年來種種存亡、得失、哀樂、好惡又重上心頭，欲求片刻之忘亦不可得。由此可見，有存亡、得失的利害是非，即不能不有哀樂、好惡的情緒反應，唯有「忘」才能避免內心的擾動與不安。〔註51〕「人的一切行爲活動，都僅靠著你我的記憶，以及他

〔註49〕楊伯峻：《列子集釋》，頁108～110。
〔註50〕周紹賢：《列子要義》，〈達生論〉，頁49。
〔註51〕黃翔：《《列子》寓言思想研究》（台北：台灣大學中國文學研究所碩士論文，

人的記憶，來作見證，來爲保存。但當有一天，我們的記憶消退或模糊時，又怎能分清那些是曾經眞實發生過，哪些是夢中見過的呢？由此看來，我們日常所斤斤計較，銖兩區分，執著固守的每一事每一物，又何嘗不是像鄭人遇駭鹿般的似幻如眞呢？」〔註 52〕可見，《列子》說的「其覺自忘」，就是要人們忘掉世間的存亡、得失，唯有如此，才能沒有所謂哀樂、好惡的情緒反應；沒有了哀樂、好惡的情慮之事，生命才能安適。

綜合上述，雖然要成爲「其覺自忘，其寢不夢」的眞人，只能是一種理想，但它卻可以當作人們努力的目標；如果人們能儘量做到「其覺自忘，其寢不夢」，則「夢覺之辨」也就沒有必要了。因爲所謂的夢覺之辨，不過如張湛爲〈周穆王篇〉所下的注解：

> 夫稟生受有謂之形，俯仰變異謂之化。神之所交謂之夢，形之所接謂之覺。原其極也，同歸虛僞。何者？生質根滯，百年乃終；化情枝淺，視瞬而滅。神道恍惚，若存若亡；形理顯著，若誠若實。故洞監知生滅之理均，覺夢之塗一；雖萬變交陳，未關神慮。愚惑者以顯昧爲成驗遲速而致疑，故竊然而自私，以形骸爲眞宅。孰識生化之本歸之於無物哉？〔註 53〕

「形、化、夢、覺」四者都是以虛僞不實爲本質，因爲人之生形，百年終盡；變化之情，瞬間即滅；夢想之境，恍惚若存；形接之理，彷若誠實。唯有洞鑑「生滅之理均，覺夢之塗一」，然後知形化之生滅無異，而覺夢之顯隱無別。如果見生化之相、夢覺之境，就執之以爲實有，便是昧惑不明了。〔註 54〕

第三節 夢遊理想國

「任何時代和任何作家，直接面對的都是現實世界，誰都不能跳出現實世界。但是作家通過他們的作品，則可以創造和建構一個現實尚不存在的理想世界。……不過，現實世界中的想像，常常會遇到一些障礙和界限，如既

2002 年 1 月），〈認識論寓言〉，頁 176～177。
〔註 52〕蕭登福：《列子探微》（台北：文津出版社，1990 年），〈列子的人生觀〉，頁108。
〔註 53〕楊伯峻：《列子集釋》，頁 90。
〔註 54〕盧桂珍：〈張湛宇宙觀辨析〉，《哲學與文化》第 31 卷第 3 期（2004 年 3 月），頁 161。

成的社會制度和行爲規範，思想觀念難以突破。而一旦進入夢境，則可以超越現實世界的各種障礙和界限，想像的翅膀由此便可以自由地遨翔，理想的世界也就充分的展現出來。」〔註55〕《列子》即透過夢的形式，創造超越現實的理想之國——「華胥國」和「化人之宮」。

一、黄帝夢遊華胥國

在《列子‧黄帝篇》記載這樣一個故事：黄帝即位十五年，喜悅天下人擁戴他，於是頤養自己的生命，滿足耳目的快樂，供養鼻口的欲望，結果卻使得自己皮膚漆黑，五情迷惑。又經過十五年，因爲憂慮天下不能治好，便竭盡聰明才智統治百姓，結果同樣使自己肌膚漆黑，五情迷惑。黄帝於是感嘆：「朕之過淫矣。養一己其患如此；治萬物其患如此。」〔註56〕有一天，黄帝午睡時，夢遊了華胥國：

> 華胥氏之國在弇州之西，台州之北，不知斯齊國幾千萬里；蓋非舟車足力之所及，神遊而已。其國無師長，自然而已。其民無嗜慾，自然而已。不知樂生，不知惡死，故無夭殤；不知親己，不知疏物，故無愛憎；不知背逆，不知向順，故無利害；都無所愛惜，都無所畏忌。入水不溺，入火不熱。斫撻無傷痛，指擿無痟癢。乘空如履實，寢虛若處牀。雲霧不硋其視，雷霆不亂其聽，美惡不滑其心，山谷不躓其步，神行而已。〔註57〕

有關《列子》描述的「華胥國」，盧重玄解曰：

> 寄言也。齋心服形，神與道合，則至其大國矣。夫神者，生之主也。既爲生主，則役神以養生，養之失理，却成於損也。俗以益嗜欲者爲養生，適爲喪年之本矣。故君子養於性，小人養於情。養性者，無嗜欲，保自然，不樂生，不惡死，無向背憎愛，無畏忌自然。神

〔註55〕劉文英、曹田玉：《夢與中國文化》（北京：人民出版社，2003年），〈夢與中國古代文學藝術〉，頁652。

〔註56〕《列子‧黄帝篇》：「黄帝即位十有五年，喜天下戴己，養正命，娛耳目，供鼻口，焦然肌色皯黣，昏然五情爽惑。又十有五年，憂天下之不治，竭聰明，進智力，營百姓，焦然肌色皯黣，昏然五情爽惑。黄帝乃喟然讚曰：『朕之過淫矣。養一己其患如此，治萬物其患如此。』」楊伯峻：《列子集釋》，頁39～40。

〔註57〕楊伯峻：《列子集釋》，頁41～42。

行者，神合於道也。非是別有一國、別類之人耳。〔註58〕

著名的精神分析學創始人佛洛依德曾說：「夢因願望而起，夢的內容即表示這個願望，此外，夢不僅使一個思想有表示的機會，而且藉一種幻覺經驗的方式，來表示這個願望的滿足。」〔註59〕現實社會裡，黃帝即位起初十五年恣意享樂，結果是「昏然五情爽惑」；又十五年則竭力統治百姓，結果仍是「昏然五情爽惑」。在這種情況下，他便拋開政務，專心思索養身治國的方法，沒想到「閒居三月，齋心服形，思有以養身治物之道」，結果卻仍然「弗獲其術」。豈料，就在黃帝疲倦入睡後，反而夢見理想國——「華胥國」。〔註60〕《列子·湯問篇》有一理想國——「終北國」：

> 禹之治水土也，迷而失塗，謬之一國。濱北海之北，不知距齊州幾千萬里。其國名曰終北，不知際畔之所齊限，無風雨霜露，不生鳥獸、蟲魚、草木之類。四方悉平，周以喬陟。當國之中有山，山名壺領，狀若甌甄。頂有口，狀若員環，名曰滋穴。有水湧出，名曰神瀵，臭過蘭椒，味過醪醴。一源分為四埒，注於山下。經營一國，亡不悉徧。土氣和，亡札厲。人性婉而從物，不競不爭。柔心而弱骨，不驕不忌；長幼儕居。不君不臣；男女雜游，不媒不聘；緣水而居，不耕不稼。土氣溫適，不織不衣；百年而死，不夭不病。其民孳阜亡數，有喜樂，亡衰老哀苦。其俗好聲，相攜而迭謠，終日不輟音。飢倦則飲神瀵，力志和平。過則醉，經旬乃醒。沐浴神瀵，膚色脂澤，香氣經旬乃歇。周穆王北游過其國，三年忘歸。既反周室，慕其國，憣然自失。不進酒肉，不召嬪御者，數月乃復。〔註61〕

終北國的人民不競不爭、不驕不妒；沒有階級之分、沒有婚姻束縛；只有喜樂，沒有衰弱、老病、悲哀、痛苦。周穆王遊歷經過此國，住了三年而忘記回國，回國後，還一直嚮往這個國家。〔註62〕在《列子》的描述中，「華胥國」

〔註58〕楊伯峻：《列子集釋》，頁42。

〔註59〕佛洛依德著、楊韶剛譯：《佛洛依德之夢的解析》（台北：百善書房，2004年），頁19。

〔註60〕《列子·黃帝篇》：「黃帝乃喟然讚曰：『朕之過淫矣。養一已其患如此，治萬物其患如此。』於是放萬機，舍宮寢，去直侍，徹鐘懸，減廚膳，退而閒居大庭之館，齋心服形，三月不親政事。晝寢而夢，遊於華胥氏之國。」楊伯峻：《列子集釋》，頁40～41。

〔註61〕楊伯峻：《列子集釋》，頁163～164。

〔註62〕「此則神話式的寓言，乃在於藉著大禹這種終日勞動、為民造福的聖人與終

和「終北國」都位於遙遠的地方，生活在其中的人民，不管在生活形態或觀念上，都與一般世俗有極大差異，但它們都是作者理想生命境界的展現：

> 不論終北國也好，華胥國也好，均有一個共同特徵，就是：「其國無師長」，全民盡是「不君不臣」；而且人性「婉而從物」，皆「不知親己，不知疏物」；卻能呈現出一片安樂和平、神行廣大的景象來。他們沒有文明世界的貪欲、虛偽、矯詐、競爭與浮華，也沒有名教觀念下的是非、好壞、美醜、勤惰與利害，一切皆「任自然」而已。
> 〔註63〕

只不過，要在現實世界達到這樣的理想，畢竟是困難的，於是作者便以「夢遊」和「迷塗」的情節，揭示自己的理想世界，透過夢的形式和迷塗的經歷，也就是在那如夢似幻的世界裡，作者的願望才得以獲得實現與滿足。

華胥氏之國距離中國幾千萬里，非舟車可以到達，實際上黃帝並未親歷此地，他只是在夢中創造出這樣的理想國，正如張湛所云：「不必便有此國也，明至理之必如此耳。」〔註64〕根據《列子‧黃帝篇》的記載，這個國家沒有國王、君主，一切順其自然，民眾沒有嗜好欲望，隨其自然。他們不知迷戀生存，也不厭惡死亡，所以沒有夭折的觀念；不偏愛自己，不疏遠外物，所以沒有愛和恨的觀念；不知躲避忤逆，不知追求順遂，所以沒有利和害的觀念。他們全然沒有偏愛吝嗇，全然沒有畏懼忌諱，故投入水裡不會被淹死，跳入火中不會燒傷，刀砍鞭打不覺傷痛，指甲搔爬不覺酸癢。在高空行走如同腳踏實地，在虛空中睡覺猶如身居床榻。雲霧不能妨礙他們的視線，雷霆無法擾亂他們的聽覺，美惡難以迷惑他們的心境，山谷休想絆倒他們的步伐。這個華胥國和《莊子‧齊物論》所云：「至人神矣！大澤焚而不能熱，河漢沍而不能寒，疾雷破山飄風振海而不能驚。若然者，乘雲氣，騎日月，而遊乎四海之外。死生无變於己，而況利害之端乎」〔註65〕一段，意義相似。黃帝醒來後，根據這個政治理想來治國，終於使得天下大治，讓這個因願望而起

北國作一對比，揭示『其道自然，非聖人之所通也』這種超越世俗聖人所能理解的境界，欲使價值觀（指建功立業為尚的世俗價值觀）與大禹相同的人們，能夠由觀察這個國度的生命狀態，進而解讀到順應自然的崇高與可貴」。吳佳真：〈《列子》中的神話運用研究〉，《問學集》第9期（1999年），頁50。

〔註63〕林麗真：〈《列子》書中的「聖人」觀念及其思維特徵〉，《文史哲學報》第52期（2000年6月），頁137。

〔註64〕楊伯峻：《列子集釋》，頁41。

〔註65〕〔清〕郭慶藩：《莊子集釋》（台北：萬卷樓，1993年），上冊，頁96。

的華胥夢，不再只是虛幻，〔註66〕而華胥國也逐漸成為人們心目中的理想國度。傅正谷曾在《中國夢文化》中指出：

> 華胥氏之國，是列子的理想國，把天下治理成「若華胥氏之國」，是列子的政治理想，用華胥氏之國那樣「國無師長，民無嗜慾」的一切聽任自然的方法去治理天下是理想的治理方法，一句話，塗上了一層夢幻色彩的華胥氏之國，乃是一個理想的政治藍圖和社會模式，一個理想的極樂世界。列子的這種政治理想和理想的治理方法，是和老子一脈相承的。……列子的華胥氏之國，不過是老子「小國寡民」的再造，他所理想的治國之道，是老子的任其自然，無為而治。〔註67〕

《老子》的理想社會是「小國寡民，使有什伯之器而不用，使民重死而不遠徙，雖有舟輿，無所乘之；雖有甲兵，無所陳之。使民復結繩而用之，甘其食，美其服，安其居，樂其俗，鄰國相望，雞犬之聲相聞，民至老死，不相往來。」〔註68〕在這個理想社會裡，人們順化自然，自得其樂，生活簡單純樸，棄絕征戰，以樸實生活的追求為本真。它不是指社會的退化落後，而是說要以最自然的方式與自然和諧相處，追求人類自身長遠繁衍發展。〔註69〕由此可見，老子的理想國乃指化去文明造作，返回恬淡樸素，達到無欲無爭的境界。至於《列子》所描述的華胥國，「其國無師長，自然而已」，既然無師長，則不尚賢；不尚賢，則民不爭，是以人民皆能順其自然，沒有嗜好欲望，不知樂生，不知惡死，不知親己，不知疏物，不知背逆，不知向順。這個「無師長」、「無嗜慾」的華胥國，和老子嚮往的無爭無欲理想社會，確實有異曲同工之妙。

　　至於「黃帝夢遊華胥」的故事主旨，則是要人們泯除世間一切的差別相、對待相，達到合同於物的情狀。如果人們能夠做到「不知樂生，不知惡死」，

〔註66〕周紹賢云：「以皇帝之神智，平亂安民，天下咸寧，人群感戴，而猶以為未足，乃更勞心焦思，追求無為之治道，建設理想之社會，竟因精誠所至，妙悟通神，果然夢得華胥之奇蹟，以助志趣，古云『日有所思，夜有所夢』。蓋帝齋心致誠，推研無為之奧義，構想至治之盛況，故在尋思之中，而見之於夢境；在篤行之下，而見之於事實。」周紹賢：《列子要義》，〈政治論〉，頁66～67。
〔註67〕傅正谷：《中國夢文化》，〈中國古代夢理論的代表者〉，頁37。
〔註68〕〔魏〕王弼注：《老子道德經》（台北：文史哲出版社，1997年），頁165～166。
〔註69〕趙玉玲：〈重析「小國寡民」——談道家的現代意義〉，《武漢大學學報（人文科學版）》第59卷第1期（2006年），頁93。

就不會以生爲樂，以死爲苦，也就沒有所謂「夭殤」可言；如果能夠做到「不知親己，不知疏物」，就沒有所謂的「愛憎」；如果能瞭解利害是相對而生，就不會背害向利，就沒有「利害」可言。如此一來，就能達到合同於物的狀態——「入水不溺，入火不熱。斫撻無傷痛，指擿無痟癢。乘空如履實，寢虛若處牀。雲霧不硋其視，雷霆不亂其聽，美惡不滑其心，山谷不躓其步，神行而已」，生命自然不會受到傷害了。〔註70〕又對於後人來說，由於黃帝本身就是聖賢之君、萬世楷模，所以在他治理下所出現的治世，便逐漸成爲人們心目中理想社會的典範，因此，「華胥夢」便成爲文人心裡共同的「原型」形象，〔註71〕使得文人們經常在作品中藉助華胥夢來表達他們渴求天下大治的美好願望，如王禹偁〈壽寧節祝聖壽（之三）〉云「華胥國土何時見，兜率天宮底處開」、陸游〈古詩〉云「醉來隱几酣，屢到華胥國」、王安石〈晝寢〉云「獨眠窗日午，往往夢華胥」；或者在對華胥盛世的懷念當中，流露出對於當前社會狀況的不滿，如李群玉〈晝寐〉云「人間無樂事，直擬到華胥」、蘇軾〈次韻張甥棠美晝眠〉云「要識熙熙不爭競，華胥別是一仙鄉」。換言之，「華胥夢」已無形中成爲文人「集體潛意識」裡的一種「原型」。

二、周穆王神遊化人之宮

類似黃帝夢遊的情節，在《列子·周穆王篇》中也藉著穆王隨「化人」神遊天宮而有精彩發揮。這個故事是這樣開始的：

> 周穆王時，西極之國有化人來，入水火、貫金石；反山川、移城邑；乘虛不墜，觸實不硋。千變萬化，不可窮極。既已變物之形，又且

〔註70〕 《列子·黃帝篇》還有一段提到合同於物的情狀：「趙襄子率徒十萬狩於中山，藉芿燔林，扇赫百里。有一人從石壁中出，隨煙燼上下。眾謂鬼物。火過，徐行而出，若無所經涉者。襄子怪而留之。徐而察之：形色七竅，人也；氣息音聲，人也。問奚道而處石？奚道而入火？其人曰：『奚物而謂石？奚物而謂火？』襄子曰：『而嚮之所出者，石也；而嚮之所涉者，火也。』其人曰：『不知也。』魏文侯聞之，問子夏曰：『彼何人哉？』子夏曰：『以商所聞夫子之言，和者大同於物，物無得傷閡者，游金石，蹈水火，皆可也。』」楊伯峻：《列子集釋》，頁68～69。

〔註71〕 「原型形象指的是經過相當長的一段時間，得到一大群人的驗證而具有一定意義的形象，最終融爲某個龐大象徵體系的一環——常被今天還流傳著的或古老失傳的民間傳說、童話故事、神話或宗教所描述。」詹姆斯·霍爾著，廖婉如譯：《榮格解夢書——夢的理論與解析》（台北：心靈工坊文化事業股份有限公司，2006年5月），〈榮格式解夢〉，頁57～58。

易人之慮。穆王敬之若神，事之若君。推路寢以居之，引三牲以進
之，選女樂以娛之。化人以爲王之宮室卑陋而不可處，王之廚饌腥
螻而不可饗，王之嬪御膻惡而不可親。穆王乃爲之改築。土木之功，
赭堊之色，無遺巧焉。五府爲虛，而臺始成。其高千仞，臨終南之
上，號曰中天之臺。簡鄭衛之處子娥媌靡曼者，施芳澤，正娥眉，
設笄珥，衣阿錫，曳齊紈，粉白黛黑，珮玉環。雜芷若，以滿之，
奏承雲、六瑩、九韶、晨露以樂之。月月獻玉衣，旦旦薦玉食。化
人猶不舍然，不得已而臨之。〔註72〕

周穆王在位時，從西方一個遙遠的國度，來了一個很會變戲法的人，人稱「化
人」。這個化人本事很高，他能跳進火裏卻不傷毛髮，他可以躍上高空站立雲
端，更能夠將一座城市從東方搬到西方，還會輕鬆自如地穿牆進壁等等。穆
王簡直把他當作天神下凡，對他是言聽計從，照顧得非常周到。不僅爲化人
建築「其高千仞，臨終南之上」的中天之臺，又爲他揀選「鄭衛之處子娥媌
靡曼者」來演奏曲子，以供娛樂，並且「月月獻玉衣，旦旦薦玉食」來服侍
他，可是化人的態度卻是「猶不舍然，不得已而臨之」。有一天，化人邀請穆
王到他的宮殿遊玩，穆王在那裡享受了絕非人間所有的美好事物：

王執化人之祛，騰而上者，中天迺止。暨及化人之宮。化人之宮構
以金銀，絡以珠玉，出雲雨之上，而不知下之據，望之若屯雲焉。
耳目所觀聽，鼻口所納嘗，皆非人間之有。王實以爲清都、紫微、
鈞天、廣樂，帝之所居。王俯而視之，其宮榭若累塊積蘇焉。王自
以居數十年不思其國也。化人復謁王同游，所及之處，仰不見日月，
俯不見河海。光影所照，王目眩不能得視；音響所來，王耳亂不能
得聽。百骸六藏，悸而不凝。意迷精喪，請化人求還。化人移之，
王若殞虛焉。既寤，所坐猶嚮者之處，侍御猶嚮者之人。視其前，
則酒未清，殽未晞。〔註73〕

當穆王看見「化人之宮」的豪華富麗，再低頭看自己的宮殿時，感覺自己的
宮殿臺榭就像一堆土塊和柴草般渺小和醜陋。張湛說：「以穆王未能頓忘其嗜
慾，故化以宮室之盛，奪其所重之心焉。」〔註74〕黃美煖說：

〔註72〕楊伯峻：《列子集釋》，頁 90～92。
〔註73〕楊伯峻：《列子集釋》，頁 92～93。
〔註74〕楊伯峻：《列子集釋》，頁 93。

> 周穆王之遊幻化之鄉也，自人間出發，俄項之際，作數十年遠遊。
> 雖此遊也，全由化人操縱之，而周穆王潛在意識，亦當有此捨離人
> 間，追求他境之念。否則，若人世之堪戀，此心之既足，則亦將如
> 齊景公遊牛山之有「寡人去斯而之何（力命篇）」之感，必不忍驟去
> 矣。是故化人之來，但為其助緣耳。〔註75〕

當化人「猶不舍然，不得已而臨之」的時候，穆王心中必然疑惑，難道我給
化人的生活還不夠好嗎？世間還會有比這更好的嗎？也就是說，穆王當時已
開始構想一個更美好的生活；當他神遊化人之宮時，那個極盡豪奢的宮殿，
不妨說是穆王心願的投射。換句話說，化人之宮亦可視為穆王心中的「理想
國」。

　　既然化人之宮如此美好，穆王為什麼還請化人讓他回國呢？黃美媛認
為：「人心之欲求，實有超乎聲色味貨之外者，故身處形下，每有形上之企慕，
而欲作另一境界之嘗試與追求。……歷盡諸境也，必又眷顧人間。……故周
穆王之遊於化境也，且不耽於化境，終於舍然歸來。」〔註76〕穆王回到現實
世界後，發現自己所坐的還是先前的地方，兩旁所伺候的還是原來的人，面
前的酒漿還未澄清，肴餚也還未乾燥。於是疑惑地問化人剛才究竟發生什麼
事，化人回答：

> 吾與王神遊也。形奚動哉？且曩之所居，奚異王之宮？曩之所游，
> 奚異王之圃？王閒恆有，疑暫亡。變化之極，徐疾之間，可盡模哉？
> 〔註77〕

化人告訴穆王，他是因為習慣於那些經常實有的東西，所以對那些暫時的虛
無的東西感到疑惑。但神氣變化奧妙至極，怎能憑人之常情去捉摸呢？周穆
王於是了悟「變化之極，徐疾之間」的道理，從此「不恤國事，不樂臣妾，
肆意遠遊」，享受逸樂的人生，活到百歲才死亡。〔註78〕苟波指出：

〔註75〕黃美媛：《列子神話、寓言研究》，〈列子神話、寓言之表現技巧〉，頁227。
〔註76〕黃美媛：《列子神話、寓言研究》，〈列子神話、寓言之表現技巧〉，頁227。
〔註77〕楊伯峻：《列子集釋》，頁94。
〔註78〕《列子‧周穆王篇》：「王大悅。不恤國事，不樂臣妾，肆意遠遊。命駕八駿
　　　之乘，右服驊騮而左綠耳；右驂赤驥而左白義；主車則造父為御，泰丙為右；
　　　次車之乘，右服渠黃而左踰輪，左驂盜驪而右山子，柏夭主車，參百為御，
　　　奔戎為右。馳驅千里，至於巨蒐氏之國。巨蒐氏乃獻白鵠之血以飲王，具牛
　　　馬之湩以洗王之足，及二乘之人。已飲而行，遂宿於崑崙之阿，赤水之陽。
　　　別日升於崑崙之丘，以觀黃帝之宮；而封之以詒後世。遂賓於西王母，觴於

在這個故事中,「化人」是一個典型的引導者形象:他來自的西極,
按指在古代被認為是西方仙都的崑崙仙境。他精於幻術,能「入水
火、貫金石、反山川、移城邑;乘虛不墜,觸實不硋。千變萬化,
不可窮極。」因此,他非為凡人,是傳說中掌握萬物運行之道的「神
人」、「聖人」,當是後來神仙的雛形。在這個故事中,他以神奇之術
引導周穆王神遊理想之境,使周穆王明白了世俗之追求不可信,轉
而求仙訪道,從而擔承了周穆王的求道引導者的作用。〔註79〕

故事中,化人帶領穆王漫遊理想之國,使穆王有經歷數十年之感,但當穆王
醒來後,卻發現「所坐猶曏者之處,侍御猶曏者之人。視其前,則酒未清,
殽未晞。王問所從來,左右曰:『王默存耳。』」〔註80〕穆王在夢醒之後,獲
得的啟示不是治國之道,而是感悟世俗生活的虛無、短暫,並從此「不恤國
事,不樂臣妾,肆意遠遊」。由上述可知,這個「穆王神遊」的故事,其實在
告訴人們,世間存亡變化皆在須臾之間,應當把握當下,及時行樂。正如黃
美煖所云:「穆王之肆意遠遊,雖似為再出發,然其實是以轉化之生命而終其
餘年。」〔註81〕

　　總的來說,《列子‧周穆王篇》不僅提出「八徵」、「六候」、「神遇為夢」
等重要觀念,同時還指出夢的內容牽涉到陰陽二氣、外界刺激、地理環境、
人的生理狀態和處境等因素。從這個角度來看,《列子》對於「夢的產生」已
有相當程度的瞭解,而這些和夢相關的理論,適足以在人類探索夢的過程中,
提供重要的思維方向。此外,《列子》也從哲學的角度對夢覺問題展開思辨。
在它的觀念裡,夢覺差異是由人們主觀界定,所以執著於夢覺的虛實問題,
根本是沒有必要的。而其「真人不夢」理論,則表明《列子》希望人們能夠
擺脫心靈和形體的累贅,達到超越是非,不為是非利害所擾的超越境界。

　　至於黃帝和穆王的故事,「我們之所以謂『華胥氏之國』為理想國,是因
為黃帝夢遊的這個國家比現實中黃帝治理的國家更加順應自然之道,更加符

　　瑤池之上。西王母為王謠,王和之,其辭哀焉。西觀日之所入。一日行萬里。
　　王乃歎曰:『於乎!予一人不盈於德而諧於樂。後世其追數吾過乎!』穆王幾
　　神人哉!能窮當身之樂,猶百年乃徂,世以為登假焉。」楊伯峻:《列子集釋》,
　　頁94～99。
〔註79〕 苟波:〈道教的「出世」人生理想與「夢幻」故事〉,《宗教學研究》第1期(2005
　　年),頁25～26。
〔註80〕 楊伯峻:《列子集釋》,頁93。
〔註81〕 黃美煖:《列子神話、寓言研究》,〈列子神話、寓言之表現技巧〉,頁227。

合道家無爲而治的特徵。另外，這個故事中的理想之國給黃帝帶來了巨大的啓迪，使他完全改變了修身治國之道」。﹝註82﹞而穆王神遊化人之宮，同樣以「夢幻」的模式來展示一個超越現實的理想世界。只是，穆王在夢醒之後，並沒有獲得治國之道的啓示，而是促使他拋下國事，轉而追求逸樂人生。

　　承上所述，《列子》不僅從哲學、生理學的角度，對夢的成因、特點等作了理論性闡述，同時利用「夢」的形式，向世人展示一個超越現實的理想世界。因此，我們可以說《列子》對於「夢」的關注，除了讓人們得以進一步瞭解夢的產生原因之外，其利用「夢」的主題所寄託的哲理，亦足以提供人們處世、應世的參考。

﹝註82﹞ 苟波：〈中國古代的「仙境」觀念、「遊歷仙境」小說和道教倫理〉，《江西社會科學》（2004 年 9 月），頁 65。

第四章　《莊子》論夢

　　本章將針對《莊子》全書有關「夢」之主題作一探討，企圖梳理莊子藉「夢」表述之生命理境。文章概分為以下幾節：第一節以「夢與不夢」為主題，探討莊子對夢覺問題所作的思考；第二節專論莊子的蝴蝶夢，期待挖掘「莊周夢蝶」故事的深層義蘊；第三節分別探討櫟社、髑髏、神龜、鬼魂等「非人」形象於夢中表達自身意見的故事（「匠石夢見櫟社樹」、「莊子夢中與髑髏對話」、「宋元君夢見神龜」、「鄭人緩託夢其父」），期從中暸解作者所欲傳達的思想；第四節分別探討《莊子》書中託夢兆以行人事（「周文王藉夢以舉臧丈人」），及以夢魘之喻來進行諷刺（「師金以夢魘論孔子欲行古法」）的兩則故事。

第一節　夢與不夢

　　「夢」與「不夢」是人類在探索夢的過程中，免不了要碰觸的話題。而莊子在論夢的過程中，同樣針對這個問題展開思考：

一、大覺與大夢

　　《莊子・齊物論》在論「大知閑閑，小知閒閒」時曾說：「其寐也魂交，其覺也形開，與接為構，日以心鬥。」〔註 1〕成玄英疏曰：「凡鄙之人，心靈馳躁，耽滯前境，無得暫停。故其夢寐也，魂神妄緣而交接；其覺悟也，則

〔註 1〕〔清〕郭慶藩：《莊子集釋》（台北：萬卷樓圖書有限公司，1993 年），上冊，頁 51。

形質開朗而取染也。」〔註2〕人在睡的時候精神交錯，不能平靜；醒覺時形體不寧，總是防著他人。莊子這幾句話是在諷刺那些整天勾心鬥角的人，而「魂交」與「形開」只是兩種不同類型的「心鬥」。此外，從「其寐也魂交」可知，在生理認知基礎上，莊子認爲夢是人在睡眠時的一種精神活動，這種精神活動即爲「魂交」；由於「魂交」的精神活動，「寐者」方能作夢。而「其寐也魂交，其覺也形開」這兩句話，同時透露莊子對覺與寐兩者的分辨。如王夫之《莊子解》注這兩句爲：「形寂而魂合，形動而魂馳。」〔註3〕傅正谷說得更清楚：

> 所謂「其寐也魂交」，意即夢乃人在睡眠中的神魂交合而成。當人進入睡眠狀態時，其形體的活動沈寂下來，而精神卻仍時時有緊張的活動，而夢便是這緊張活動的一種結果。……「其覺也形開」，即人在醒時，形體從沈寂轉爲活動之意。〔註4〕

也就是說，「其寐也魂交，其覺也形開」這兩句話，實際上是將睡夢和醒覺對立起來，分別說明它們的特徵，即醒覺的特徵是「形開」，對應之下，睡夢的特徵則爲「形閉」。〔註5〕

莊子雖然提出「形開」、「形閉」作爲區分夢覺的界線，但他也意識到夢覺的關係是十分微妙的。一般人以爲現實世界是眞實的，但莊子認爲世俗所謂的眞實，可能只是一場人生的大夢，只是人們通常無法體悟這個道理，所以莊子特別利用夢與覺的概念，對生命展開一連串的思考。

《莊子·齊物論》有一個故事寫道：

> 麗之姬，艾封人之子也。晉國之始得之也，涕泣沾襟；及其至於王所，與王同筐床，食芻豢，而後悔其泣也。予惡乎知夫死者不悔其始之蘄生乎！〔註6〕

當晉國迎娶麗姬時，她哭得非常傷心；但等她到了晉國之後，因爲享受非常

〔註2〕 〔清〕郭慶藩：《莊子集釋》，上冊，頁52。

〔註3〕 〔清〕王夫之：《莊子解》（台北：河洛圖書出版社，1978年），頁13。

〔註4〕 傅正谷：《中國夢文化》（北京：中國社會科學出版社，1993年），〈中國古代夢理論的基本內容〉，頁206～207。

〔註5〕 劉文英：「《莊子》所謂『形開』，就是說人在清醒時肉體和各個門戶都面向外界而開放。相對應，所謂『形閉』就是說人在睡眠作夢時，肉體的各個門戶則對外關閉起來。」劉文英：《夢的迷信與夢的探索》（台北：曉園出版社有限公司，1993年），〈關於夢的本質和特徵〉，頁167。

〔註6〕 〔清〕郭慶藩：《莊子集釋》，上冊，頁103。

舒適的生活，反而對當時的哭泣感到後悔。「這個故事表示人困於周圍的視野，一切以常見習見爲是，遂以現象爲眞實。常人皆悅生惡死，此即因薰習而得之成見，本身其實並無理由可說。」〔註 7〕所以莊子說：「我那裡知道那些已死的人，此時不正在後悔當初貪戀生存？」

莊子這樣說的目的，是爲了破除人們的成心偏執，而不是在肯定死比生更有價值。所以，在麗姬的故事之後，莊子接著說：

> 夢飲酒者，旦而哭泣；夢哭泣者，旦而田獵。方其夢也，不知其夢也。夢之中又占其夢焉，覺而後知其夢也。且有大覺而後知此其大夢也，而愚者自以爲覺，竊竊然知之。君乎，牧乎，固哉！丘也與女，皆夢也；予謂女夢，亦夢也。是其言也，其名爲弔詭。萬世之後而一遇大聖，知其解者，是旦暮遇之也。〔註8〕

王夫之《莊子解》：

> 說生者，說其生之有知而已。生之有知，生盡而知無寄，況萬歲乎？知飲酒之樂，而不知哭泣之哀；知哭泣之哀，而不知田獵之樂；一開一交，哀樂相奸。則既死之後，萬歲之奚若，何能知耶？然則生無可說，死無可惡。不但化聲爲天氣之所吹，舉凡官骸之用，心知之靈，皆氣機之變耳。知至于此，則生死忘而利害其小矣，利害忘而是非其泯矣，是非失而仁義其不足以存矣，仁義不存而物論之成虧無定矣。〔註9〕

「人往往只看到眼前，同時，也受眼前所限；只看到現世，同時，也受現世所限。」〔註 10〕就像麗姬「涕泣沾襟」與「後悔其泣」的矛盾情感一般，當人們身在夢中時，不知道自己是在作夢，所以執著於夢中情境，並隨之悲喜；等到醒覺之後，又會因爲現實和夢境的不同，而帶來悵然若失或竊然自喜的情緒反應。〔註 11〕夢中感到悲苦的人，醒時可以幸福快樂；醒時愁苦的人，

〔註 7〕牟宗三講述，陶國璋整構：《莊子齊物論義理演析》（台北：書林出版有限公司，1999 年），〈聖人之葆光〉，頁 197。

〔註 8〕〔清〕郭慶藩：《莊子集釋》，上冊，頁 104～105。

〔註 9〕〔清〕王夫之：《莊子解》，頁 27。

〔註 10〕劉昌佳：〈《莊子》的語言層次論與道〉，《興大人文學報》第 35 期（2005 年 6 月），頁 285。

〔註 11〕吳明益：「『夢飲酒者』正是陷於心知分別的困境中。因爲當醒而知方才爲夢，夢中飲酒之樂隨之而去，夢者便自以爲失去了愉樂而感到悲苦；而夢哭泣者一旦驚醒，又發現所有的苦痛原是如夢一場，便樂而田獵。這便是《莊子》

夢中也可以恣意享樂。一個人可以在現實與夢境中，經歷不同的人生遭遇，但卻同樣受困於當時的情識欲望，在或悲或喜的矛盾情感中，無止境地循環。「夢飲酒者，旦而哭泣；夢哭泣者，旦而田獵」，此哭此樂，都是由外在的條件和合而成，「莊子想表示同是一人，其心境或喜或樂，皆無自性，隨緣而流轉。」〔註 12〕是以莊子說：「方其夢也，不知其夢也。夢之中又占其夢焉，覺而後知其夢也。且有大覺而後知此其大夢也，而愚者自以爲覺，竊竊然知之。君乎，牧乎，固哉！」在此處，夢是用來比喻陷溺於偏執之中的虛妄人生，而覺則是比喻化去執著的超越境界。一般人以爲，夢中雖然不知其夢，但等到醒來之後，便是眞實的世界，眞實的自我；然而莊子卻認爲，人從睡夢中醒來，只是投向另一個偏執拘泥、自以爲是的世界，那何嘗不是另一場夢呢？但愚者總是「自以爲覺」，完全不知道自己身陷於另一個大夢之中，這便有了「君乎，牧乎」的貴賤之別，也就有了「好惡是非」之辨。

　　莊子將人生比喻爲一場大夢，把看不透人生的人稱爲不覺的愚者，能看透人生的則稱爲大覺的聖人，〔註 13〕他指出，唯有眞正的「大覺」者，方能察知人生的「大夢」。但要如何達到「大覺」而不陷於「愚者自以爲覺」的陷阱呢？莊子說：「丘也與女，皆夢也；予謂女夢，亦夢也。是其言也，其名爲弔詭。萬世之後而一遇大聖，知其解者，是旦暮遇之也。」由於我說你們在迷夢之中，所以我亦陷入迷夢之中；但正由於我明白我所說的「丘也與女，皆夢也」是一種執見，所以反而顯示我是自覺的。所以當我說我亦在迷夢之中，正好顯示我是醒覺的，不在迷夢之中。「就現實生活說，人若能感觸人世間的悲劇性，了解世間大夢的本質，而提撕其本原生命，直下承擔此不安、焦慮之情；則人人皆有可能體會人生大夢的處境。」〔註 14〕所以，「大覺」不過是化去現實生命的偏執，「不迷於感官所見，不偏執於特定觀念，不受限於某一形式的一種眞知眞覺」。〔註 15〕

以『夢』來象徵人們陷入物欲的糾葛，所產生情識執著之虛幻相。」吳明益：〈試論《莊子》藉「夢」表述之生命理境〉，《國立中央大學中國文學研究所論文集刊》第 5 期（1998 年 5 月），頁 18。

〔註 12〕 牟宗三講述，陶國璋整構：《莊子齊物論義理演析》，〈聖人之葆光〉，頁 199。

〔註 13〕 郭象：「夫大覺者，聖人也。大覺者乃知夫患慮在懷者皆未寤也。」〔清〕郭慶藩：《莊子集釋》，上冊，頁 105。

〔註 14〕 牟宗三講述，陶國璋整構：《莊子齊物論義理演析》，〈聖人之葆光〉，頁 206。

〔註 15〕 熊道麟：《先秦夢文化探微》（高雄：高雄師範大學國文研究所博士論文，2002年），〈占夢態度的理智與調和〉，頁 329。

二、不夢的超越境界

在《莊子》書中，有多處提到眞人和聖人，〔註16〕他們是莊子理想人格的代表，也是莊子理想的生命至高境界。無獨有偶地，他們都具有「其寢不夢」的特點：

> 古之眞人，其寢不夢，其覺无憂，其食不甘，其息深深。〔註17〕（〈大宗師〉）

> 聖人……其寢不夢，其覺无憂。其神純粹，其魂不罷。〔註18〕（〈刻意〉）

雖然眞人和聖人皆具備「其寢不夢」的特質，但歷來注家所關注的焦點，則明顯側重在「眞人不夢」的討論上，如郭象以「無意想也」解「其寢不夢」，以「當所遇而安也」解「其覺无憂」。〔註19〕成玄英疏曰：「夢者，情意妄想也。而眞人無情慮，絕思想，故雖寢寐，寂泊而不夢，以至覺悟，常適而無憂也。」〔註20〕王夫之《莊子解》：「夢者，神交于魂，而忽現爲影，耳目聞見徜徉不定之境，未忘其形象而幻成之。返其眞知者，天光內照，而見聞忘其已迹，則氣斂心虛而夢不起。」〔註21〕至於「聖人不夢」的問題，除了成玄英曾以「契眞，故寂凝而不夢；累盡，故常適而無憂也」〔註22〕爲之解釋外，多數注家並未在這個問題加以著墨。這其中的原因，可能因爲在篇章順序上，「聖人不夢」是出現在「眞人不夢」之後，再加上它們的字句完全一模一樣，所以注家們便不再在這個問題上徘徊。幸好，這樣的情況，對我們理解莊子的「不夢」論，並未造成太大的影響。

從歷代注家的說法來看，人之所以會作夢，其原因乃來自於「情意妄想」，

〔註16〕在《莊子》書中，「眞人」一詞分別出現在〈大宗師〉、〈天道〉、〈刻意〉、〈田子方〉、〈徐無鬼〉、〈列禦寇〉、〈天下〉等七篇；而「聖人」一詞出現的次數則更多，分別出現在〈逍遙遊〉、〈齊物論〉、〈人間世〉、〈德充符〉、〈大宗師〉、〈應帝王〉、〈駢拇〉、〈馬蹄〉、〈胠篋〉、〈在宥〉、〈天地〉、〈天道〉、〈天運〉、〈刻意〉、〈繕性〉、〈秋水〉、〈達生〉、〈山木〉、〈知北遊〉、〈庚桑楚〉、〈徐無鬼〉、〈則陽〉、〈外物〉、〈讓王〉、〈盜跖〉、〈漁父〉、〈列禦寇〉、〈天下〉等二十八篇。

〔註17〕〔清〕郭慶藩：《莊子集釋》，上冊，頁228。
〔註18〕〔清〕郭慶藩：《莊子集釋》，下冊，頁539。
〔註19〕〔清〕郭慶藩：《莊子集釋》，上冊，頁228。
〔註20〕〔清〕郭慶藩：《莊子集釋》，上冊，頁228。
〔註21〕〔清〕王夫之：《莊子解》，頁58。
〔註22〕〔清〕郭慶藩：《莊子集釋》，下冊，頁541。

如果人們能夠做到「無意想」、「無情慮」、「絕思想」、「契眞」、「氣斂心虛」，則夢便無從發起。王溢嘉曾說：

> 哈特曼（E. Hartmann）等人的研究顯示，當生活充滿壓力、焦慮及挫折時，不僅「需要睡眠」的時間會增加，REM 睡眠期也會延長，也就是需作更多的夢。譬如有些婦女有所謂的「月經前緊張症」，在月經來臨前情緒較不穩定、焦慮不安或暴燥、鬱悶，此時，她們需要較長時間的睡眠，但增加的量不是很多，增加較多的反而是 REM 睡眠期（作夢期）的比例，這顯示她們似乎需作更多的夢來「反映」或者「應對」因情緒不穩帶給生活的壓力。另外，從事「超覺靜坐」（TM，類似打坐）的人，他們的 REM 睡眠期也會減少，「内心的寧靜」似乎可以使人較少作夢。〔註23〕

當然，較少作夢並不等於不作夢。從現代睡眠醫學的角度來說，人是無法不作夢的，因爲人只要進入睡眠狀態，就必定有作夢行爲出現。〔註 24〕要理解莊子爲何說「聖人」與「眞人」可以「不夢」，最直接的方法便是從「其寢不夢」這四個關鍵字的前後段落，尋找「聖人」和「眞人」的特質：

> 古之眞人，不逆寡，不雄成，不謨士。若然者，過而弗悔，當而不自得也。若然者，登高不慄，入水不濡，入火不熱。是知之能登假於道者也若此。〔註25〕（〈大宗師〉）

> 古之眞人，其寢不夢，其覺无憂，其食不甘，其息深深。眞人之息以踵，眾人之息以喉。屈服者，其嗌言若哇。其者欲深者，其天機淺。〔註26〕（〈大宗師〉）

> 古之眞人，不知說生，不知惡死；其出不訢，其入不距；翛然而往，

〔註23〕王溢嘉：《夜間風景——夢》（台北：野鵝出版社，1994 年），〈夢周邊的科學觀察〉，頁 33。

〔註24〕王溢嘉指出：「如果剝奪睡者的 REM 睡眠期——利用腦波儀偵知睡者在進入 REM 睡眠期時即將他喚醒，也就是說只讓他『睡覺』，而不讓他『作夢』，則受測者在醒來後反而會有心神不寧、焦慮不安、容易衝動的傾向。如此持續一個星期，再讓他安安穩穩地睡覺，則 REM 睡眠期的比例即會從原有的二〇％增加到三、四〇％，且要持續數天才會恢復正常，好似要『補作』前幾晚沒有作的夢。這個『夢剝奪』的實驗似乎告訴我們，人『必須』作夢，最少，必須有 REM 睡眠期。」王溢嘉：《夜間風景——夢》，〈夢周邊的科學觀察〉，頁 34。

〔註25〕〔清〕郭慶藩：《莊子集釋》，上冊，頁 226。

〔註26〕〔清〕郭慶藩：《莊子集釋》，上冊，頁 228。

儵然而來而已矣。不忘其所始，不求其所終；受而喜之，忘而復之，是之謂不以心捐道，不以人助天。是之謂眞人。〔註27〕（〈大宗師〉）

若夫不刻意而高，无仁義而修，无功名而治，无江海而閒，不道引而壽，无不忘也，无不有也，澹然无極而眾美從之。此天地之道，聖人之德也。〔註28〕（〈刻意〉）

聖人之生也天行，其死也物化；靜而與陰同德，動而與陽同波；不爲福先，不爲禍始；感而後應，迫而後動，不得已而後起。去知與故，循天之理。故无天災，无物累，无人非，无鬼責。其生若浮，其死若休。不思慮，不豫謀。光矣而不燿，信矣而不期。其寢不夢，其覺无憂。其神純粹，其魂不罷。虛无恬惔，乃合天德。〔註29〕（〈刻意〉）

眞人不違逆失敗，不追求成功，不思慮事情；他們不追求精美的飲食，不知道悅生，不知道惡死，不用心智去損害大道，不用人爲去助益自然。至於聖人則恬靜淡泊，清淨寂寞，虛無無爲；他們順著自然而生存，沒有思慮，也不事先謀畫。由此看來，莊子筆下的「眞人」與「聖人」，是以「隨遇而安」的原則來應世。他們凡事順應自然，不執著於生死、成敗，也不刻意謀求、思慮某事；正因爲他們能夠隨遇而安，所以精神便無所掛礙，當然也不會日有所思、夜有所夢了。

　　徐聖心在研究「眞人不夢」的議題時指出，莊子所提的「不夢」顯現三重意義：首先，它代表「精神運作的革命」。這種修養方式是改變我們精神結構的方式，如果我們能聽任氣的收斂沈穩而虛空自己，便能使神純粹而靈活地運轉，達到消解夢因的結果。再者，它是一種「對世界的滌新」。經由精神運作的革命後，我們會對自己所對應的世界完全改觀，進而用所得於天的神明來照應事物，讓事物呈現它所受於天的本然，如此一來，我們的精神便能時時與世界眞實相應。最後，它代表「精神的絕對自由」。「不夢」是精神上眞正的自主與自由，是神明的眞正清淨，它以神作爲貫穿寐覺之中的靈樞，使人自身達到統一與整合。〔註30〕由此可見，「《莊子》中的『不夢』境界，

〔註27〕 〔清〕郭慶藩：《莊子集釋》，上冊，頁229。
〔註28〕 〔清〕郭慶藩：《莊子集釋》，下冊，頁537。
〔註29〕 〔清〕郭慶藩：《莊子集釋》，下冊，頁539。
〔註30〕 徐聖心：《莊子內篇夢字義蘊試詮》（台北：台灣大學中國文學研究所碩士論文，1991年5月），〈眞人不夢與莊周夢蝶〉，頁51～52。

並非一種生理上的驗證，而是一種哲理上的寄託。莊子並未眞的企望在現實生活中求得『不夢』的生理狀態，而是期望從哲理辯證的角度爲世人指引出一個純淨無染的精神境界」。〔註31〕這種「不夢」的境界，是莊子理想的精神境界，也是莊子對那些「耆欲深」、「天機淺」之芸芸眾生的深深期許。〔註32〕

　　莊子曾在〈齊物論〉提出「不知周之夢爲胡蝶與，胡蝶之夢爲周與？」的問題。究竟是莊周夢爲蝴蝶，還是蝴蝶夢爲莊周呢？莊子並未正面回答這個問題，反而將焦點轉移到消解「物我之分」的議題上，暫時將「究竟是莊周夢爲蝴蝶，還是蝴蝶夢爲莊周」的棘手問題擱置下來。然而，這個問題眞的是無解嗎？莊子繞了一個彎，提出「不夢」的超越境界來解開這個結。按照莊子的觀念，只要做到精神上的絕對自由，不要執著於世間萬事，便不會在清醒時爲俗事所擾，甚至到了夢裡，還繼續被這些事情糾纏著。換句話說，人是可以透過消解夢因的方式，使自己進入「其寢不夢，其覺无憂」的理想境界；既然人們可以藉由精神修養而達到「不夢」的境界，那麼，「其覺者乎，其夢者乎？」〔註33〕的問題當然就不存在了。所以，究竟是莊周夢爲蝴蝶，還是蝴蝶夢爲莊周，莊子也不必回答了。

第二節　蝴蝶夢

一、幾種詮釋取向

　　《莊子・齊物論》中最有名的一段：

　　昔者莊周夢爲胡蝶，栩栩然胡蝶也，自喻適志與！不知周也。俄然覺，則蘧蘧然周也。不知周之夢爲胡蝶與，胡蝶之夢爲周與？周與胡蝶，則必有分矣。此之謂物化。〔註34〕

〔註31〕熊道麟：《先秦夢文化探微》，〈占夢態度的理智與調和〉，頁332。

〔註32〕傅正谷：「莊子在正面論述眞人無夢時，還以與之相對的眾人來加以對比。說：『眞人之息以踵，眾人之息以喉。屈服者，其嗌言若哇。其耆欲深者，其天機淺。』如果說，眞人是『其寢不夢，其覺无憂』，那麼，根基淺、嗜欲深的眾人，就只能是『其寢有夢，其覺常憂』了。」傅正谷：《中國夢文學史》（北京：光明日報出版社，1993年），〈先秦：中國夢文學的萌芽與奠基時期〉，頁156。

〔註33〕〔清〕郭慶藩：《莊子集釋》，上冊，頁275。

〔註34〕〔清〕郭慶藩：《莊子集釋》，上冊，頁112。

關於「莊周夢蝶」這一段，主要有兩種詮釋取向：一是從醒覺之時理性的反省，間接論證全段的主旨；一是直接透過夢境闡述莊子最高的人格精神境界。

第一種詮釋取向，是將「莊周夢蝶」一段的詮釋重心擺在「不知周之夢為胡蝶與，胡蝶之夢為周與？」二語，推證出「覺夢如一」、「生死如一」之主旨。例如郭象注「不知周之夢為胡蝶與，胡蝶之夢為周與？」為：

> 今之不知胡蝶，無異於夢之不知周也；而各適一時之志，則無以明胡蝶之不夢為周矣。世有假寐而夢經百年者，則無以明今之百年非假寐之夢者也。〔註35〕

成玄英疏為：

> 昔夢為蝶，甚有暢情；今作莊周，亦言適志。是以覺夢既無的當，莊蝶豈辯真虛者哉！〔註36〕

從郭象和成玄英的注疏來看，他們都藉「夢」來強調覺後之人生、世界未必非夢，所以「夢」與「覺」其實是沒有差別的。而兩人接著在注疏「物化」一詞時，作了這樣的論述：

> 夫時不暫停，而今不遂存，故昨日之夢，於今化矣。死生之變，豈異於此，而勞心於其間哉！方為此則不知彼，夢為胡蝶是也。取之於人，則一生之中，今不知後，麗姬是也。而愚者竊竊然自以為知生之可樂，死之可苦，未聞物化之謂也。〔註37〕（郭象注）

> 夫新新變化，物物遷流，鬮彼窮指，方茲交臂。是以周蝶覺夢，俄頃之間，後不知前，此不知彼。而何為當生慮死，妄起憂悲！故知生死往來，物理之變化也。〔註38〕（成玄英疏）

郭象和成玄英兩人由「覺夢如一」的論述過渡到「死生如一」的討論，認為生死往來乃物理變化而已，沒有必要以生為可樂，以死為可苦。他們認為莊子的最高生命境界是破除主體對於形軀、人我、生死之我執，而「不知周之夢為胡蝶與，胡蝶之夢為周與？」是郭、成兩人論述生死無別觀念，進而闡述莊子最高生命境界的橋樑，透過「覺夢如一」的詮釋，以證成超越的生命境界。

〔註35〕〔清〕郭慶藩：《莊子集釋》，上冊，頁113。
〔註36〕〔清〕郭慶藩：《莊子集釋》，上冊，頁113。
〔註37〕〔清〕郭慶藩：《莊子集釋》，上冊，頁113。
〔註38〕〔清〕郭慶藩：《莊子集釋》，上冊，頁114。

第二種詮釋取向是以「昔者莊周夢爲胡蝶，栩栩然胡蝶也，自喻適志與！不知周也。」爲主語，引出「物我冥合」狀態下，自由、愉悅的經驗。關於莊周夢蝶時的心態，莊子自己有具體的描述：「栩栩然胡蝶也，自喻適志與！不知周也。」「栩栩然胡蝶也」主要描述夢中的精神自由，這種自由超越了主體器官構造的限制，超越了主體存在的時空限制，同時亦超越了主體功利、道德的限制，因而是一種超越的精神自由。莊子特別強調「不知周也」，是因爲這樣的體驗才使他感受「栩栩然胡蝶也」的自由和快樂。劉文英提出：

> 從整體來看，莊子蝴蝶夢的中心並不在「逍遙」義，所以他對「逍遙」義的說明並不是那麼充分。但蝴蝶夢中包含著「逍遙」義，則無庸置疑。任何讀者，只要在精神上把自己擺進這個特別的夢中，都會感受其中的「逍遙」義。……蝴蝶夢所提供的重點啓示就是，消解自我意識！人們一旦在精神上消解了自我意識，自我與外物的界線就自然而然地打通了，消解了。……一但打通了自我與外物的界線，自我便同外物合二而一了。〔註39〕

這種詮釋取向就是將蝴蝶夢作「物我冥合」的解讀，當物、我的界線消除了，就會感到自由、愉悅，達到精神自由境界。

林漢彬認爲，「覺夢如一」的詮釋取向以「覺」境中對生命情態的反思爲分析焦點，但無法有效論證、闡明莊子物我冥合時自由而愉悅的精神境界；「物我冥合」的詮釋取向聚焦在「夢」中生命情態的描寫，未能照顧到莊周夢蝶全文的意義脈絡。〔註40〕所以，林漢彬提出第三種詮釋──「心物交感循環」：他認爲「莊周夢蝶」一段主要討論物我之間「分→合→分」的歷程省思，莊子乃藉此寓言闡述心物分合交替的歷程。這一物我交感循環的完成，不僅強調「合」境中的愉悅、自由的美感經驗，也重視「分」境中主體心靈對「覺夢如一」、「生死如一」的反省。〔註41〕

美國學者愛蓮心認爲蝴蝶夢之所以讓人難以理解，部分問題是出在於組成這個故事的片段的先後次序，因此，他大膽提出調整《莊子》文本的作法。愛蓮心提出的文本調整作法有兩種，首先是文本內的調整。愛蓮心以爲現行

〔註39〕劉文英：〈莊子蝴蝶夢的新解讀〉，《文史哲》第 5 期（2003 年），頁 69～70。
〔註40〕林漢彬：〈試探《莊子》「莊周夢蝶」的幾種詮釋取向與效用〉，《東華中國文學研究》創刊號（2002 年 6 月），頁 46～47。
〔註41〕林漢彬：〈試探《莊子》「莊周夢蝶」的幾種詮釋取向與效用〉，頁 51～55。

版本順序有兩種模糊性：一是莊子不知道他是莊周還是蝴蝶的狀態，是在醒後的現象中引入，但這和莊子醒來後發現自己是莊周的結果不相符。二是儘管有不知自己是莊周還是蝴蝶的狀態，但莊子卻仍然說：「周與胡蝶，則必有分矣。」並且還說「物化」，這是令人難以理解的，因為如果莊子處於「不知道」的狀態中，他怎能肯定「必有分」呢？所以愛蓮心認為這段文字應該調整為：

> 昔者莊周夢為胡蝶，栩栩然胡蝶也，自喻適志與！不知周也。不知周之夢為胡蝶與，胡蝶之夢為周與？俄然覺，則蘧蘧然周也。周與胡蝶，則必有分矣。此之謂物化。〔註42〕

這兩種版本的相同處在於它們都是以這個夢的主體（作夢者）莊子開始的，而不同處則是：在愛蓮心修改後的版本中，是當莊子變得無法肯定他是不是莊子以後，他才考慮他是一隻蝴蝶的可能性。而原先的版本，莊子認為他可能是一隻蝴蝶的想法，則是出現在他是莊周（「俄然覺，則蘧蘧然周也。」）的陳述之後。愛蓮心認為在兩個版本中，莊周在醒後明白：「他確實是莊周」是很明確的。因此，在醒來之後，在他確定自己是莊周後，懷疑自己是蝴蝶的想法不應該再出現，否則，緊接其後的「周與胡蝶，則必有分矣」則沒有意義了。愛蓮心認為當一個人醒悟之後，就能明白真實與不真實的區別，如果在結束夢後，我們依然不知道我們是否還在作夢，那麼說「醒來」就沒有意義了。

其次，愛蓮心認為如果現行版本的蝴蝶夢敘述順序是可信的，那麼，要講得通這個故事的唯一途徑，就是把它看做證明大聖夢〔註43〕（或大醒夢）的觀點的一種早期的、暫時的、不完美的一種嘗試。因此，必須對蝴蝶夢進行文本外的調整，使它先於而不是後於大聖夢，而要進行這樣的調整，基本前提是蝴蝶夢和大聖夢都是說明相似的觀點。〔註44〕愛蓮心認為大聖夢的基

〔註42〕 愛蓮心著，周熾成譯：《嚮往心靈轉化的莊子：內篇分析》（南京：江蘇人民出版社，2004年），〈蝴蝶夢：文本內的調整〉，頁91。

〔註43〕 愛蓮心所指莊子的大聖夢即〈齊物論〉中的這段文字：「夢飲酒者，旦而哭泣；夢哭泣者，旦而田獵。……萬世之後而一遇大聖，知其解者，是旦暮遇之也。」〔清〕郭慶藩：《莊子集釋》，上冊，頁104～105。

〔註44〕 愛蓮心：「如果蝴蝶夢與大聖夢相矛盾，那麼，甚至蝴蝶夢也失去了它的價值，因為我們不知道該相信兩個故事中的哪一個。在這點上，文本就失去了完整性。……我的看法是，通過把這兩個故事理解成表達相似的觀點，我們就能保留這兩個故事，並保持文本的完整性及其價值。」愛蓮心著，周熾成譯：《嚮

本結構是這樣的：首先，所有的人都存在於夢中（愚者自以爲覺）；其次，甚至當哲學家闡述他們的理論時，他們也處在夢中（丘也與女，皆夢也）；最後，作者作爲一個哲學家，他也是在夢中闡述自己的理論的（予謂女夢，亦夢也）。而莊子這樣說的前提是：我們可能達到一個認識的階段，在這個階段上，我們能區分什麼是夢，什麼不是夢（覺而後知其夢也。且有大覺而後知此其大夢也）。但是，在蝴蝶夢的現行文本中，我們到最後都不知道我們是醒著的，還是在夢中；我們不能確定是莊周在作夢，還是蝴蝶在作夢。雖然莊子認識到「周與胡蝶，則必有分矣。」且提出這個區別稱之爲「物化」。但「物化」這樣的結論卻沒有邏輯上的根據，令人難以理解。愛蓮心認爲如果將蝴蝶夢視爲一個論辯的早期嘗試，這一論辯預期或預示一個在大聖夢中以完整的形式提出的論辯，那麼，蝴蝶夢的結論就具有完美的邏輯上的意義。在蝴蝶夢中，莊子在醒來之後仍不確定自己的身份，好像自己還處在夢中，在這種困惑的狀態下，他卻意識到莊周和蝴蝶必定是「有分」的，那麼莊子經歷的醒應該不是完全的或眞正的或最終的醒。在論辯的邏輯上，大聖夢指出一個人完全醒來，就能區分什麼是夢，什麼是眞實；蝴蝶夢卻在醒之後還不能知道什麼是夢，什麼是眞實。如果將蝴蝶夢置於大聖夢之後，則蝴蝶夢就成爲大聖夢的反駁，那麼大聖夢就沒有存在的必要性了。所以，愛蓮心認爲蝴蝶夢是大聖夢「大醒」的一個預兆，它是大聖夢的原始或初步版本，在寫作順序上應該置於大聖夢之前，只要將蝴蝶夢置於大聖夢之前，那麼蝴蝶夢所遇到的困境，即「周與胡蝶，則必有分矣」結論的提出，就可以從大聖夢中的「大覺」獲得解答，因爲只要大覺就能區分「莊周與蝴蝶」之別。愛蓮心指出：或許有人會質疑，可以把蝴蝶夢單獨看成一個完整的論辯，不需和大聖夢作連結。但是他認爲，如果將現行版本的蝴蝶夢作單獨性完整論辯的解讀，那麼，處在不知道狀態中的莊周（不知周之夢爲胡蝶與，胡蝶之夢爲周與？），卻能提出「周與胡蝶，則必有分矣」的結論，這在邏輯上是難以解釋的。這就與愛蓮心提出的「文本內的調整」之說法相聯繫，也就是說，如果要將現行版本的蝴蝶夢作單獨性完整論辯的解讀，則勢必要針對蝴蝶夢的故事片段作順序上的調整。

《漢書・藝文志》提到：「《莊子》五十二篇。」這表示《莊子》原來是有五十二篇的，但現行《莊子》版本卻只有三十三篇，因爲這是郭象刪定後

往心靈轉化的莊子：內篇分析》，〈蝴蝶夢：文本外的調整〉，頁 108。

的流傳版本。既然現行版本是經過郭象刪定的，那我們就無法斷言現在的通行版本是《莊子》的最初原貌，所以，愛蓮心提出的「調整文本」之作法，也不是沒有道理的。只是，如果我們回到前述「莊周夢蝶」的詮釋取向來說，「不知周之夢爲胡蝶與，胡蝶之夢爲周與？周與胡蝶，則必有分矣。此之謂物化。」這幾句話並無邏輯上的不合理，筆者認爲它只是「省略」了幾句重複出現的話，也就是說，這段話原本應該是：「不知周之夢爲胡蝶與，胡蝶之夢爲周與？周與胡蝶，則必有分矣。不知周之夢爲胡蝶與，胡蝶之夢爲周與，此之謂物化。」莊子在醒來之後，確實知道他是莊子，但是他在夢中的時候，卻以爲自己是一隻蝴蝶，所以他有了這樣的疑問：「不知周之夢爲胡蝶與，胡蝶之夢爲周與？」雖然在生物學的理論上，「周與胡蝶，則必有分矣」，但若能做到「不知周之夢爲胡蝶與，胡蝶之夢爲周與」，即能破除主體對於形軀之我執，則「莊周」與「蝴蝶」其實是沒有差別的。這種物我同一、物我兩忘的狀態，就是所謂的「物化」。

　　如果傳統上對「莊周夢蝶」的詮釋取向是成立的，且筆者提出的「省略」手法也是正確的，那麼，真要對《莊子》蝴蝶夢在文本內作調整，也是加上省略的「不知周之夢爲胡蝶與，胡蝶之夢爲周與」兩句即可，似乎不必對現行文本進行文句上的改動。同時，蝴蝶夢「夢覺如一」的層次未必比大聖夢「大覺」的層次還低，因爲大聖夢還執著在「覺」的層次，而蝴蝶夢卻能破除「覺」、「夢」的執著。如此一來，愛蓮心提出的文本外的調整，似乎也沒有必要了。〔註45〕當然，我們不能說愛蓮心「調整文本」的說法完全不能相信，畢竟他提出的論點是建立在縝密的邏輯推斷上，既然「莊周夢蝶」的解讀有多種詮釋取向，我們不妨將這樣的說法視爲另一個詮釋取向，它的價值在於提供讀者更多思考的面向，值得研究者參考。

〔註45〕另如牟宗三曾指出：「莊周俄而覺，一方面是從夢中覺醒；一方面是眞正體會，自我生命的緣起性。當莊周以爲自己覺醒，自己是莊周而非蝴蝶，則已坎陷於我相，重入迷夢之中。惟大覺不捨不離，體會生命的兩面相，執於成心，則下陷爲大夢；化除成心，當下即如，是爲大覺。故大夢之中，莊周與蝴蝶有分有對；大覺之中，莊周與蝴蝶渾忘爲一，甚至此一亦要打散，一相亦是個體相，無自我相，始是『眞一』，斯之謂『物化』。」由此可見，牟宗三認爲蝴蝶夢所呈現的乃一「大覺」的境界，而非如愛蓮心所言，大聖夢指出一個人完全醒來，就能區分什麼是夢，什麼是眞實；蝴蝶夢卻在醒之後還不能知道什麼是夢，什麼是眞實。參見牟宗三講述，陶國璋整構：《莊子齊物論義理演析》，〈尾聲〉，頁216～220。

二、莊周夢蝶的「物化」意義

「物化」的觀念，在《莊子》書中出現多次。劉文英在〈莊子蝴蝶夢的新解讀〉中指出，《莊子》書中「物化」的概念有三種意義：其一乃指「萬物的自然變化」，在這種物化概念中，人雖同列於萬物之流當中，但人們通常將自我與萬物對立起來，主體自我好像在物化之流外面，旁觀著物化的現象與過程。如〈至樂〉：「萬物皆化。」〈天地〉：「天地雖大，其化均也。」其二則指「人的死亡」，在這個概念中，主體自我雖被明確納入物化之流，但主體自我卻無法感悟物化過程的體驗，因為物化過程一旦結束，主體自我也就消失了。如〈刻意〉：「聖人之生也天行，其死也物化。」〈天道〉：「知天樂者，其生也天行，其死也物化。」其三是指「夢中主體化為外物」，莊子夢為蝴蝶正是屬於這個類型。〔註46〕劉文英在文章中這樣說道：

> 在「莊周夢為蝴蝶」的「物化」中，莊子作為主體自我的地位和角色不但突顯出來了，不但被明確地納入到「物化」之流中了，而且能夠直接體驗到「物化」的過程與「物化」的結果。「夢為蝴蝶」的過程，就是主體自我在夢中「物化」的過程。「栩栩然蝴蝶也」和「不知周也」，就是主體自我在夢中「物化」的結果。而莊子向人講述他的蝴蝶夢，也就是講述他在夢中被「物化」的體驗。〔註47〕

也就是說，當莊子夢為蝴蝶時，莊子本身不僅獲得物化的體驗，同時也能感悟到主體自我物化的意義——即自由快樂的逍遙之義和消解物我的齊物之義。梁徐寧曾在〈莊子的「物化」概念解析〉中，用「夢」與「覺」的關係解讀「莊周夢蝶」。他認為，讓「物化」的莊周敘說「物化」的歷程，無異於讓死者講述死亡的經驗，除非「物化」和死亡發生於夢中或幻覺中。所以，「物化」在這裡是「幻化」之義。夢中之化，是幻想式的，具有幻想的真實，不具有現實的真實；具有理念的真實，不具有身體的真實。其次，物化發生於夢中，是幻想的結果，也是幻想藉以表達的一種方式。若無「俄然覺」，夢就只是潛在的，不覺之夢因為不能被表達，「昔者莊周夢為蝴蝶」也就無從說起。〔註48〕張廷國則在〈「莊周夢蝶」的現象學意義〉中指出：「『莊周夢蝶』作為

〔註46〕劉文英：〈莊子蝴蝶夢的新解讀〉，頁67。
〔註47〕劉文英：〈莊子蝴蝶夢的新解讀〉，頁67。
〔註48〕梁徐寧：〈莊子的「物化」概念解析〉，《中國哲學史》第4期（2001年），頁48。

一種意識的非清醒狀態，它還有待喚醒，只有在它被喚醒之後，它才能對夢中的蝴蝶本身進行反思。」〔註49〕綜合來說，莊子夢爲蝴蝶的物化體驗，是一種幻化的物化，是一種精神作用的結果。在這個物化概念中，主體自我親自體驗物化過程與物化結果；而這個物化體驗，並不因爲夢醒而結束，它可以透過覺後的追憶省思，讓主體自我感悟物化的意義，體會消解物我的齊物之義和自由快樂的逍遙之義。

夢與覺是這個物化故事的主體，也是理解「物化」說的關鍵。如何理解這個問題，歷來學者的看法並不一致。從郭象和成玄英對「莊周夢蝶」中「物化」一詞的論述來看，〔註50〕他們主要認爲生死往來乃物理變化而已，沒有必要以生爲可樂，以死爲可苦，這是由「覺夢如一」的論述過渡到「死生如一」的詮釋取向。透過郭象的解釋，我們所看到的「物化」只是一種變化，而這個「變化」是人無法認識和控制的，世事也因此變得難以預料，我們唯一能做的就是順應這個「變化」，否則就是「愚者」。而刁生虎則認爲，用生死去解釋物化，其合理之處在於生死現象乃屬於物化現象之一種，生死現象實質上就是一種物化現象，兩者在內在邏輯上具有一致性；且《莊子》文本中談到「物化」理論時，經常藉生死現象來說明，這可能是郭、成等人借用死生之變來解說物化概念的主要原因。但刁生虎指出，〈齊物論〉的主旨是破除成心、齊萬物，從而獲得一種精神上的逍遙，它的主體內容並不在於生死問題，因此，用生死之變來解說莊周夢蝶的物化概念，既與文章主旨不相符合，也使得莊周夢蝶這則寓言所指沒有著落而游離於文本之外。再則，在《莊子》文本中，除了在談生死觀時講到物化之外，還在其它場合大量談到物化現象，比如「庖丁解牛」、「津人操舟」、「列子學射」等寓言，都是講一種技藝在達到爐火純青的地步時所出現的主客合一的境界。因此，我們解讀莊子

〔註49〕張廷國：〈「莊周夢蝶」的現象學意義〉，《學術研究》第 2 期（2004 年），頁 25。

〔註50〕郭象和成玄英在注疏「莊周夢蝶」的「物化」一詞時，作了這樣的論述：「夫時不暫停，而今不遂存，故昨日之夢，於今化矣。死生之變，豈異於此，而勞心於其間哉！方爲此則不知彼，夢爲胡蝶是也。取之於人，則一生之中，今不知後，麗姬是也。而愚者竊竊然自以爲知生之可樂，死之可苦，未聞物化之謂也。」（郭象注）〔清〕郭慶藩：《莊子集釋》，上冊，頁 113。「夫新新變化，物物遷流，闚彼窮指，方茲交臂。是以周蝶覺夢，俄頃之間，後不知前，此不知彼。而何爲當生慮死，妄起憂悲！故知生死往來，物理之變化也。」（成玄英疏）〔清〕郭慶藩：《莊子集釋》，上冊，頁 114。

的物化理論，不能也不應僅從生死觀做起。〔註51〕

　　在劉文英看來，郭、成兩人提出的「死生如一」是屬於「物化」結果，這種感悟並無法由「主體自我」親自體會，因爲「物化」過程一旦結束，主體自我也就消失了。因此，他認爲「莊周夢蝶」所要傳達的是物化過程的體驗。當莊子化爲蝴蝶時的愉悅、自適，就是「主體自我」對整個物化過程的感受，這也是莊子向人講述蝴蝶夢的目的。劉文英認爲，當莊子夢爲蝴蝶時的夢中心境，可以作這樣的理解：「栩栩然胡蝶也」主要描述夢中的精神自由，這種自由超越了主體器官構造的限制，超越了主體存在的時空限制，同時亦超越了主體功利、道德的限制，因而是一種超越性的精神自由。「自喻適志與」則是指夢中心境的快樂，當人在夢爲蝴蝶時，人與外物之間的隔閡消失了，所以眞正體驗到蝴蝶自由飛來飛去的快樂。而「不知周也」指自我意識在夢境中喪失，讓亦周亦蝶、非周非蝶的「自我潛意識」一躍成爲夢象活動的中心，由它感受「栩栩然胡蝶也」的快樂和自由。〔註52〕他同時指出，莊子藉由蝴蝶夢表現出這樣的邏輯思路：齊周蝶→齊夢覺→齊物我。也就是說，莊子乃藉由蝴蝶夢先打通莊周和蝴蝶的隔閡，然後進一步消解「夢」與「覺」兩種精神狀態的界限，最後在精神上達到消解自我意識，讓自我與外物的界限自然地打通、消解。他認爲，當人們達到「齊物我」的境界時，自我與萬物既合而爲一，自然也就能「齊萬物」了。〔註53〕劉文英所指的「齊夢覺」，並非郭象、成玄英推證出的「覺夢如一」或「生死如一」之主旨，而是指人們在清醒狀態下，能做到作夢時的精神狀態──消解自我意識：

　　　　既然莊周在夢中可以化爲蝴蝶，那麼主體在精神上也就可以把自我化爲
　　　　外物，這樣，自我與外物之間的界限不是打通了嗎，消解了嗎？〔註54〕

〔註51〕刁生虎：〈莊子物化論及其影響〉，《番禺職業技術學院學報》第 2 卷第 2 期（2003 年 6 月），頁 16～17。

〔註52〕劉文英：〈莊子蝴蝶夢的新解讀〉，頁 68。

〔註53〕劉文英：〈莊子蝴蝶夢的新解讀〉，頁 69。此外，郁強的看法也和劉文英相似，他説：「莊子給這個夢意象劃分了三個層次：齊周蝶、齊夢覺、齊物我。這三個層次環環相扣，層層衍生。前四句爲第一層次，描述了人蟲互換的喜悅。第二層次是莊子『聖人不覺』論的進一步衍生，暗示『蘧蘧然周也』的遺憾就是因爲未能參透夢覺相通。第三層次用最後一句話告訴世人，只有通曉大道，明瞭物化之理，才能齊物我，渾然天成。」郁強：〈《莊子》經典夢意象的美學分析──以「莊周夢蝶」爲例〉，《船山學刊》第 1 期（2006 年），頁 99。

〔註54〕劉文英：〈莊子蝴蝶夢的新解讀〉，頁 69。

由此可知，自我意識的存在只會讓自我與外物分隔、對立，唯有人們肯放棄自我意識時，才能消除物我的界限，也才能達到「齊物我」、「齊萬物」的境界。而這種「齊物我」、「齊萬物」的理想境界，也正是這個物化故事的最終主旨。

三、夢與物化

　　趙衛民曾指出，在「莊周夢蝶」的故事中，夢是物化的條件、物化的通路。他說：「莊子夢中化為蝴蝶，是適合他的志向的，可以輕盈的羽翼飛翔，臨風輕舉。在夢中時是蝴蝶，不知自己是莊子。夢中醒來，又是莊子，但回憶夢中，是莊子夢中化為蝴蝶，還是蝴蝶夢中化為莊子已經無法分清。夢是物化的條件，只有在夢中，脫離沈重的自我意識，莊子可以化為蝴蝶。換言之，夢可以達至南郭子綦的『吾喪我』。……夢所代表的，是莊子欲望的實在界。所以夢中已無法分清莊子夢蝶還是蝶夢莊子。夢的離其自己，與白日的成心、機心完全不同，夢是物化的通路。正是這樣的大夢，才有大覺醒。雖然莊子與蝴蝶的形體必有分際，但物化正是意識的離其自己，參與萬物無窮的變化。」〔註 55〕鄒強則指出：「在這個蝴蝶夢中，『周』與『蝴蝶』就是世間萬物中的兩個代表，他們本來一人一蟲，差別何止萬里。但是，通過夢這一平台，莊周與蝴蝶互相轉化，人蟲合一，再難分別。……這樣離奇的人蟲變化在現實中是不可能存在的，如果莊子不是借用了夢的載體，人們會很難相信它的可行性，也就自然無法理解其背後所蘊含的哲學思想了。相反，如果這一切都發生在夢中，人們不但不會對其發生的可能性產生任何懷疑，反而會因為這種奇異的互變增加了這個夢意象的神秘性和吸引力，從而引發讀者的閱讀興趣。因此，借助於夢意象的幫助，莊子能夠使自己的思想得到形象生動的詮釋。」〔註 56〕從兩人的論述可以得知，在「莊周夢蝶」的故事中，「夢」是「物化」的重要條件，因為有了「夢」的情節，莊子的物化思想非但不會顯得過份突兀、不合常理，甚至還能帶來生動、有趣的特殊效果，引起讀者的閱讀興趣。

　　李美燕曾提出「莊周夢蝶」有夢覺三關：

〔註 55〕趙衛民：〈莊子的風神──〈齊物論〉新探〉，《淡江大學中文學報》第 8 期（2003年 7 月），頁 34。
〔註 56〕鄒強：〈《莊子》經典夢意象的美學分析──以「莊周夢蝶」為例〉，頁 101。

在夢之前，人之識心與天地萬物相對待，人是人，物是物，故莊周是莊周，蝴蝶是蝴蝶；在夢之中，人與萬物雙遣而相忘，「遊」乎天地之間，物我不分，故「不知周也」；在覺之後，人依然是人，物依然是物，所謂「周與蝴蝶，則必有分矣」，然此時已非識心之隨物變現，而是道心之觀物如如，故謂「不知周之夢爲胡蝶與，胡蝶之夢爲周與」，「不知」二字即是莊子點示「物化」之妙的契機，萬物在道心的關照下，不將不迎，無成無毀，一切相對待的價值皆相忘而泯化爲一，這也就是「物化」的義蘊。〔註57〕

從這個分析來看，夢在這個物化故事中，還具有承上啓下的作用。在夢之前，物我是相對立的；透過夢的體驗，主體自我得以感受物我不分的物化狀態；夢醒之後，現象界的物我對立雖然依舊存在，但透過夢境與現實的反差和轉化，莊子有了這樣的感悟：若能在觀念上作個轉換與互化——就像在夢境中改變了身份一般，那麼，在現實世界裡，同樣可以達到人化爲物、物我同一、物我兩忘的物化狀態。如〈秋水〉提到的「濠梁之辯」故事：

莊子與惠子遊於濠梁之上。莊子曰：「儵魚出遊從容，是魚之樂也。」惠子曰：「子非魚，安知魚之樂？」莊子曰：「子非我，安知我不知魚之樂？」惠子曰：「我非子，固不知子矣；子固非魚也，子之不知魚之樂，全矣。」莊子曰：「請循其本。子曰『汝安知魚樂』云者，既已知吾知之而問我，我知之濠上也。」〔註58〕

莊子以一種忘我的態度觀魚，看到魚兒在水中自由自在地游來游去，便不由自主地與魚同化，想像自己就是在水中自在游動的魚兒。當作爲「人」的莊子和作爲「物」的儵魚，在觀念上產生互化和溝通時，人便可以化爲物，達到物我同一、物我兩忘的物化狀態。在這種物化狀態下，物我的界限已然泯除，莊子可以不再是莊子，他可以化身爲水中的游魚，享受自在游動的魚之樂。「莊子與惠施的爭辯，沒有勝負，只能各是其是地結束」，〔註59〕但莊子那種物我兩忘、主客合一的精神境界，就是所謂的物化狀態，也是〈齊物論〉所強調的「齊萬物」境界。

〔註57〕 李美燕：〈從「莊周夢蝶」論莊子的「物化」觀〉，《國立屏東師範學院屏東師院學報》第 10 期（1997 年），頁 365。

〔註58〕 〔清〕郭慶藩：《莊子集釋》，下冊，頁 606～607。

〔註59〕 汪逸楓：《莊子〈齊物論〉研究》，（台中：東海大學哲學研究所碩士論文，2000年 5 月），頁 48。

在「莊周夢蝶」的故事中，「夢的出現」同時也是莊子用來說服人們泯去一切相對待價值觀念的手段。在「莊周夢蝶」的故事裡，莊子在夢中體會物我兩忘的物化狀態；夢醒之後，他雖意識到「周與胡蝶，則必有分矣」，卻又說「物化」，那是因為「物我界限、萬物不一是物化的起點和條件，化是其途徑和過程，物化自身又是其目的和結果」。〔註60〕在夢中，因為自我意識的消解，主體自我可以化為外物；在現實世界中，萬物不一是客觀的存在條件，但只要在觀念上作個轉換與互化，就像在夢境中改變了身份一般，人也可以化為物，進而達到物我同一、物我兩忘的物化狀態。如此一來，「夢為鳥而屬乎天，夢為魚而沒於淵」的任性逍遙，〔註61〕也可以在現實生活中被真實地感受與體驗。「借助於夢意象的幫助，莊子能夠自由的將自己欲圖闡釋的意、道用最簡練的篇幅在最自然的狀態中表達出來，省卻了以別的文體、別的方式表述時候的一些難以避免的前因後果以及各種交代、鋪墊」，〔註62〕在這個物化故事中，甚至在整篇〈齊物論〉當中，因為有了這個美麗的夢，才讓人們瞭解「齊物我」、「齊萬物」是一種多麼自適愉悅的生命境界；也因為這種生命境界是如此令人愉悅，人們自然願意朝著「齊物我」、「齊萬物」的方向去努力了。

四、蝴蝶意象的選用

在捷克小說家卡夫卡（Franz Kafka）的短篇小說〈變形記〉（或作〈蛻變〉）中，一位叫格里高爾的旅行推銷員，有一天早上從睡夢中醒來，發現自己變成一隻巨大的甲蟲：

> 一天早晨，格里高爾·薩姆從不安的睡夢中醒來，發現自己躺在床上變成了一隻巨大的甲蟲。他仰臥著，那堅硬的像鐵甲一般的背貼在床上，他稍稍抬起頭，便看見自己那穹頂似的棕色肚子變成好多塊弧形的硬片，肚子上的被子幾乎蓋不住，都快滑下來了。比起偌大的身軀，他那許多隻腿真是纖弱的可憐，都在他眼前無奈地揮動著。「我怎麼啦？」他想。這可不是夢。他的房間，雖然的確小了些，

〔註60〕刁生虎：〈莊子物化論及其影響〉，頁 17。
〔註61〕成玄英疏：「且為魚為鳥，任性逍遙。」〔清〕郭慶藩：《莊子集釋》，上冊，頁 277。
〔註62〕鄔強：〈《莊子》經典夢意象的美學分析——以「莊周夢蝶」為例〉，頁 101。

還是一般人住的房間，仍然安靜地坐落在四堵熟悉的牆壁當中……。〔註63〕

格里高爾是一位旅行推銷員，他每天要在清晨四點起床，然後趕搭五點的火車去上班；上司的面孔和呆板的工作內容使他厭惡這份工作，但為了替父親償還債務並培養妹妹學習音樂，他不得不繼續這份工作。然而，自從他變成一隻甲蟲後，他的生活秩序就被徹底打亂了。他不能執行工作上的職務，無法履行作兒子的義務，更失去和家人溝通的能力；他只能仰臥在堅硬的背殼上，無助地抖動著無數的細足……。故事最後，格里高爾聽到他最疼愛的妹妹跟父母說：「我們一定要把他弄走。」「如果他是格里高爾，就會明白人是不能跟這樣的動物一起生活的，他就會自動走開。」聽到這番話後，格里高爾拖著不靈活的身軀爬回房間，他懷著溫柔和愛意想著自己的家人，並且不再進食，最後，他頹然垂下頭，從鼻孔呼出最後一絲微弱的氣息。他死了。

〈變形記〉一般被視為卡夫卡的重要代表作，所以關於這篇小說的評論可說是不勝枚舉。如果仔細去閱讀這些評論內容，不難發現許多評論家總是將焦點放在「為何變形」的議題上，但作者為何選擇將主角變為「甲蟲」而非其它動物或昆蟲，則甚少引起評論家的關注。這種情況，有點類似《莊子》所記載的「莊周夢蝶」故事。當人們提到「莊周夢蝶」的故事時，總是將焦點放在「物化」意義的詮釋上，但是，夢中可能出現的形象何其之多，如果以《莊子》一書善用比喻的寫作手法來說，莊子之所以選擇「蝴蝶」這一形象作為夢中的主角，應該是別有用心的。只可惜，相較於「物化」議題，這個問題似乎較少引起評論家的重視與討論。所以，人們總是以為「蝴蝶」的出現，只是象徵無拘無束的自在與逍遙。如陳鼓應說：

> 蝴蝶翩翩飛舞，遨翔各處，不受空間的限制；牠悠遊自在，不受時間的催促；飄然而飛，沒有陳規的制約，也無誡律的重壓。同時，蝶兒逍遙自適於陽光、空氣、花朵、菓園之中──這象徵著人生如蝶兒般活躍於一個美妙的世界中；並且，在和暖的陽光、新鮮的空氣、美麗的花朵以及芬芳的菓園之間，可任意地自我吸取，自我選擇──這意味著人類意志的自由可羨。〔註64〕

〔註63〕卡夫卡著，李文俊譯：《變形記：卡夫卡短篇小說選》（台北：商周，2005年），頁112。

〔註64〕陳鼓應：《莊子哲學》（台北：台灣商務印書館股份有限公司，2003年），〈蝴

伏愛華也說：

> 莊周夢蝶，象徵著在時空無限的夢中實現了對象化的自由，象徵著
> 人可以擁有不受陳規誡律的約束和壓抑的自由。雖然這種自由的狀
> 態是短暫的，但其境界卻是永恆的。人可以像蝴蝶一樣，無拘無束、
> 自由自在地徜徉在宇宙的大花園中，歡欣在自然無爲中，自然人化，
> 人對象化。這不正是莊子「逍遙遊」的形象體現嗎？〔註65〕

在「莊周夢蝶」的故事中，莊子形容自己化身爲蝴蝶時，是一種「栩栩然」
的飄逸姿態，這種翩然飛舞的狀態，自然容易讓人聯想到無拘無束的自由與
逍遙。然而，莊子選用「蝴蝶」這一形象的原因，難道只有自由與逍遙的意
義？

在《莊子》書中，有一個鯤化鵬的故事：

> 北冥有魚，其名爲鯤。鯤之大，不知其幾千里也。化而爲鳥，其名
> 爲鵬。鵬之背，不知其幾千里也；怒而飛，其翼若垂天之雲。是鳥
> 也，海運則將徙於南冥。南冥者，天池也。〔註66〕（〈逍遙遊〉）

在這個故事中，魚把自己轉化成鳥，並從北冥徙至南冥。成玄英疏曰：

> 所以化魚爲鳥，自北徂南者，鳥是凌虛之物，南即啓明之方；魚乃
> 滯溺之蟲，北蓋幽冥之地；欲表向明背暗，捨滯求進，故舉南北鳥
> 魚以示爲道之逕耳。〔註67〕

陳鼓應說：

> 鯤「化而爲鳥（鵬）」，僅是形狀的變化，而質和量是未變的。這裡
> 的「化」，乃是朝著理想世界趨進的一個過程、一個方向。〔註68〕

從「變形」的角度來看，不論是鯤化鵬或莊子化爲蝴蝶，它們同樣經歷由 A 變
爲 B 的過程；只不過，鯤化爲鵬所代表的是事件的最終結果，而莊子化爲蝴蝶，
卻只是事件發展的過渡情節，因爲莊子最終還是得由夢中醒來，並由蝴蝶的形
象變回人的形象。人們在解讀「鯤化鵬」的故事時，很容易聯想到這個變形的
意義，因爲在這個故事裡，莊子明白指出魚化爲鳥後，由北冥徙至南冥的情節。

蝶夢〉，頁 27～28。

〔註65〕 伏愛華：〈「莊周夢蝶」的美學意義〉，《安徽大學學報（哲學社會科學版）》第
　　　　 30 卷第 2 期（2006 年 3 月），頁 36。

〔註66〕 〔清〕郭慶藩：《莊子集釋》，上冊，頁 2。

〔註67〕 〔清〕郭慶藩：《莊子集釋》，上冊，頁 4。

〔註68〕 陳鼓應：《莊子哲學》，〈鯤鵬和小麻雀〉，頁 42。

在「莊周夢蝶」的故事中，莊子於醒後追憶自己化爲蝴蝶時的心境，用了「栩栩然胡蝶也，自喻適志與！不知周也」這幾句話，這樣的描述，讓人聯想到無拘無束的自由與逍遙，當然是無可厚非的。但值得注意的是，能夠代表自由與逍遙的形象，除了「蝴蝶」之外，應該還有其它代表性的形象——如〈秋水〉提到的水中魚兒。可是，莊子爲何在這個物化故事中，選擇將自己化身爲蝴蝶，而不是化身爲一條游魚？這其中的特殊意義，頗值得探討。

美國學者愛蓮心曾經針對莊子選用「蝴蝶」這一形象的原因，有過一段細膩的分析與探討。他認爲，在「莊周夢蝶」的故事中，莊子是將「蝴蝶」這個形象拿來作爲「自我轉化」的比喻；且這個形象化比喻的出現並非文學上的偶然，而是具有戰略意義的選擇：首先，美是蝴蝶這一形象與生俱來的特質，我們可以想像出美麗的蝴蝶，卻很難想像出醜陋的蝴蝶。所以，蝴蝶的一個突出特點是「美的象徵」，以美的事物作爲一個比喻，可以引起人的閱讀興趣。再者，因爲蝴蝶是由醜陋的毛毛蟲蛻變而成，這種由醜至美的轉化過程代表了一種「提升」，它所完成的是一種神話式理想的實現，就像青蛙變成了王子，醜小鴨變成了天鵝。所以，蝴蝶所代表的是一種由下級向上級的轉化，由陳舊向新生的轉化，由低級向高級的轉化，由爬行向飛行的轉化，由不甚發達向發達的轉化；它象徵著一種運動——通過上升，通過告別過去的存在和現在的存在而從爬行到超越，從嬰孩到成年。此外，在毛毛蟲轉變爲蝴蝶的過程中，有一個重要的階段——即由蛹至蝶的轉化。蛹爲了化成蝶，必須蛻去原有的皮，這代表只有當舊的東西向新的東西讓道時，轉化才得以實現；而且這種轉化過程是一種發自內部的轉化，它是一次性的、單向性的、不可逆的、有一個明確目標的轉變。最後，在生物學的意義上，蝴蝶的生命是短暫易逝的，它的短暫易逝不只反映在壽命上，同時，也因爲它的脆弱、易受傷害特性。這種脆弱的特質暗示著——蝴蝶所象徵的自我轉化是相當脆弱、易傷、易壞的。愛蓮心還指出，在轉化之後，儘管蝴蝶的生命十分短暫，但它非常「好玩」，並且看上去是一種快樂的生物；所謂的「好玩」是指蝴蝶的姿態，它反映轉化的結果既是蝴蝶的某種自得其樂，也是一自由的感覺。〔註69〕從愛蓮心提出的幾點說法可以看出，他的立論幾乎是建立在「蝴蝶」這一形象的生物特質上，這些說法是否爲莊子的原意，我們無從得知，但可以確定的是：「蝴蝶」的出現，不僅美化了莊子的夢，

〔註69〕愛蓮心著，周熾成譯：《嚮往心靈轉化的莊子：內篇分析》，〈作爲隱喻之美：變形的象徵〉，頁 79～86。

更美化了整個故事，甚至是整部《莊子》。所以，每當人們提起《莊子》時，總是容易聯想起這個美麗的故事，甚至將它視爲「實現人生自由的典範」。〔註70〕

在卡夫卡的〈變形記〉中，人變成在地上爬的巨大甲蟲，這個形象讓人感到噁心、厭惡；在「莊周夢蝶」的故事裡，人變成翩然起舞的蝴蝶，這個形象美得像一首詩、一曲音樂，讓人不禁興起無限嚮往之情。張中載在〈莊周夢蝴蝶與格里戈爾變甲蟲〉的文章中，針對這兩則「變形」故事作了一番比較，他說：

> 兩者均爲人變蟲，或謂物化。兩者均表現了作者別出心裁的想像力。
> 兩者都揭示人的自我迷失和自我超越：人進入化境，以至於到頭來，
> 人蟲難分，虛幻與現實難分，夢與真實融爲一體。人變甲蟲，十足
> 的荒誕。人變蝴蝶，其實同樣荒誕。只是讀者的心理反應不同。前
> 者給讀者帶來荒誕感；後者讓人享受浪漫的審美情趣。〔註71〕

如果將「蝴蝶」形象和莊子在這則故事所強調的齊物我、齊萬物境界作個連結，我們可以說，「人變蝴蝶」所帶來的浪漫審美情趣，不僅引起讀者繼續往下閱讀這則故事的興趣，同時，也建構了一個相當美的「物化」境界。有了這個美麗的「物化」境界作爲前提，莊子要說服人們朝著齊物我、齊萬物的理想邁進，當然就容易多了。所以，莊子之所以選用「蝴蝶」作爲夢中主角，除了因爲蝴蝶翩然飛舞時所象徵的「自由逍遙」意義外，部分原因還在於「蝴蝶」這一形象是「美的化身」；而這個美的形象更足以充當〈齊物論〉的最佳代言人，讓人們願意朝著「齊萬物」的理想邁進。

第三節 「非人」形象透過夢境表達意見

曹東海在〈楚文化視野中的《莊子》藝術變形〉中指出：「《莊子》作者在萬物齊一的世界觀支配下，往往在其筆下消釋了世間人、物固有的自然屬性而使之渾然相通：物具人情，人有物性。」〔註72〕在《莊子》的夢描述中，

〔註70〕張廷國：「大凡說夢，中國人首先就會想到『莊周夢蝶』的故事。由於莊周夢蝶這一故事窮盡了自然造化和自由人生的真諦，所以後人總是以莊周化蝶作爲實現人生自由的典範。」張廷國：〈「莊周夢蝶」的現象學意義〉，頁24。

〔註71〕張中載：〈莊周夢蝴蝶與格里戈爾變甲蟲〉，《外國文學》第6期（1998年），頁82。

〔註72〕曹東海：〈楚文化視野中的《莊子》藝術變形〉，《江漢論壇》（2006年4月），頁100。

「莊周夢蝶」故事是將人物化的典型代表，而將物人化的例子，則有託夢於人的櫟樹、髑髏、神龜等故事。在本節的論述中，即將以《莊子》書中描述「非人」形象透過夢境表達自身意見的故事，看莊子如何藉由這些「非人」形象之口，轉述他自身的思想、情感。

一、匠石夢見櫟社樹

在〈人間世〉裡，莊子藉櫟社樹託夢於匠石，談論「大而無用」。這個故事記載，一木匠在前往齊國的途中，看見一棵作為社祀的櫟樹。由於這棵樹長得非常高大，所以許多人都跑來圍觀，但木匠卻認為它是一株沒用的散木，所以連正眼都沒瞧上一眼。隨行的木匠之徒對木匠的反應感到疑惑，於是向木匠詢問原因。木匠回答：

> 已矣，勿言之矣！散木也，以為舟則沉，以為棺槨則速腐，以為器則速毀，以為門戶則液橫，以為柱則蠹。是不材之木也，无所可用，故能若是之壽。〔註73〕

就木匠準於器用的角度來說，這棵櫟樹大而無當，是「無所可用」之木；但就櫟樹求生存的角度而言，世俗認為的「無所可用」，反而讓它得以保全自身的生命。這個道理和〈逍遙遊〉所說：「不夭斤斧，物無害者，无所可用，安所困苦哉」〔註74〕的意思相似。所以，木匠回家後，便夢見櫟樹說道：

> 女將惡乎比予哉？若將比予於文木邪？夫柤梨橘柚，果蓏之屬，實熟則剝，剝則辱；大枝折，小枝泄。此以其能苦其生者也，故不終其天年而中道夭，自掊擊於世俗者也。物莫不若是。且予求无所可用久矣，幾死，乃今得之，為予大用。使予也而有用，且得有此大也邪？且也若與予也皆物也，奈何哉其相物也？而幾死之散人，又

〔註73〕〔清〕郭慶藩：《莊子集釋》，上冊，頁171。

〔註74〕莊子在〈逍遙遊〉裡同樣敘述了一棵無用的大樹，它在工匠眼中是不中繩墨和規矩的，所以得以保存下來：「惠子謂莊子曰：『吾有大樹，人謂之樗。其大本擁腫而不中繩墨，其小枝卷曲而不中規矩，立之塗，匠者不顧。今子之言，大而無用，眾所同去也。』莊子曰：『子獨不見狸狌乎？卑身而伏，以候敖者；東西跳梁，不辟高下；中於機辟，死於網罟。今夫斄牛，其大若垂天之雲。此能為大矣，而不能執鼠。今子有大樹，患其无用，何不樹之於无何有之鄉，廣莫之野，彷徨乎无為其側，逍遙乎寢臥其下。不夭斤斧，物无害者，无所可用，安所困苦哉！』」〔清〕郭慶藩：《莊子集釋》，上冊，頁39～40。

惡知散木！〔註75〕

櫟樹告訴木匠：「且予求无所可用久矣，幾死，乃今得之，爲予大用。」郭象注：「積無用乃爲濟生之大用。」〔註76〕成玄英疏：「不材無用，必獲全生，櫟社求之，其來久矣。而庸拙之匠，疑是文木，頻去顧盼，欲見誅翦，懼夭斧斤，鄰乎死地。今逢匠伯，鑒我不材，方得全生，爲我大用。」〔註77〕由此可見，世俗認爲的「有用」之物，就物本身的觀點而言，反而是禍害的根源；世俗認爲的「無用」之物，就物本身的觀點而言，反倒可以全身免禍。如此說來，世俗以爲的「無用」，從另一個角度來說，也可能是「大用」；「無用」與「有用」的界限，並沒有絕對的客觀標準。

在〈人間世〉裡，還有一個「商丘之木」的故事：

> 南伯子綦遊乎商之丘，見大木焉有異，結駟千乘，隱將芘其所藾。
>
> 子綦曰：「此何木也哉？此必有異材夫？」仰而視其細枝，則拳曲而不可以爲棟梁；俯而視其大根，則軸解而不可以爲棺槨；咶其葉，則口爛而爲傷；嗅之，則使人狂酲，三日而不已。子綦曰：「此果不材之木也，以至於此其大也。嗟乎神人，以此不材！」〔註78〕

所謂「桂可食，故伐之；漆可用，故割之」、〔註79〕「虎豹之文來田，猨狙之便執斄之狗來藉」。〔註80〕以世俗的「功用觀」來看，櫟樹、商丘之木均爲「無所可用」之木。但是，正因爲它們是「無所可用」，所以才得以盡其天年，保其全生。否則，它們的命運將如同宋國荊氏所種植出來的楸、柏、桑一樣——「其拱把而上者，求狙猴之杙者斬之；三圍四圍，求高名之麗者斬之；七圍八圍，貴人富商之家求樿傍者斬之」，〔註81〕自然無法成爲「其大蔽牛，絜之百圍」、「結駟千乘、隱將芘其所藾」的大樹了。

在櫟社見夢的故事中，木匠醒來之後，把夢中之事告訴弟子：

> 匠石覺而診其夢。弟子曰：「趣取无用，則爲社何邪？」曰：「密！若无言！彼亦直寄焉，以爲不知己者詬厲也。不爲社者，且幾有翦

〔註75〕〔清〕郭慶藩：《莊子集釋》，上冊，頁172。
〔註76〕〔清〕郭慶藩：《莊子集釋》，上冊，頁173。
〔註77〕〔清〕郭慶藩：《莊子集釋》，上冊，頁173。
〔註78〕〔清〕郭慶藩：《莊子集釋》，上冊，頁176～177。
〔註79〕〔清〕郭慶藩：《莊子集釋》，上冊，頁186。
〔註80〕〔清〕郭慶藩：《莊子集釋》，上冊，頁295。
〔註81〕〔清〕郭慶藩：《莊子集釋》，上冊，頁177。

乎！且也彼其所保與眾異，而以義喻之，不亦遠乎！」〔註82〕

櫟樹雖然因爲材質不好而得以安然地長大，但越長越大之後，如果不做社樹，恐怕人家要嫌它太大而動刀斧修剪。所以，唯有成爲一棵「社樹」，才能讓櫟樹眞正得以保其全身、盡其天年。朱玉玲認爲：

> 櫟社見夢，談的是對社會「不用」，匠石診夢，則隱然又講到了對社
> 會的「用」。細究之，莊子在此談「用」，其實是有兩個層次，第一
> 個層次是對社會而言，可以是無用（不材），也可以是有用（爲社），
> 前者是爲免遭木匠之斧斤，後者是躲避一般人的斧斤，但無論用或
> 不用，都只是過程而已，更深的一個層次，則是在個人與社會的聯
> 繫上，以保全自己的生命作爲終極目的，也就是上段所說的「爲子
> 大用」。〔註83〕

櫟樹之所以沒被砍掉，那是因爲它終究提供了一種用處——爲「社樹」；否則，雖然它的樹況是「以爲舟則沉，以爲棺槨則速腐，以爲器則速毀，以爲門戶則液樠，以爲柱則蠹」，但它所擁有的茂盛巨大枝葉，還是可能爲它招來斧斤之害。因此，唯有「可以是無用（不材），也可以是有用（爲社）」時，才是櫟樹保其全身的最佳方法。而根據榮格的「個體化過程」觀念，〔註84〕「這個木匠顯然理解了他的夢，他瞭解到，完成一個人的命運就是人生最大成就，

〔註82〕〔清〕郭慶藩：《莊子集釋》，上冊，頁174。

〔註83〕朱玉玲：《《莊子》「無用之用」思想研究》（台北：台北市立師範學院應用語言文學研究所碩士論文，2003年1月），〈《莊子》「無用之用」寓言故事義理解析〉，頁48。

〔註84〕根據對許多人觀察，以及對他們的夢的研究，榮格發現，所有的夢不僅與夢者各個生命階段有關，而且，它們也是心理因緣巨大網絡的組成要件。他還發現，整體而言，它們似乎都遵循著某種順序或模式，榮格稱此模式爲「個體化過程」。在此模式中，個體的困頓或意向變得可見，然後消失，之後又再出現。如果誰花較長時間來觀察這個婉轉曲折的構造，他就會觀察到一種隱而不顯的規制或主導意向在作用，產生一種緩慢、難以感知的心靈成長過程——個體化的過程。這種心靈成長不可能借助於意志上有意識的努力來促成，卻會不知不覺、自然而然地發生，這在夢中常以樹爲象徵，以緩慢、強而有力、無意識的成長達成了一個確定的模式。在我們的心靈系統中，具有制約力的組構中心似乎是一種「核原子」。我們也可以稱之爲創造者、組構者和夢中形象的泉源。榮格稱這個中心爲「本我」，將它視爲全部心靈的整體，以便把它與「自我」區分開來，後者僅僅構成心靈整體的一小部分。參見榮格主編，龔卓君譯：《人及其象徵》（台北：立緒文化事業有限公司，2001年），〈個體化過程〉，頁186～188。

我們的功利觀念，必須讓位給我們潛意識心靈的要求。如果我們用心理學的語言來詮釋這個隱喻，那麼，這棵樹就象徵了個體化過程⋯⋯爲了使個體化過程得到實現，我們必須有意識地降服於潛意識力量⋯⋯像這棵樹一樣，我們應該讓步給這個無法感知的、卻威力強大的支配衝動——這衝動來自於對獨一無二、創造性的本我實現的鼓舞。在這個過程中，人們必須反覆地尋找出某種別人聞所未聞的東西，那些主導的暗示或衝動並非來自於自我，而是來自於心靈的整體——本我」。〔註85〕賴錫三以爲，「樹」之所以成爲本我發展的最佳象徵，或許和樹一方面深深紮根於深層幽深之大地（可象徵混沌、或集體無意識之幽玄），另一方面又迎向廣大之天空（可象徵意識之光明），而且表層枝葉與深層樹根互通爲一，成爲相互循環的統一體，然後提供給他人庇蔭作用。所以，〈逍遙遊〉要歸結在大樗樹下，而〈人間世〉的圓融也要啓靈於櫟社樹的無用之大用。〔註86〕

當然，櫟樹之所以能夠成爲「社樹」，其先決條件必須是能夠順著本性自然生長而不被砍伐，因爲唯有如此，櫟樹才得以具備成爲「社樹」的條件——巨大。換句話說，順著本性，是櫟樹能夠成爲「社樹」的先決條件，也是櫟樹得以保其全生的最終原因。〔註87〕所以，〈山木〉的「鳴雁」故事寫道：

> 莊子行於山中，見大木，枝葉盛茂，伐木者止其旁而不取也。問其故，曰：「无所可用。」莊子曰：「此木以不材得終其天年。」夫子出於山，舍於故人之家。故人喜，命豎子殺雁而烹之。豎子請曰：「其一能鳴，其一不能鳴，請奚殺？」主人曰：「殺不能鳴者。」〔註88〕

雁的故事非常簡單，在緊接著因「無所可用」而得以保留生命的樹的後面。但是，雁卻因「無用」而帶來壞的結局。這是因爲：無用的東西總會提供一種用處。沒被砍掉的樹提供了「樹蔭」，則它畢竟不是完全無用；且樹之所以

〔註85〕榮格主編，龔卓君譯：《人及其象徵》，〈個體化過程〉，頁 193。

〔註86〕賴錫三：〈神話、《老子》、《莊子》之「同」「異」研究——朝向「當代新道家」的可能性〉，《臺大文史哲學報》第 61 期（2004 年 11 月），頁 173。

〔註87〕黃漢耀：「櫟樹之所以託寄在廟社之前，並不是有心的故意有用，而是純任自然之化，在廟社前發揮無用之用應世，讓人觀賞，讓人訾議。也就是說，櫟樹無用，故沒有材之患，但櫟樹不停留在消極的無用階段，化爲櫟社樹，庇蔭廟社，這種無心的順境應化，正是積極的無用之用。」黃漢耀：《莊子「眞人」思想研究》（台北：中國文化大學哲學研究所碩士論文，1991 年），〈墮肢體：以無用掃化人欲——眞人境界分析之二〉，頁 72。

〔註88〕〔清〕郭慶藩：《莊子集釋》，下冊，頁 667。

沒被砍掉，是因爲它保持了「枝葉盛茂」的樹的本性。鳴是雁的本性，因爲雁鳴了，所以牠保存了自己的性命；不鳴之雁因爲違逆本性，淪爲眞正的「無用」之材，所以難逃被殺的命運。所謂「材與不材之間，似之而非也，故未免乎累。若夫乘道德而浮遊則不然。無譽無訾，一龍一蛇，與時俱化，而無肯專爲；一上一下，以和爲量，浮遊乎萬物之祖；物物而不物於物，則胡可得而累邪！」〔註89〕換句話說，凡偏執於有用或無用任何一端，都屬於滯溺的成見，唯有一切順其自然，才是全身免禍的最佳方法。

二、莊子夢中與髑髏對話

人死後的世界，一直是神秘的、未知的、難以探索的領域。中國民間有一種普遍信仰，認爲人的肉體一旦死亡，體內的靈魂便會到陰間生活。陰間雖然是另一個世界，但它卻和陽間有相同的生活需求，所以傳統的喪葬習俗，總會替死者準備一些陪葬品，希望死者可以在陰間過著舒適的生活。如果從這個角度來思考，那麼，「死亡」不過是「開啓」另一個世界的生活，死後的世界，是不是不如眞實世界來得美好，因爲沒有人能分享眞實體驗，所以只能是個謎。

不過，莊子並不因此而停下對「死亡」的思考。對於「死亡」這件事，莊子承認它是世間萬物都必須面對的問題：

> 小知不及大知，小年不及大年。奚以知其然也？朝菌不知晦朔，蟪蛄不知春秋，此小年也。楚之南有冥靈者，以五百歲爲春，五百歲爲秋；上古有大椿者，以八千歲爲春，八千歲爲秋，此大年也。而彭祖乃今以久特聞，眾人匹之，不亦悲乎！〔註90〕（〈逍遙遊〉）

所謂「人之生，氣之聚也；聚則爲生，散則爲死」。〔註91〕生命不過是氣聚而成的東西，雖然其中有的長壽，有的短命，但最終的結局——「死亡」，卻是沒有什麼不同。所以，即便是以「長壽」著稱的彭祖，他的生命終有結束的一天。這種由生到死的過程，就像四季遞嬗一樣，既是自然而然，也是理所當然：

> 莊子妻死，惠子弔之，莊子則方箕踞鼓盆而歌。惠子曰：「與人居，長子老身，死不哭亦足矣，又鼓盆而歌，不亦甚乎！」莊子曰：「不

〔註89〕〔清〕郭慶藩：《莊子集釋》，下冊，頁668。
〔註90〕〔清〕郭慶藩：《莊子集釋》，上冊，頁11。
〔註91〕〔清〕郭慶藩：《莊子集釋》，下冊，頁733。

然。是其始死也，我獨何能无慨然！察其始而本无生，非徒无生也
而本无形，非徒无形也而本无氣。雜乎芒芴之間，變而有氣，氣變
而有形，形變而有生，今又變而之死，是相與爲春秋冬夏四時行也。
人且偃然寢於巨室，而我嗷嗷然隨而哭之，自以爲不通乎命，故止
也。」〔註92〕（〈至樂〉）

人的生命、形體、精神本來都是不存在的。在混沌芒芴的大道中間，由於氣
的變化而有形體，形體經過種種變化又產生生命，生命變化後又走向死亡，
這些變化就像四時運行一般，是自然而然、理所當然的循環往復過程。既然
如此，對於生命的開始或結束，實在沒有必要過份喜悅或憂傷，因爲「生命
一旦開始，死亡即如影相隨。生命一旦結束，又是另一種開始。生死聚散，
變化無定，其中的規律誰能掌握？」〔註93〕莊子在其妻子死亡之後，還能敲
著瓦盆唱歌，這不是因爲他無情，而是因爲他深知生死遞嬗是再自然不過的
事，如果因爲「死亡」這件事而哭哭啼啼，就太不通達生命的道理了。〔註94〕

《莊子・大宗師》有一個和莊子「鼓盆而歌」相似的故事：

子桑戶死，未葬。孔子聞之，使子貢往侍事焉。或編曲，或鼓琴，
相和而歌曰：「嗟來桑戶乎！嗟來桑戶乎！而已反其眞，而我猶爲人
猗！」子貢趨而進曰：「敢問臨尸而歌，禮乎？」二人相視而笑曰：
「是惡知禮意！」子貢反，以告孔子，曰：「彼何人者邪？修行无有，
而外其形骸，臨尸而歌，顏色不變，无以命之。彼何人者邪？」孔
子曰：「彼，遊方之外者也；而丘，遊方之内者也。外内不相及，而
丘使女往弔之，丘則陋矣。彼方且與造物者爲人，而遊乎天地之一
氣。彼以生爲附贅縣疣，以死爲決疣潰癰，夫若然者，又惡知死生
先後之所在！假於異物，託於同體；忘其肝膽，遺其耳目；反覆終

〔註92〕〔清〕郭慶藩：《莊子集釋》，下冊，頁 614～615。

〔註93〕梁淑芳：〈論莊子的生死觀及其對現代人的啓示〉，《研究與動態》第 11 期（2004
年 12 月），頁 190。

〔註94〕沈毅：「當朝夕與共、相濡以沫的妻子去世時，莊子不僅沒有表現出悲哀哭泣，
反而席地而坐，鼓盆而歌，使前來弔念的惠子也感到莊子太過分了。其實，
並不是莊子沒有哀傷和不近人情，而是他在内心經過一番理性的自我勸說以
後才有如此的表現。……妻子的死亡只不過如四季的運行變化一樣，是自然
的過程而已。如今他復歸於自然，安息於天地之間，我若爲之哭哭啼啼，豈
不是太不通達生命的道理了嗎？」沈毅：〈死生齊一，鼓盆而歌：莊子的生死
觀〉，《歷史月刊》（2001 年 8 月），頁 77。

始，不知端倪；芒然彷徨乎塵垢之外，逍遙乎无爲之業。彼又惡能
憒憒然爲世俗之禮，以觀眾人之耳目哉！」〔註95〕

孟子反、子琴張在其好友子桑戶死後，一個忙著編寫輓歌，一個忙著彈琴，
並且對著子桑戶的屍體唱起歌來。這種「臨尸而歌」的行爲，在一般人看來
當然是不合乎禮制的，因此，前往料理喪事的子貢便將這件事告訴孔子。孔
子於是告訴子貢，孟子反、子琴張之所以「臨尸而歌」，那是因爲他們把生看
作贅瘤，把死看做癰疽潰破；他們將形體看作是精神寄託的異物；他們忘掉
了肝膽，忘掉了耳目；他們把生死看作循環往復；他們茫茫然徘徊於塵世之
外，逍遙於無所爲的事業之中。所以，他們不但不因好友死亡而哭泣，反而
爲好友能回到宇宙的終極歸宿而高興。所謂「死生，命也，其有夜旦之常，
天也」。〔註96〕死生是命，它就如同白天和黑夜的經常變化一樣，是自然的道
理。明白了這個道理，則孟子反、子琴張的「臨屍而歌」，莊子的「鼓盆而歌」，
或是秦失的「三號而出」，〔註97〕甚至是孟孫才的「其母死，哭泣無涕，中心
不戚，居喪不哀」〔註98〕等行爲，雖然都不能符合世俗禮制的規範，但卻是
通達生死之道的一種行爲表現。

　　莊子雖然再三強調生死遞嬗是自然循環的規律，但他也明白人們在面對
生死問題時，總是難以擺脫「悅生惡死」的觀念；而這種觀念的形成，當然

〔註95〕〔清〕郭慶藩：《莊子集釋》，上冊，頁 266～268。

〔註96〕〔清〕郭慶藩：《莊子集釋》，上冊，頁 241。

〔註97〕老聃死，秦失弔之，三號而出。弟子曰：「非夫子之友邪？」曰：「然。」「然
則弔焉若此，可乎？」曰：「然。始也吾以爲其人也，而今非也。向吾入而弔
焉，有老者哭之，如哭其子；少者哭之，如哭其母。彼其所以會之，必有不
蘄言而言，不蘄哭而哭者。是遁天倍情，忘其所受，古者謂之遁天之刑。適
來，夫子時也；適去，夫子順也。安時而處順，哀樂不能入也，古者謂是帝
之縣解。〔清〕郭慶藩：《莊子集釋》，上冊，頁 127～128。

〔註98〕顏回問仲尼曰：「孟孫才，其母死，哭泣无涕，中心不戚，居喪不哀。无是三
者，以善處喪蓋魯國。固有无其實而得其名者乎？回壹怪之。」仲尼曰：「夫
孟孫氏盡之矣，進於知矣。唯簡之而不得，夫已有所簡矣。孟孫氏不知所以
生，不知所以死；不知就先，不知就後；若化爲物，以待其所不知之化已乎！
且方將化，惡知不化哉？方將不化，惡知已化哉？吾特與汝，其夢未始覺者
邪！且彼有駭形而无損心，有旦宅而无情死。孟孫氏特覺，人哭亦哭，是自
其所以乃。且也相與吾之耳矣，庸詎知吾所謂吾之乎？且汝夢爲鳥而厲乎天，
夢爲魚而沒於淵。不識今之言者，其覺者乎，其夢者乎？造適不及笑，獻笑
不及排，安排而去化，乃入於寥天一。」〔清〕郭慶藩：《莊子集釋》，上冊，
頁 274～275。

是因爲人們無法掌握死後的世界，所以對它產生一種莫名的恐懼。基於此，莊子說了一個「麗之姬」的故事，〔註99〕希望用它來消解人們對死後世界的恐懼與排斥，所謂「予惡乎知夫死者不悔其始之蘄生乎」，如果眞有「死後世界」，或許那是一個比現實世界更美好的地方，如此一來，死亡又有什麼可怕呢？此外，死後世界既然是神秘不可知的，莊子乾脆就讓「髑髏」現身說法，由它來告訴人們死後的情形：

> 莊子之楚，見空髑髏，髐然有形，撽以馬捶，因而問之，曰：「夫子貪生失理，而爲此乎？將子有亡國之事，斧鉞之誅，而爲此乎？將子有不善之行，愧遺父母妻子之醜，而爲此乎？將子有凍餒之患，而爲此乎？將子之春秋故及此乎？」於是語卒，援髑髏，枕而臥。夜半，髑髏見夢曰：「子之談者似辯士。視子所言，皆生人之累也，死則无此矣。子欲聞死之說乎？」莊子曰：「然。」髑髏曰：「死，无君於上，无臣於下；亦无四時之事，從然以天地爲春秋，雖南面王樂，不能過也。」莊子不信，曰：「吾使司命復生子形，爲子骨肉肌膚，反子父母妻子閭里知識，子欲之乎？」髑髏深矉蹙頞曰：「吾安能棄南面王樂而復爲人閒之勞乎！」〔註100〕（〈至樂〉）

莊子在一次前往楚國的途中，看見一個空的頭顱骨，就用馬鞭敲著髑髏頭，質問它死亡的原因，細數包括「貪生失理」、「亡國之事」、「斧鉞之誅」、「不善之行」、「凍餒之患」等生人之累。到了夜晚，髑髏託夢給莊子，它告訴莊子：死後所過的生活，是一種無君臣上下、無四時之苦的快樂生活，這種快樂甚至超越人世間帝王的享樂。「這個故事，很多人都將它視爲《莊子》中主張『樂死惡生』來理解。雖然，就其故事本身的敘述過程，很容易讓人有這種想法，然而，我們以爲這是針對吾人對死後世界的恐懼，而描繪出不須恐懼的相對情境。」〔註101〕換句話說，莊子其實想藉由這個故事告訴人們，「死」並非像人們心中所想的那麼可怕，所以，在面對死亡之時，實在沒有必要過分恐懼害怕。它和「麗之姬」的故事一樣，都是爲了消解人們對死後世界的

〔註99〕　〈齊物論〉：「麗之姬，艾封人之子也。晉國之始得之也，涕泣沾襟；及其至於王所，與王同筐床，食芻豢，而後悔其泣也。予惡乎知夫死者不悔其始之蘄生乎！」〔清〕郭慶藩：《莊子集釋》，上冊，頁103。

〔註100〕〔清〕郭慶藩：《莊子集釋》，下冊，頁617～619。

〔註101〕余靜惠：《死亡的問題與《莊子》哲學的回應》（桃園：中央大學哲學研究所碩士論文，1994年），〈如何面對死亡：《莊子》哲學的回應〉，頁64。

排斥與恐懼，而非爲了傳達死亡是一件多麼美好的事。

在傳統的觀念裡，髑髏不僅象徵著死亡，同時也被人們視爲不祥，所以人們總是盡量避免去接觸到這類東西，以免爲自己帶來厄運。但莊子卻毫不畏懼地拿著馬鞭敲打髑髏，甚至將髑髏當作枕頭睡覺，這表示在莊子眼中，生與死是沒有差別的，所以當他面對人人避之唯恐不及的髑髏時，便能毫無忌諱地敲打著髑髏。此外，莊子在拿著馬鞭敲打髑髏時，甚至大剌剌地向髑髏詢問死亡的原因，這和常人忌諱談論死亡的話題，也形成了鮮明的對比，這顯示莊子是把死亡視爲自然平常之事，所以在談論死亡這件事時，當然不必有任何的忌諱。至於莊子和髑髏在夢中的一段對話，莊子象徵著生，髑髏意味著死，它是一段生與死的對話。在骷髏看來，「生是一種累贅，死是一種懸解；生是一種苦役，死是一種自由；生是一種痛苦，死是一種快樂；生是如此可惡，死卻是如此誘人」。〔註 102〕所謂「人之生也，與憂俱生，壽者惛惛，久憂不死，何苦也！」〔註 103〕人打從一出生，憂慮就跟著來到，年壽越長，憂慮也就越久。死後世界的最大不同，就是可以拋開形體的負累，不必在世俗的價值觀裡浮浮沈沈，可以過著無君臣上下、無四時之苦的快樂生活。所以，髑髏非常滿意死後的生活，即便有人可以恢復它的生命，它也不肯拋棄這帝王般的快樂，而再去承受人間的勞苦。莊子雖然能夠泰然自若地面對死亡（髑髏），甚至與死亡（髑髏）同眠，但他畢竟還是活生生的人，對於髑髏「樂死」的態度，總難免出現「不信」的反應，所以才會跟髑髏談起「復生」的問題。莊子的這種反應，不代表他認爲生比死來得美好，所以才想讓髑髏回復它的生命，應該說，莊子「既不像眾生那樣樂生厭死，更不貪生怕死；也不像髑髏那樣厭生樂死，更不捨生求死。他既不遠離世俗，盲目地爲生而歡欣鼓舞；也不墮入紅塵，恐懼地爲死而悲痛感傷。他既不爲生的累贅而存厭惡之情，也不爲死的快樂而起嚮往之心」，〔註 104〕所以，他不因爲髑髏大談死亡的快樂，而興起求死的念頭，也不因種種生人之累，而對生的世界極力排斥、拒之千里。明白了這個道理，則「髑髏見夢」的故事不僅在於消解人們對死亡的恐懼，同時也在告訴人們，無論貪戀生或死，都不是正確的處世之道，唯有自然地順著生死循環的大道而行，才是對待生命的

〔註 102〕唐坤：〈略論莊子超越生死的曠達境界〉，《江漢論壇》（2004 年 12 月），頁 51。
〔註 103〕〔清〕郭慶藩：《莊子集釋》，下冊，頁 609。
〔註 104〕唐坤：〈略論莊子超越生死的曠達境界〉，頁 51。

正確之道。〔註105〕

　　莊子在〈至樂〉還有一個和髑髏有關的故事：

> 列子行食於道從，見百歲髑髏，攓蓬而指之曰：「唯予與汝知而未嘗
> 死，未嘗生也。若果養乎？予果歡乎？」〔註106〕

陳鼓應說：「列子見髑髏而有所感言，以爲人的死生當不爲憂樂所執。」〔註107〕死不一定令人憂愁，生也不一定帶來歡樂。這是因爲「任何環境都可以是不圓滿的，但是任何環境也都可以是圓滿的。透過價值的轉換與美感的昇華，現實與理想，苦境與逍遙，其實都可以是一體的。」〔註108〕所以，在「髑髏見夢」的故事中，髑髏可以逍遙於常人懼怕的死後世界，而生的世界雖然充滿各種生人之累，但莊子並不因此而厭生樂死。不管是莊子或髑髏，他們都在屬於自己的世界裡，安然地過活，這或許便是面對生死的最佳心態吧！

三、宋元君夢見神龜

　　《禮記・禮運》云：「麟、鳳、龜、龍，謂之四靈。」〔註109〕在中國古代，龜被視爲祥瑞之物，它跟龍、鳳、麟三者並稱爲「四靈」。四靈之中，龍、鳳、麟都是神話傳說中的動物，只有龜是唯一存在於眞實世界的動物。古人把龜當做一種長壽的動物，傳說能活千年。《史記・龜策列傳》謂龜：「知天之道，明於上古」、〔註110〕「明於陰陽，審於刑德。先知利害，察於禍福」；〔註111〕又云「能得名龜者，財物歸之，家必大富，至千萬」。〔註112〕由此可見，龜除了象徵「長壽」，同時也代表祥瑞和神靈。莊子曾在〈外物〉寫了一個「神龜託夢」的故事：

〔註105〕郭象：「舊說云莊子樂生惡死，斯說謬矣！若然，何謂齊乎？所謂齊者，生時安生，死時安死，生死之情既齊，則無爲當生而憂死耳。此莊子之旨也。」〔清〕郭慶藩：《莊子集釋》，下冊，頁619。

〔註106〕〔清〕郭慶藩：《莊子集釋》，下冊，頁623。

〔註107〕陳鼓應：《莊子今註今譯》（台北：台灣商務印書館股份有限公司，1987年），上冊，頁489。

〔註108〕劉榮賢：《莊子外雜篇研究》（台北：聯經出版事業股份有限公司，2004年），〈外雜篇中由「心」向「物」的思維發展〉，頁152。

〔註109〕〔清〕阮元校勘：《十三經注疏・禮記正義》（台北：大化書局，1989年），冊5，頁3082。

〔註110〕瀧川龜太郎：《史記會注考證》（台北：文史哲出版社，1993年），頁1309。

〔註111〕瀧川龜太郎：《史記會注考證》，頁1309。

〔註112〕瀧川龜太郎：《史記會注考證》，頁1308。

　　宋元君夜半而夢人被髮闚阿門，曰：「予自宰路之淵，予爲清江使河
　　伯之所，漁者余且得予。」元君覺，使人占之，曰：「此神龜也。」
　　君曰：「漁者有余且乎？」左右曰：「有。」君曰：「令余且會朝。」
　　明日，余且朝。君曰：「漁何得？」對曰：「且之網得白龜焉，其圓
　　五尺。」君曰：「獻若之龜。」龜至，君再欲殺之，再欲活之，心疑，
　　卜之，曰：「殺龜以卜吉。」乃刳龜，七十二鑽而无遺筴。〔註113〕

據〈龜策列傳〉記載：「神龜出於江水中，廬江郡常歲時生龜長尺二寸者二十
枚輸太卜官，太卜官因以吉日剔取其腹下甲。龜千歲乃滿尺二寸。王者發軍
行將，必鑽龜廟堂之上，以決吉凶。」〔註114〕〈外物〉中的落難神龜不僅身
長五尺，而且還是一隻世上罕見的「白龜」，這樣的特殊條件，預示著牠難以
逃脫成爲「占卜靈器」的命運。

　　在〈外物〉的「神龜託夢」故事中，神龜的智慧能夠使七十二次占卜都
靈驗，卻無法避免被漁人網獲；當牠被漁人捕獲後，雖能化爲人形，向宋元
君傳達自己被捕的消息，卻無法以自身的神力從魚籠中脫困；牠託夢於宋元
君的目的本在求生，不料反而致死。這一連串的情節發展，將神龜「神靈」
的智慧形象貶抑到了極點。「而宋元君雖從余且之手得神龜，卻在『再欲殺之，
再欲活之』的矛盾中受限於占卜之術，雖得神龜之靈占七十二鑽無遺策，然
卻可由此得知宋氏的見地限於有形的占卜之器，而無法通達於無形之『道』」。
〔註115〕在故事後面，莊子託言於孔子：

　　仲尼曰：「神龜能見夢於元君，而不能避余且之網；知能七十二鑽而
　　无遺筴，不能避刳腸之患。如是，則知有所困，神有所不及也。雖
　　有至知，萬人謀之。魚不畏網而畏鵜鶘。去小知而大知明，去善而
　　自善矣。嬰兒生无石師而能言，與能言者處也。」〔註116〕

王夫之《莊子解》曰：

　　此申上知矜之旨。神龜亦非矜其知，但載知而不愼於躊躇耳。天下之
　　相謀者無窮，魚困其知於鵜鶘，而知自迷於網罟，有所載者自有所不
　　及也。夫所謂知者，皆有所師而得之者也。發冢之珠，載之不舍，而

〔註113〕〔清〕郭慶藩：《莊子集釋》，下冊，頁933～934。
〔註114〕瀧川龜太郎：《史記會注考證》，頁1308。
〔註115〕鍾雲鶯：〈《莊子》之「夢」探析〉，《鵝湖月刊》第23卷第5期（1997年11
　　　　月），頁46。
〔註116〕〔清〕郭慶藩：《莊子集釋》，下冊，頁934。

知成乎心矣。至人師天而不得師天，況一先生之言乎？又況一己之成
心乎？人言亦言而能言，亦成功於每之效也。故嬰兒不矜其言，雖言
而忘其所自言。無知之智，無所載，無可矜，而大智明矣。〔註117〕

神龜雖有神力求助於宋元君，最終卻無法避免殺身之患；宋元君雖始有救神
龜之心，最終仍無法超越占卜之術。所以，莊子才會有「知有所困，神有所
不及」的立論。在莊子看來，一般人所尊崇的「神知」只是「小知」，而「大
知」則是「自然之知」。人之有「知」，應如嬰兒學語般的出於自然，就像成
玄英所云：「夫神智，不足恃也。是故至人之處世，忘形神智慮，與枯木同其
不華，將死灰均其寂泊，任物冥於造化。」〔註118〕莊子認為，當人們能「去
知」、「去善」時，「大知」自然就會彰顯出來。「這種無智即是大智，與無用
即是大用的思想是同出一轍的」。〔註119〕試想，如果神龜沒有每卜必驗的大
用，牠又怎會遭受剖腸而死的下場呢？

　　《史記·龜策列傳》記錄了宋元王夢見神龜的事情。〈龜策列傳〉中的「宋
元王」和〈外物〉中的「宋元君」是否為同一人，這個問題我們暫不討論；但
〈龜策列傳〉和〈外物〉的「神龜託夢」故事，在情節發展上幾乎一模一樣，
因此，在討論時或可互相參看。例如，〈外物〉在描述宋元君得神龜之後，只用
了「龜至，君再欲殺之，再欲活之，心疑，卜之，曰：『殺龜以卜吉。』乃剖龜，
七十二鑽而無遺筴」這幾句話帶過，對於宋元君為何「再欲殺之，再欲活之」
的原因，並未清楚交代。而〈龜策列傳〉則透過宋元王與衛平的對話，記錄元
王從一開始想放走神龜，到最後卻聽信衛平之言而殺了神龜的緣由。我們可以
從元王與衛平的對話發現，元王最初之所以想放走神龜，那是因為他覺得：

　　龜甚神靈，降于上天，陷於深淵，在患難中。以我為賢，德厚而忠
　　信，故來告寡人。寡人若不遣也，是漁者也。漁者利其肉，寡人貪
　　其力。下為不仁，上為無德，君臣無禮，何從有福？〔註120〕

同時，他也認為「殺神龜」這種兇暴蠻橫的行為，很可能為國家帶來災禍。
但臣子衛平卻不這麼認為，他認為神龜是上天賜與的寶物，如果因為仁義之
心而放了神龜，反而會遭受天的懲罰：

〔註117〕〔清〕王夫之：《莊子解》，頁242。
〔註118〕〔清〕郭慶藩：《莊子集釋》，下冊，頁934。
〔註119〕傅正谷：《中國夢文化》，〈中國古代夢理論的代表者〉，頁28。
〔註120〕瀧川龜太郎：《史記會注考證》，頁1310。

> 今龜，大寶也。爲聖人使，傳之賢士。不用手足，雷電將之，風雨
> 送之，流水行之，侯王有德，乃得當之。今王有德，而當此寶，恐
> 不敢受，王若遣之，宋必有咎。後雖悔之，亦無及已。〔註121〕

衛平告訴元王，如果把神龜放走，宋國必定會有災禍，那是因爲：

> 盛德不報。重寄不歸。天與不受，天奪之寶。今龜周流天下，還復
> 其所。上至蒼天，下薄泥塗。還徧九州，未嘗愧辱。無所稽留。今
> 至泉陽，漁者辱而囚之。王雖遣之，江河必怒，務求報仇，自以爲
> 侵，因神與謀，淫雨不霽，水不可治。若爲枯旱，風而揚埃，蝗蟲
> 暴生，百姓失時。〔註122〕

〈龜策列傳〉中的這段君臣對話，雖然不一定是〈外物〉中宋元君「再欲殺
之，再欲活之」的眞正原因，但對我們揣測宋元君當時的心理狀態，無疑是
有幫助的。

在〈外物〉中，莊子最後託言於孔子，告訴人們「知有所困，神有所不
及」的道理。而〈龜策列傳〉也針對神龜的遭遇提出見解：

> 故云神至能見夢於元王，而不能自出漁者之籠，身能十言盡當，不
> 能通使於河，還報於江。賢能令人戰勝攻取，不能自解於刀鋒，免
> 剝剌之患。聖能先知亟見，而不能令衛平無言。言事百全，至身而
> 孿。當時不利，又焉事賢。賢者有恆常。士有適然。是故明有所不
> 見，聽有所不聞。……人有所貴，亦有所不如。何可而適乎？物安
> 可全乎？天尚不全，故世爲屋，不成三瓦而陳之，以應之天。天下
> 有階，物不全乃生也。〔註123〕

神龜雖有大到能託夢於元王的神靈，卻不能靠自己的力量逃出漁籠；能夠每
言必靈，卻不能通使於黃河，還報長江；本領大到讓別人戰必勝攻必取，卻
不能使自己避開刀鋒，免除被宰剝的災難；聰明到能夠預知未來，看出禍福，
卻不能讓衛平不向宋元王說出不利於己的那番話。所謂「明有所不見，聽有
所不聞」，人有貴於他人之處，自然也有不如人的地方，天下萬物都是因爲有
所不全才得以生存於世間，所以，實在沒有必要「責人於全」。〔註124〕在〈龜

〔註121〕瀧川龜太郎：《史記會注考證》，頁 1312。
〔註122〕瀧川龜太郎：《史記會注考證》，頁 1310。
〔註123〕瀧川龜太郎：《史記會注考證》，頁 1312～1313。
〔註124〕瀧川龜太郎：《史記會注考證》，頁 1312。

策列傳〉中，作者最後導出「天下有階，物不全乃生」的結論；而〈外物〉則以「去小知而大知明，去善而自善矣」來化解「知有所困，神有所不及」的困境。雖然兩者的結論略有不同，但它們都由神龜事件而感悟萬事萬物的侷限性，這對那些成天追求事物盡善盡美的人來說，可謂一記當頭棒喝。

四、鄭人緩託夢其父

《禮記・祭法》中說：「人死曰鬼。」〔註125〕古代傳說認為，人死後靈魂會變為鬼，鬼魂可以通過託夢、顯靈等形式，向人們宣示預言、提出警告或給予指示。因為鬼魂信仰的存在，所以文學作品中經常可見鬼魂託夢的故事。如《竇娥冤》中含屈而死的竇娥，便是藉著託夢其父竇天章，才把楚州太守、張驢兒、賽盧醫等人繩之以法，讓自己的冤情得到平反。又如《左傳》記載，魏顆因父死而嫁父之妾，後來，魏顆率兵和秦國打戰，正在難分難解之際，因為有一個老人用草編的繩子將秦軍的戰馬絆倒，才使得魏顆大獲全勝。夜裡，老人託夢給魏顆，聲稱自己是那位再嫁妾的父親，為了感謝魏顆沒讓女兒陪葬，所以特地結草報恩。

莊了在〈列禦寇〉也寫了一個鬼魂託夢的故事。故事敘述鄭國有個名叫緩的人，在裘氏這個地方求學。過了三年，緩成了儒者，恩澤推及三族，並資助弟弟翟去學墨學。自此，兄弟兩人經常因為儒墨的諸多不同論點而互相辯論。在辯論中，緩的父親總是站在翟那邊，聲援墨家的看法。就這樣爭爭辯辯地鬧了十年，後來，緩因故自殺死了，但他的父親卻很少到他的墳上去看看。有一天晚上，緩託夢給他的父親：

> 使而子為墨者予也。闔胡嘗視其良，既為秋柏之實矣？〔註126〕

郭象注：

> 緩怨其父之助弟，故感激自殺，死而見夢，謂己既能自化為儒，又化弟令墨，弟由己化而不能順己，己以良師而便怨死，精誠之至，故為秋柏之實。〔註127〕

〔註125〕〔清〕阮元校勘：《十三經注疏・禮記正義》，冊5，頁3444。
〔註126〕〔清〕郭慶藩：《莊子集釋》，下冊，頁1042。
〔註127〕〔清〕郭慶藩：《莊子集釋》，下冊，頁1043。依郭象之說，「良」為良師之義；而成玄英則指出「良」有二義，一為賢良之師，一為冢。筆者以為，「良」字究竟該作何解，俞樾的說法頗為合理：「《釋文》曰，良者良人，謂緩也。此與下句之義不屬。又云，良或作埌，冢也。此說近之。」

緩認為翟能成為墨者，是由於自己的資助，但翟成為墨者之後，不但不感念他，反而回頭攻擊他；在儒墨相辯時，父親也選擇幫助弟弟，而沒有站在自己這邊。因為這樣的激憤，緩選擇了自殺。但緩在自殺之後，仍然心有不甘，於是託夢其父，向父親表達心中的怨恨。就像莊子可以在夢中與髑髏對話，已死的緩，也透過託夢的形式，向父親訴說冤情，抒發雖死猶恨的心情。在此，夢成為溝通陰陽兩界的橋樑，藉由夢的形式，生人與死人可以不再完全對立，他們可以在夢中互相對話，不再受限於陰陽兩界的分隔。

　　莊子在敘述完「鄭人緩託夢其父」的故事之後，接著說道：

> 夫造物者之報人也，不報其人而報其人之天。彼故使彼。夫人以己為有以異於人以賤其親，齊人之井飲者相捽也。故曰今之世皆緩也。自是，有德者以不知也，而況有道者乎！古者謂之遁天之刑。聖人安其所安，不安其所不安；眾人安其所不安，不安其所安。〔註128〕

成玄英疏「造物者之報人也，不報其人而報其人之天」：

> 夫物之智能，稟乎造化，非由從師而學成也。故假於學習，輔道自然，報其天性，不報人功也。是知翟有墨性，不從緩得。緩言我教，不亦謬乎？〔註129〕

如果沒有緩的資助，翟或許就沒有機會成為墨者；可是，如果緩認為是他的資助，才造就了弟弟在墨家的地位，那就不對了。因為人的個性、才華是天所賦予，不是任何人可以改變的，所謂「彼故使彼」，若不是因為翟具有墨性，就算他再怎麼學習，也無法成為墨者。但緩卻自以為是，即便自己死了，仍不忘託夢其父以邀功，無法體會「造物者之報人也，不報其人而報其人之天」的道理。

　　劉榮賢認為，此一寓言「在於將儒家的所謂『學習』，導入道家的『成性』觀念之中」。〔註130〕在道家思想中，「順應自然」一直是他們所強調的。由於人的天性各有不同，所以，縱使是學習，也須依於其本來之性，否則就是違反自然。然而，一般人總是違反本性去追逐外物，這種行為不僅違背自然，也對人性造成莫大戕害，難怪莊子要以「聖人安其所安，不安其所不安；眾

〔註128〕〔清〕郭慶藩：《莊子集釋》，下冊，頁 1043～1045。

〔註129〕〔清〕郭慶藩：《莊子集釋》，下冊，頁 1043～1044。

〔註130〕劉榮賢：《莊子外雜篇研究》，〈《莊子》外雜篇材料之討論——雜篇部分〉，頁461。

人安其所不安，不安其所安」提醒世人，希望人們能任物自然，不要違反物性來順從自己。此外，鄭杰文還指出，這則故事應是以「墨由儒出」和「儒墨相爭」的社會現實爲基礎而衍生出來：

> 故事中說鄭人緩「使其弟墨」，載緩對其父曰「使而子爲墨者予也」，聯繫《淮南子・要略》載墨翟先「學儒者之業，受孔子之術」而後創立墨學的記述看，此故事當有某些社會現實爲背景，不當爲憑空編造的寓言故事。〔註131〕

莊子曾在〈齊物論〉獨舉「儒墨之是非」〔註132〕作爲諸子爭辯的例證，它不僅在客觀上反映當時社會思想現實，同時也說明當時「儒墨相辯」的激烈。在〈列禦寇〉中，莊子雖以緩翟相爭的故事，勸誡人們任物自然，但從中也反映了儒墨兩家的對立。由此看來，「莊周學派不但在論說中舉『儒墨對辯』爲例，還把『儒墨對爭不休』衍化出的傳說故事作爲例證來說理」。〔註133〕

第四節　其　他

　　本節主要討論《莊子》書中以「夢」之名來行人事，及進行諷刺的兩則故事——「周文王藉夢以舉臧丈人」、「師金以夢魘論孔子欲行古法」，企圖挖掘其中隱含的深層義蘊。

一、周文王藉夢以舉臧丈人

　　在古代，由於人們對千奇百怪的夢象難以做出正確解釋，因此，便常常將各種夢象和人的吉凶禍福、生老病死，甚至國家興衰安危聯繫在一起。在這種情況下，便產生了夢兆迷信。另一方面，由於夢是一種個人體驗，它的真實與否並無法獲得檢驗，所以，部分有心人士便利用人們對夢兆的迷信，刻意編造假夢以行人事，讓夢成爲他們達成目的的工具。如《左傳》就有一

〔註131〕鄭杰文：〈《莊子》論墨與戰國中後期墨學的流傳〉，《齊魯學刊》第 5 期（2004年），頁 17。

〔註132〕「夫言非吹也，言者有言，其所言者特未定也。果有言邪？其未嘗有言邪？其以爲異於鷇音，亦有辯乎，其無辯乎？道惡乎隱而有真僞？言惡乎隱而有是非？道惡乎往而不存？言惡乎存而不可？道隱於小成，言隱於榮華。故有儒墨之是非，以是其所非而非其所是。欲是其所非而非其所是，則莫若以明。」〔清〕郭慶藩：《莊子集釋》，上冊，頁 63。

〔註133〕鄭杰文：〈《莊子》論墨與戰國中後期墨學的流傳〉，頁 17。

段「託夢兆以行人事」的記載：

> 初，晉獻公欲以驪姬爲夫人，卜之，不吉；筮之，吉。公曰：「從筮。」
> 卜人曰：「筮短龜長，不如從長。……」弗聽，立之。生奚齊，其娣
> 生卓子。及將立奚齊，既與中大夫成謀，姬謂太子曰：「君夢齊姜，
> 必速祭之！」太子祭于曲沃，歸胙于公。公田，姬寘諸宮六日。公
> 至，毒而獻之。公祭之地，地墳。與犬，犬斃。與小臣，小臣亦斃。
> 姬泣曰：「賊由太子。」太子奔新城。……十二月戊申，縊于新城。
> 〔註 134〕

驪姬被立爲夫人後，爲了使自己的兒子奚齊當上太子，便與中大夫策劃謀害太子申生。她先假託夢兆讓申生去祭祀齊姜，接著又藉機在祭肉下毒，然後再獻給晉獻公，好讓獻公誤以爲申生想謀害他。最後，申生爲了讓父親安享晚年，便不爲自己申辯，而自縊於新城。在故事中，驪姬利用「君夢齊姜」的藉口，成功加害可能阻礙奚齊當太子的申生，在驪姬手中，夢成爲她達成目的的工具。〔註 135〕這種藉夢兆以行人事的例子，在《莊子・田子方》也得到發揮。

　　莊子在〈田子方〉創造了一個周文王編造假夢以舉用臧丈人的故事。這個故事鎔鑄了姜太公垂釣〔註 136〕與殷高宗夢傅說的傳說，〔註 137〕並加上功成身退的理想政治典範而成：

> 文王觀於臧，見一丈夫釣，而其釣莫釣；非持其釣有釣者也，常釣
> 也。文王欲舉而授之政，而恐大臣父兄之弗安也；欲終而釋之，而

〔註 134〕竹添光鴻：《左傳會箋》（台北：天工書局，1998 年），頁 343～344。

〔註 135〕竹添光鴻：「古人夢見人鬼，必享食之。故驪姬設此誣姦耳。」竹添光鴻：《左傳會箋》，頁 343。

〔註 136〕《史記・齊太公世家》記載：「太公望呂尚者，東海上人。……本姓姜氏，從其封姓，故曰呂尚。呂尚蓋嘗窮困，年老矣，以漁釣奸周西伯。西伯將出獵，卜之，曰：『所獲非龍非彲，非虎非羆；所獲霸王之輔。』於是周西伯獵，果遇太公於渭之陽，與語大說，曰：『自吾先君太公曰當有聖人適周，周以興。子眞是邪？吾太公望子久矣。』故號之曰『太公望』，載與俱歸，立爲師。」瀧川龜太郎：《史記會注考證》，頁 535。

〔註 137〕《史記・殷本紀》記載：「帝武丁即位，思復興殷，而未得其佐。三年不言，政事決定於冢宰，以觀國風。武丁夜夢得聖人，名曰說。以夢所見視羣臣百吏，皆非也。於是迺使百工營求之野，得說於傅險中。是時說爲胥靡，築於傅險。見於武丁，武丁曰是也。得而與之語，果聖人，舉以爲相，殷國大治。故遂以傅險姓之，號曰傅說。」瀧川龜太郎：《史記會注考證》，頁 54。

不忍百姓之无天也。於是旦而屬之大夫曰：「昔者寡人夢見良人，黑色而髯，乘駁馬而偏朱蹄，號曰：『寓而政於臧丈人，庶幾乎民有瘳乎！』」諸大夫蹙然曰：「先君王也。」文王曰：「然則卜之。」諸大夫曰：「先君之命，王其无它，又何卜焉！」遂迎臧丈人而授之政。典法无更，偏令无出。三年，文王觀於國，則列士壞植散群，長官者不成德，斔斛不敢入於四竟。……文王於是焉以爲大師，北面而問曰：「政可以及天下乎？」臧丈人昧然而不應，泛然而辭，朝令而夜遁，終身无聞。〔註138〕

故事敘述文王想將國政交託給賢者臧丈人，但又怕身邊的大臣、父兄不安，於是假託夢意，順利任命臧丈人爲國師。而臧丈人在國中大治之後，便悄然隱退，終身無聞。莊子描述臧丈人執政的情況：

典法无更，偏令无出。三年，文王觀於國，則列士壞植散群，長官者不成德，斔斛不敢入於四竟。列士壞植散群，則尚同也；長官者不成德，則同務也；斔斛不敢入於四竟，則諸侯无二心也。〔註139〕

在臧丈人治理下，「君臣履道，無可箴規，散卻列士之爵，打破諫書之館，上下咸亨，長官不顯其德，遐邇同軌，度量不入四境。」〔註140〕（成玄英疏）只是，要達到這樣的理想政治，卻還得依靠周文王編造一個假夢，才得以讓臧丈人這樣的賢者出仕，這是什麼原因呢？莊子藉顏淵和孔子之口，說明爲政者「以合眾情」的治國之道：

顏淵問於仲尼曰：「文王其猶未邪？又何以夢爲乎？」仲尼曰：「默，汝无言！夫文王盡之也，而又何論刺焉！彼直以循斯須也。」〔註141〕

郭象注：「斯須者，百姓之情，當悟未悟之頃，故文王循而發之，以合其大情。」〔註142〕成玄英疏：「斯須猶須臾也。循，順也。……彼直隨任物性，順蒼生之望，欲悟未悟之頃，進退須臾之間，故託夢以發其性耳。」〔註143〕顏淵認爲，以文王的道德難道還不能使人信服嗎？爲什麼還得假託作夢而去請臧丈人呢？孔子認爲文王只是順著人情來治國，沒有什麼好譏刺的。如果文王沒有假藉先

〔註138〕〔清〕郭慶藩：《莊子集釋》，下冊，頁720～723。
〔註139〕〔清〕郭慶藩：《莊子集釋》，下冊，頁722。
〔註140〕〔清〕郭慶藩：《莊子集釋》，下冊，頁722。
〔註141〕〔清〕郭慶藩：《莊子集釋》，下冊，頁723。
〔註142〕〔清〕郭慶藩：《莊子集釋》，下冊，頁723。
〔註143〕〔清〕郭慶藩：《莊子集釋》，下冊，頁723。

君託夢顯靈，讓大臣們同意舉用臧丈人，很可能臧丈人在推行政策時，就會受到其它臣子的排擠；可是當大家都決定讓臧丈人出仕時，臧丈人便成為「眾望所歸」的焦點，在推行政策時當然較能獲得支持。「這則夢寓言說明，為了某種政治的需要，本來無夢，人們也可以編造，雖明知其為欺騙，也認為是順情合理的；又由於古人迷信神鬼，故雖假造之夢，亦具有法定的、無可懷疑的權威性，甚至無須卜筮就可作出決定，可見在古代夢與鬼神從來就是緊密聯繫在一起的，夢一旦成為神鬼顯靈的一種形式，就會具有無限的神力」。〔註 144〕

又心理學家榮格曾指出，某些表現在古代神話、部落傳說和原始藝術中的意象，會反覆地出現在許多不同的文明民族和野蠻部落中，如許多民族的遠古神話中都有力大無比的巨人或英雄，半人半獸的怪物及帶來災難的美女，在宗教和原始藝術中常常有以花朵、十字、車輪等圖形所象徵的意象，在這些共同的原始意象背後，揭示了人類共同的、普遍一致的深層潛意識心理結構，此即所謂的集體潛意識。〔註 145〕若依此說，則莊子創造周文王編造假夢以舉用臧丈人的故事，就像《史記‧殷本紀》記載殷高宗夢傅說的傳說，及《帝王世紀》記載黃帝夢見大風吹天下的塵垢而舉用風后，夢見力士執大弓牧羊羣而舉用力牧等夢的故事，在這類夢的故事中，明顯可見執政者強烈的求賢才意識，此或可謂人類「求賢」潛意識的一種表現。

對於〈田子方〉這則故事，王夫之《莊子解》有一段精彩的論述：

夫物豈有可循以治之者哉？循吾之所謂當者，是故吾耳，非大常以應變者也。循物之當者，是求之於唐肆也，交臂而已失之者也。故善循者，亦循其斯須而已。斯須者，物方生之機，而吾以方生之念動之，足以成其事而已足矣。故使文王取臧丈人，晉臣民而諄諄告之，諫之若子而必拒，道之若父而必玩；託於夢，徵於鬼，人固前無此心，而後無可忖，翕然從之，而拒玩之情消於無情，故曰盡也。且夫臧丈人之治，亦循斯須而已。人可羣則羣之，不樹君子以拒小人；德可成則成之，不私仁義以立功名；因物情之平而適用，不規規於黃鐘之度量以為庾斛。其為道也，可行而不可言，可暫而不可執，乃以該羣言而久道以成化。文王欲以為師，則猶丈人之故吾也；

〔註 144〕傅正谷：《中國夢文化》，〈中國古代夢理論的代表者〉，頁 27。
〔註 145〕榮格著，馮川、蘇克譯：《心理學與文學》（台北：九大文化股份有限公司，1990 年），〈譯者前言〉，頁 3。

故丈人遁去。斯須者，無可師者也。〔註146〕

在周文王藉夢以舉臧丈人的故事中，文王假託夢意以舉用臧丈人，是「循斯須」，而臧丈人執政以後，雖然「典法无更，偏令无出」，卻能夠使「列士壞植散群」、「長官不成德」、「斔斛不敢入於四竟」，這表示「爲政之道在於使人民順應自然流動的物化，而勿使人民有特定的祇嚮」。〔註147〕由此可見，臧丈人爲政三年，亦一整個是「循斯須」。然而，文王雖「循斯須」以舉用臧丈人，但在國中大治後，卻又問臧丈人：「政可以及天下乎？」臧丈人聽聞此話，昧然不應而夜遁。究其因，正如王夫之所言：「斯須者，無可師者也。」執政者順著人心所向來治國，這一過程是依順「自然」的過程，它不僅是「自然無爲」的行爲，同時也是自然不可見的。所以，當文王拜臧丈人爲師，並向他問及「循斯須」的政術時，臧丈人自然無以爲應。而臧丈人之所以夜遁而終身無聞，正如郭象所云：「爲功者非己，故功成而身不得不退，事遂而名不得不去，名去身退，乃可以及天下也。」〔註148〕當爲政的標的都不再存在時，自然無爲的治道也就推至極致，此臧丈人所以夜遁而終身無聞也。

二、師金以夢魘論孔子欲行古法

　　《莊子・天運》有一則以夢魘論孔子欲行古法的故事。故事開頭，是以孔子周游列國的故事作爲引子。孔子是春秋時代魯國人，他原本想在魯國實現自己的政治抱負，將魯國建設爲富強安樂的國家。可惜的是，他終究未能在魯國實現他的政治理想。後來，孔子帶著他的弟子周游列國。他企圖游說諸侯推行仁政德治，並積極尋求仕進機會以行道。但當時各國紛爭，政治不上軌道，孔子到處碰壁，沒有得到任用。在周游列國這段時間，孔子還遭逢許多困境，如他曾經因爲與陽虎臉面相似而被圍困于匡；〔註149〕而陳蔡之厄更讓孔子一行人斷糧絕炊，瀕臨死亡。〔註150〕但即便如此，孔子仍不放棄他

〔註146〕〔清〕王夫之：《莊子解》，頁181。
〔註147〕劉榮賢：《莊子外雜篇研究》，〈《莊子》外雜篇材料之討論　一外篇部分〉，頁404。
〔註148〕〔清〕郭慶藩：《莊子集釋》，下冊，頁723。
〔註149〕《史記・孔子世家》記載：「（孔子）去衛，將適陳，過匡，顏刻爲僕，以其策指之曰：『昔吾入此，由彼缺也。』匡人聞之，以爲魯之陽虎。陽虎嘗暴匡人，匡人於是遂止孔子。孔子狀類陽虎，拘焉五日。」瀧川龜太郎：《史記會注考證》，頁733～734。
〔註150〕《史記・孔子世家》記載：「孔子遷于蔡三歲，吳伐陳。楚救陳，軍于城父。

的理想。他從五十五歲開始周游列國，一直到六十八歲才又回到魯國，在這長達十幾年的游說生活中，他屢遭挫折卻從不放棄，雖然他的政治抱負最終未能實現，但他的人格典範卻永遠存在人們心中。只不過，孔子的這些行為和遭遇，在莊子看來，簡直就是人生的一場惡夢。因此，莊子便藉師金之口，對孔子守古之禮法而不知變通的行為展開論述：

> 孔子西游於衛。顏淵問師金曰：「以夫子之行為奚如？」師金曰：「惜乎，而夫子其窮哉！」顏淵曰：「何也？」師金曰：「夫芻狗之未陳也，盛以篋衍，巾以文繡，尸祝齊戒以將之。及其已陳也，行者踐其首脊，蘇者取而爨之而已；將復取而盛以篋衍，巾以文繡，游居寢臥其下，彼不得夢，必且數眯焉。今而夫子，亦取先王已陳芻狗，聚弟子游居寢臥其下。故伐樹於宋，削跡於衛，窮於商周，是非其夢邪？圍於陳蔡之間，七日不火食，死生相與鄰，是非其眯邪？」〔註151〕

在故事中，師金先以「芻狗」為例，述孔子守周禮而不放。所謂「夫芻狗之未陳也，盛以篋衍，巾以文繡，尸祝齊戒以將之」，「芻狗」是指草扎的狗，它是拿來供祭祀用的，用後便丟棄。芻狗在未經使用前的階段，是深為所重的，它相當於某件貴重物品，蘊涵著相應的價值功能。但在祭祀完成後，芻狗本身就不再有價值，它會被拋棄在路旁任人踐踏，甚至被當作柴火燒掉。如果有人認為這些祭拜過的東西應該珍藏，將之用竹籃子裝起來，以毛巾覆蓋，帶它回家，將之放置床下，那他就麻煩了。因為這些鬼神碰過的東西，會干擾人的清夢，使人晚上睡不好，甚至作惡夢。也就是說，如果在祭祀完後，還有人將草扎之狗細心珍藏，那麼，即使不招來惡夢，也會為神魔所嚇。此即郭象所云：「廢棄之物，於時無用，則更致他妖也。」〔註152〕孔子針對當時周文疲弊、禮崩樂壞的世界，提出一套恢復周文的治世理想，並企圖說服各國遵行，這些行為在莊子看來，就像是珍藏祭祀後的芻狗，勢必會招來惡

聞孔子在陳蔡之間，楚使人聘孔子。孔子將往拜禮，陳蔡大夫謀曰：『孔子賢者，所刺譏皆中諸侯之疾。今者久留陳蔡之間，諸大夫所設行皆非仲尼之意。今楚，大國也，來聘孔子。孔子用於楚，則陳蔡用事大夫危矣。』於是乃相與發徒役圍孔子於野。不得行，絕糧。從者病，莫能興。」瀧川龜太郎：《史記會注考證》，頁739。

〔註151〕〔清〕郭慶藩：《莊子集釋》，上冊，頁511～512。
〔註152〕〔清〕郭慶藩：《莊子集釋》，上冊，頁512。

夢。所以，孔子才會在周遊列國期間，在宋國遭到「伐樹」的禍殃，在衛國
受到「削迹」的恥辱，在商周困窮，在陳蔡之間七日不得生火煮飯，面臨死
亡的極大威脅。〔註153〕換句話說，孔子之所以遭受到這些困境，正因爲他做
著不合時宜的迷夢，所以才遭致不祥的夢魘。

　　除了芻狗之外，故事中還以舟車、桔槔、柤棃、猨狙、妍醜等五個譬喻，
說明禮義法度應「應時而變」的道理：

　　　夫水行莫如用舟，而陸行莫如用車。以舟之可行於水也而求推之於
　　　陸，則沒世不行尋常。古今非水陸與？周魯非舟車與？今蘄行周於
　　　魯，是猶推舟於陸也，勞而无功，身必有殃。彼未知夫无方之傳，應
　　　物而不窮者也。且子獨不見夫桔槔者乎？引之則俯，舍之則仰。彼，
　　　人之所引，非引人也，故俯仰而不得罪於人。故夫三皇五帝之禮義法
　　　度，不矜於同而矜於治。故譬三皇五帝之禮義法度，其猶柤棃橘柚邪！
　　　其味相反而皆可於口。故禮義法度者，應時而變者也。今取猨狙而衣
　　　以周公之服，彼必齕齧挽裂，盡去而後慊。觀古今之異，猶猨狙之異
　　　乎周公也。故西施病心而矉其里。其里之醜人見之而美之，歸亦捧心
　　　而矉其里。其里之富人見之，堅閉門而不出，貧人見之，挈妻子而去
　　　走。彼知矉美而不知矉之所以美。惜乎，而夫子其窮哉！〔註154〕

「舟車之喻」告訴人們，就像在水上旅行與陸地旅行時，必須使用不同的交
通工具一樣；面對周朝與魯國迥異的政治環境與社會結構，也應該使用不同
的策略及方法來治理。它還提到，這世上有一種「无方之傳」的學說，其主
旨在於心中沒有定見，一切的決策方案，都按其真實情況，根據客觀環境的
轉變去進行適當的調整。它表面上看起來是空無一物，但實際上，在任何情
況下它都能應付自如。此即郭象所云：「時移世異，禮亦宜變，故因物而無所
係焉，斯不勞而有功也。」〔註155〕而「桔槔之喻」則在說明，政治人物應該

〔註153〕成玄英疏：「伐樹於宋者，孔子曾遊於宋，與門人講說於大樹之下，司馬桓魋
　　　　欲殺夫子，夫子去後，桓魋惡其坐處，因伐樹焉。……夫了嘗遊於衛，衛人
　　　　疾之，故剗削其迹，不見用也。商是殷地，周是東周，孔子歷聘，曾困於此。
　　　　良由執於聖迹，故致斯弊。狼狽如是，豈非惡夢耶！」又云：「當時楚昭王聘
　　　　夫子，夫子領徒宿於陳蔡之地。蔡人見徒眾極多，謂之爲賊，故興兵圍繞，
　　　　經乎七日，糧食罄盡，無復炊爨，從者餓病，莫之能興，憂悲困苦，鄰乎死
　　　　地，豈非遭於已陳芻狗而魘耶！」〔清〕郭慶藩：《莊子集釋》，上冊，頁513。
〔註154〕〔清〕郭慶藩：《莊子集釋》，上冊，頁513～515。
〔註155〕〔清〕郭慶藩：《莊子集釋》，上冊，頁514。

像桔槔一樣（桔槔的仰起與落下不是它自己要這樣做的，它是應農人的意志而動作的），百姓要他怎麼做他就怎麼做。換句話說，政治人物只是完成百姓意志的工具，不該自作主張以加增百姓的負擔與勞役。至於「柤梨之喻」、「獳狙之喻」、「妍醜之喻」則可以合併來看。有人將三皇五帝的禮義法度，分別比喻為柤梨橘柚。這些水果的味道雖然各異，但它們的甘美可口卻是一樣的；這就如三皇五帝時的禮義法度，並不講究是否與別人相同，而在乎這套辦法能否為百姓帶來幸福，能否解決當下的問題。禮義法度本來就應該隨著客觀環境的更易而有所變化，如果不考慮客觀環境的變化，硬將某一時代的禮義法度直接套用於另一時代，這就好比勉強替猴子穿上禮服，猴子必定全身不舒服，非得將之撕去而後快；也好比醜女模仿西施皺眉捧胸，非但無法贏得別人的憐愛與關注，反而招來排斥。

傅正谷在《中國夢文化》提到：

> 以惡夢之喻來譏刺孔子周遊各國，極力推行過時的先王之道，是這則夢寓言的主旨。……在莊子看來，「禮義法度」，是「應時而變」的，時代變了，就不應照搬從前的禮義法度，否則，就會如陸地行舟，是行不通的。而孔子推行的仁義禮法，都不過是「先王之陳跡」，怎能不在變化了的時代中到處碰壁，成為一場惡夢呢？〔註156〕

莊子曾將人生比喻為一場大夢，把看不透人生的人稱為不覺的愚者，能看透人生的則稱為大覺的聖人。〔註157〕在〈天運〉這則故事中，孔子執守先王的禮義法度而不知變通，這種行為就如同置身於人生的大夢中而不自知。且從孔子的生平遭遇來看，他在這場人生的大夢中，儘管接連作了伐樹於宋、削跡於衛、窮於商周等惡夢，卻仍然高倡先王的禮義法度，一點都沒有被這些人生惡夢驚醒，難怪莊子要藉師金之口來數落孔子的不是。

綜合上述各節可知，莊子在論夢的過程中，如「其寐也魂交，其覺也形開」、「方其夢也，不知其夢也」等語，雖亦涉及對夢的生理層次認知，但事實上，那些由「夢」所衍生出來的生命理境，才是莊子真正要傳達給人們知

〔註156〕傅正谷：《中國夢文化》，〈中國古代夢理論的代表者〉，頁25。

〔註157〕《莊子·齊物論》：「夢飲酒者，旦而哭泣；夢哭泣者，旦而田獵。方其夢也，不知其夢也。夢之中又占其夢焉，覺而後知其夢也。且有大覺而後知此其大夢也，而愚者自以為覺，竊竊然知之。君乎，牧乎，固哉！丘也與女，皆夢也；予謂女夢，亦夢也。是其言也，其名為弔詭。萬世之後而一遇大聖，知其解者，是旦暮遇之也。」〔清〕郭慶藩：《莊子集釋》，上冊，頁104～105。

道的。

張廣保曾在〈原始道家道論的展開——道家形而上的夢論與生死論〉中指出：

> 人為什麼會作夢？夢在人之生命中的真實意義是什麼？對此，人們既可以從生理學、心理學的角度提出科學的解釋，也可以像古人那樣將夢看成是現實世界的徵兆，從而建立起五花八門的占夢學。然而，道家對夢的關照與上述兩者均有所不同。他們從哲學本體論的高度對夢作思考，從而提出一種獨特的、形而上的夢論。此種夢論乃是圍繞著人生的超越主題即證道、體道而建立的，是其根本道論的一部分。〔註158〕

「夢」的思想雖然不是《莊子》思想中最被凸顯的主題，但透過上述各節的討論，我們發現莊子非常巧妙地將「夢」與人生的虛實、智愚、生死……等聯繫在一起，並藉此提醒人們去反省、提昇自己的生命，期待人們能突破生命的種種侷限、迷惘與偏執，由此可知，「夢」確為莊子體道、證道的重要工具，而這些圍繞著「夢」而展開的人生思考，亦與其道論相貫通，成為莊子道論的其中一環。

〔註158〕張廣保：〈原始道家道論的展開——道家形而上的夢論與生死論〉，《中國哲學史》第3期（2002年），頁96。

第五章 《列子》與《莊子》論夢之比較

　　本章將在此論文的第三章〈《列子》論夢〉與第四章〈《莊子》論夢〉的研究基礎下，嘗試比較《列子》與《莊子》書中所出現的夢理論與夢寓言，期待瞭解兩者對「夢」的認識究竟有何異同，並欲探究這些和夢相關的文字內容，在敘述特徵方面的異同。文章概分為以下幾節：第一節以「夢的產生」為題，主要比較《列子》與《莊子》書中涉及夢的產生因素之文字內容；第二節則在比較《列子》與《莊子》針對夢覺問題所提出的看法；第三節主要探討《列子》與《莊子》書中的夢理論或夢寓言，在敘述特徵方面的異同；第四節則針對全文作一總結。

第一節　夢的產生

一、神遊與魂交

　　《列子》把人的夢看成是神遊。在《列子·黃帝篇》有一個「黃帝夢遊華胥」的故事，其中寫道：「不知斯齊國幾千萬里，蓋非舟車足力之所及，神游而已。」〔註1〕而〈周穆王篇〉亦寫道：「吾與王神遊也，形奚動哉？」〔註2〕《列子》認為，夢者在作夢時形體僵臥，但卻能感知另一個世界，那麼，人在形體之外，應該有區別於形體的「神」存在。然而，如果人只是神遊而無夢中事物，那還不足以構成夢，唯有在與夢中事物交遇後，才能進一步構成夢的世界。所

〔註1〕楊伯峻：《列子集釋》（台北：華正書局，1987年），頁41。
〔註2〕楊伯峻：《列子集釋》，頁94。

以在「神遊」之外，《列子》還進一步提出「神遇」的概念，此即〈周穆王篇〉所云：「神遇爲夢，形接爲事。」〔註3〕此外，在「神遊」和「神遇」的基礎之上，《列子》還提出了「神凝」的觀點。〈周穆王篇〉云：「神凝者想夢自消。」〔註4〕「神凝」是相對於「神遊」和「神遇」而言，它指出人不一定要作夢，而順此所引出的即爲著名的「眞人無夢」理論。〔註5〕

　　相對於《列子》從「神遊」到「神遇」再到「神凝」的系統化理論，莊子則提出了「魂交」的觀念。《莊子・齊物論》云：「其寐也魂交。」〔註6〕所謂「其寐也魂交」意指夢是由人在睡眠中的神魂交合而成，它承續古代的夢魂觀念，認爲夢來自作夢者內在的靈魂。「魂交」與「神遊」的概念非常相似，它們都認爲夢是人在睡眠時的一種精神活動，但嚴格來說，「神遊」中「遊」的概念，要比「魂交」的「交」來的傳神，因爲夢給人的感受正如同在進行一場遊歷。

　　此外，〈周穆王篇〉云：「神遇爲夢，形接爲事。」由此可見，《列子》的「神遊」觀念，是建立在形、神相對的理念上，其云：「覺有八徵，夢有六候。」「八徵」是指人在醒覺狀態時，「形」與外界接觸所產生的結果；「六候」是指人在作夢時，「神」與外界接觸所產生的結果。這種「夢覺相對」的論述方式，指明對夢的研究離不開覺的認知，這比起《周禮》單純敘述「夢有六候」，而忽略和夢相依而存的「覺」的概念，當然是比較進步的。不過，「八徵」和「六候」的提出還未能達到一一對照的關係，則是其不足之處。而莊子在〈齊物論〉寫道：「其寐也魂交，其覺也形開。」〔註7〕「魂交」是睡眠時的精神狀態，「形開」是醒覺時的形體狀態（向外界開放）。這裡雖然也有覺寐相對的概念，但《列子》的「神遇」與「形接」兩個概念，一個是指「神」和外界接觸，一個是指「形」和外界接觸，其兩兩相對的意義非常明顯。而莊子的「魂交」與「形開」兩個概念中，「魂交」意指魂的運動，其含有主動意義，而「形開」指形體對外開放，其意義傾向被動，一主動和外界接觸，一被動等待外界交流，其不僅在邏輯上有問題（向外界開放只是交流的基礎，不表

〔註3〕　楊伯峻：《列子集釋》，頁103。

〔註4〕　楊伯峻：《列子集釋》，頁103。

〔註5〕　參見陳寒鳴：〈列子夢論──列子與夢的探索〉，此文於2006年11月2日發表在中華文史網 http://www.historychina.net/Search/index.jsp。

〔註6〕　〔清〕郭慶藩：《莊子集釋》（台北：萬卷樓圖書有限公司，1993年），上冊，頁51。

〔註7〕　〔清〕郭慶藩：《莊子集釋》，上冊，頁51。

示一定和外界發生關係），兩者的對立關係亦較不顯著。由此可見，在建構夢覺相對的理論方面，《列子》的論述不僅較爲細膩、準確，也讓夢覺之間的對立關係更加明朗化。

而莊子說：「其寐也魂交，其覺也形開。」這裡雖只說「形開」而未提及「形閉」，然其中已寓含「形閉」的觀念：人在清醒時肉體的各個門戶是面向外界而開放；相對而言，睡夢時肉體的各個門戶則是對外關閉的。「『形開』、『形閉』概念在這裡，很大程度上帶有比喻的性質。然而這個比喻卻不可小看，正是在這個比喻中莊子接觸到了一個很重要的問題，就是睡夢和醒覺各有不同的生理基礎。這一點，至今仍然具有它的科學性。如果我們從人類現代的認識來分析，人體的心智和各種感覺器官，應該說是人體的一個信息系統。人在清醒時，自身信息系統對外開放，而睡眠作夢時，這個信息系統便暫時對外關閉起來。」〔註 8〕至於《列子》說：「神遇爲夢，形接爲事。」其中雖未提及「形開」和「形閉」兩觀念，然「形接」必是在「形開」的狀態下，人的手足四肢和五官七竅才能和外物發生交接的關係，而「神遇」則當指「形閉」狀態下的精神活動，不和肉體產生關連。由此看來，《列子》「形接」觀念的提出，是建立在「形開」的基礎上，且從「形開」的被動意義，化爲積極主動的「形接」。

然而，《列子》書中曾提到：「藉帶而寢則夢蛇，飛鳥銜髮則夢飛。」〔註 9〕「夢蛇」、「夢飛」是由肉體的刺激及精神心理因素的「聯想作用」而生成，所以，睡夢時並非純粹只有精神在活動，來自肉體的刺激亦可能引發關連性的夢象產生。因此，作夢應不僅是「形閉」而「神遇」的結果，有時也可能包含「形接」的因素在內。但這種說法，卻和《列子》的「神遇爲夢，形接爲事」理論產生矛盾，因爲「神遇爲夢」意指夢是人在睡眠時的精神活動，不和肉體產生關係，但「藉帶而寢則夢蛇，飛鳥銜髮則夢飛」兩句則說明，夢象的產生脫離不了來自外界的肉體刺激。由此可見，《列子》的「神遇爲夢，形接爲事」之說法，或許仍有關照不足之處。

還值得一提的是，《列子》在論夢的產生原因時，曾經指出：

一體之盈虛消息，皆通於天地，應於物類。故陰氣壯，則夢涉大水

〔註 8〕 劉文英：《夢的迷信與夢的探索》（台北：曉園出版社有限公司，1993 年），〈關於夢的本質和特徵〉，頁 167～168。
〔註 9〕 楊伯峻：《列子集釋》，頁 103。

> 而恐懼；陽氣壯，則夢涉大火而燔焫。陰陽俱壯，則夢生殺。甚飽
> 則夢與，甚饑則夢取。是以以浮虛爲疾者，則夢揚；以沈實爲疾者，
> 則夢溺。藉帶而寢則夢蛇，飛鳥銜髮則夢飛。將陰夢火，將疾夢食。
> 飲酒者憂，歌儛者哭。〔註10〕

由此可見，《列子》在論夢因時，已經注意到致夢的原因是非常多樣的，它可能涉及與陰陽二氣的關係、與生理狀態的關係、與疾病的關係、與外界刺激的關係、與地理環境的關係、與人的處境的關係等等。而這種對夢因的多面性的關照與探討，則是《莊子》一書所明顯缺乏的。

二、願望的滿足

「佛洛依德認爲，夢的形成可由兩種不同方式所引起：或者是通常受壓抑本能衝動（潛意識欲望）在睡眠中達到了足以被自我感受到的強度；或者是醒時遺留的驅力在睡眠中得到了來自潛意識因素的強化。……但追根到底，受壓抑的本能衝動才眞正是夢的製造者：它爲做夢提供能量，並把醒時生活的遺念，用作做夢的材料。這樣產生出來的夢，就代表了一種衝動滿足的情境，也就是衝動願望的滿足。」〔註11〕《列子》「周穆王神遊化人之宮」的故事寫道：

> 周穆王時，西極之國有化人來，……穆王敬之若神，事之若君。推
> 路寢以居之，引三牲以進之，選女樂以娛之。化人以爲王之宮室卑
> 陋而不可處，王之廚饌腥螻而不可饗，王之嬪御膻惡而不可親。穆
> 王乃爲之改築。土木之功，赭堊之色，無遺巧焉。五府爲虛，而臺
> 始成。其高千仞，臨終南之上，號曰中天之臺。簡鄭衛之處子娥媌
> 靡曼者，施芳澤，正娥眉，設笄珥，衣阿錫，曳齊紈。粉白黛黑，
> 珮玉環。雜芷若以滿之，奏承雲、六瑩、九韶、晨露以樂之。月月
> 獻玉衣，旦旦薦玉食，化人猶不舍然，不得已而臨之。〔註12〕

化人先是以爲「王之宮室卑陋而不可處，王之廚饌腥螻而不可饗，王之嬪御膻惡而不可親」，穆王爲了討好他，便建造豪華的中天之臺，並獻上鄭衛美女

〔註10〕楊伯峻：《列子集釋》，頁 102～103。

〔註11〕熊哲宏：《心靈深處的王國：佛洛依德的精神分析學》（武漢：湖北教育出版社，1999 年），〈心靈深處〉，頁 76。

〔註12〕楊伯峻：《列子集釋》，頁 90～92。

及錦衣玉食等來討好化人，沒想到化人的反應卻是「猶不舍然，不得已而臨之」。就穆王的心態來說，他必定以爲自己提供給化人的一切，已堪稱人間最美好的生活，然而，化人對這樣的禮遇卻一點興趣都沒有，化人這樣的反應，當然讓人感到疑惑。因而筆者揣測，當化人「猶不舍然，不得已而臨之」的時候，穆王已經開始在想像一個更美好的生活，當他神遊大宮時，那個極盡豪奢的宮殿，不妨說是穆王心願的投射。否則，穆王在神遊天宮之際，就不會因爲心生比較，而覺得自己的宮殿，就像一堆土塊和柴草般渺小和醜陋了。〔註13〕另如「黃帝夢遊華胥國」的故事，黃帝曾經苦心思索治國之道卻始終不得其術，沒想到在疲倦入睡後，反而夢見理想國——「華胥國」：

> 黃帝即位……畫寢而夢，遊於華胥氏之國。華胥氏之國在弇州之西，台州之北，不知斯齊國幾千萬里；蓋非舟車足力之所及，神游而已。其國無師長，自然而已。其民無嗜慾，自然而已。不知樂生，不知惡死，故無夭殤；不知親己，不知疏物，故無愛憎；不知背逆，不知向順，故無利害；都無所愛惜，都無所畏忌。入水不溺，入火不熱。斫撻無傷痛，指摘無痟癢。乘空如履實，寢虛若處牀。雲霧不硋其視，雷霆不亂其聽，美惡不滑其心，山谷不躓其步，神行而已。〔註14〕

黃帝醒來後，根據華胥國的模式來治國，終於使得天下大治，讓這個因願望而起的華胥夢，不再只是虛幻。〔註15〕可以說，《列子》筆下的「化人之宮」與「華胥國」，都是故事主人翁心願的投射，因爲一個夢，讓穆王與黃帝的願望終能獲得滿足。

《列子》中「尹氏」與「老役夫」的夢，同樣是「願望的滿足」。在故事中，窮苦的老役夫日日辛勞，到了夜裡則夢見自己成爲一位高居人上的國君，在夢中享盡榮華富貴，快樂無比。原來在老役夫的心裡，一方面是對苦役的怨恨，

〔註13〕「王執化人之袪，騰而上者，中天迺止。暨及化人之宮。化人之宮構以金銀，絡以珠玉，出雲雨之上，而不知下之所據，望之若屯雲焉。耳目所觀聽，鼻口所納嘗，皆非人間之有。王實以爲清都、紫微、鈞天、廣樂，帝之所居。王俯而視之，其宮榭若累塊積蘇焉。王自以居數十年不思其國也。」楊伯峻：《列子集釋》，頁92～93。

〔註14〕楊伯峻：《列子集釋》，頁39～42。

〔註15〕「黃帝既寤，怡然自得，召天老、力牧、太山稽，告之，曰：『朕閒居三月，齋心服形，思有以養身治物之道，弗獲其術。疲而睡，所夢若此。今知至道不可以情求矣。朕知之矣！朕得之矣！而不能以告若矣。』又二十有八年，天下大治，幾若華胥氏之國。」楊伯峻：《列子集釋》，頁42～43。

總想有朝一日擺脫它；一方面則是對幸福的追求，希望自己有朝一日也能富貴，甚至成爲國君。這兩種感情同時並存、相輔相成，因而老役夫在白天總是怨恨苦役，到了夜晚則憧憬幸福，並見之於夢。在眞實世界裡，卑微役夫無法享受的待遇，藉由役夫的想夢獲得了實現與滿足。而尹氏雖然在現實生活中產業眾多，到了夢裡卻淪爲僕役，不僅要辛勞作役，還得挨打受罵。如果夢是願望的滿足，痛苦的情緒當然沒有進入夢中的可能。但佛洛依德也指出，在夢中所表現的焦慮不安，是由於被潛抑的願望力量太大。〔註16〕尹氏心裡也同時存在兩種因素，一是對富貴的喜悅，一是對地位的擔憂。他擔心自己如果失去富貴的地位，下場就會如同那疲憊呻吟的老役夫一樣，爲了永保富貴，尹氏在夢中「趨走作役，無不爲也；數罵杖撻，無不至也」，他以爲只要勤奮不懈就能保住自身的富貴。因此，這個不快的夢，雖使夢者感到焦慮不安，卻代表尹氏內心對富貴的渴求，並反映尹氏期盼富貴一生的願望。

　　《莊子‧齊物論》紀錄一個美麗的蝴蝶夢。在夢境中，莊子化身爲一隻蝴蝶，自由自在地飛來飛去。劉文英推測，莊子可能在白天看見飛舞的蝴蝶非常自在快樂，因而希望自己能像蝴蝶那樣自由、快樂的飛來飛去，結果在作夢的時候，自己眞的變成了蝴蝶。〔註17〕可以說，這個自適愉悅的夢，讓莊子的願望獲得了滿足。

　　從上述夢例可以發現，夢實在是一個實現願望國度。而其原因則在於，夢純粹是一種個人的體驗，它無須受制於任何規範，因此，現實世界無法完成的事情，都能在夢裡尋求滿足。在《列子》和《莊子》身上，我們都看見願望在夢的國度得到滿足，這顯示它們都意識到，在現實不如意時，夢確實可以讓心靈獲得暫時的舒緩與解脫。當然，這些由願望所引起的夢，跟白天或清醒時的經歷或事件是有連帶關係的，也就是說，這些夢境不是沒有來由的，而是有著現實的「眞實根據」的。

三、現實遭遇的延伸

　　佛洛依德曾說：「所有的夢均不會是空穴來風的。」〔註18〕從夢境的產生

〔註16〕佛洛依德著，楊韶剛譯：《佛洛依德之夢的解析》（台北：百善書房，2004年），頁163。

〔註17〕劉文英：〈莊子蝴蝶夢的新解讀〉，《文史哲》第5期（2003年1月），頁67。

〔註18〕佛洛依德著，賴其萬、符傳孝譯：《夢的解析》（台北：志文出版社，2005年7月），〈夢的材料與來源〉，頁127。

原因來看，有的夢是由夢者的願望所引起；有的夢則是夢者白天或清醒時的
經歷或事件的繼續和延伸。仔細觀察《列子》或《莊子》書中所出現的夢境
描述，由夢者的願望所引起的夢境，多能在現實生活中找到「真實根據」；而
那些延續夢者白天或清醒時的經歷或事件的夢境，雖不一定是夢者願望的實
現或滿足，卻能在某種程度上，提供夢者生命的啓示或行事的預兆，並間接
傳達作者的思想情感。

以《列子》爲例，「樵夫藏鹿」的故事寫道：

> 鄭人有薪於野者，遇駭鹿，御而擊之，斃之。恐人見之也，遽而藏
> 諸隍中，覆之以蕉。不勝其喜。俄而遺其所藏之處，遂以爲夢焉。
> 順塗而詠其事。傍人有聞者，用其言而取之。……薪者之歸，不厭
> 失鹿。其夜眞夢藏之之處，又夢得之之主。爽旦，按所夢而尋得之。

〔註19〕

樵夫因爲在白天經歷了藏鹿、失鹿的事件，到了夜裡便夢見藏鹿之所及取走
藏鹿的人。第二天早上，樵夫按照夢中的情形去尋找拿了鹿的人，竟然眞的
找到那位取走藏鹿的人。就這個故事來看，樵夫因爲不甘失鹿，而夢見取走
藏鹿之人，並尋回失鹿。如此說來，這個夢境不僅滿足樵夫想要尋回失鹿的
心願，同時也提供了一個預兆，冥冥中指示樵夫如何尋回失鹿。在「黃帝夢
遊華胥國」的故事中，黃帝「放萬機，舍宮寢，去直侍，徹鐘懸，減廚膳，
退而閒居大庭之館，齋心服形，三月不親政事」，爲的是要專心思索治國之道，
這樣的思緒蔓延到了夢中，才使他夢見了華胥國。而黃帝在醒來後，根據這
個華胥國的模式來治國，終於使得天下大治，可以說，這個華胥夢不僅滿足
了黃帝的心願，更指引黃帝如何去治理他的國家。當然，這個夢並不是沒來
由的發生，而是延續黃帝苦心思索治國之道的這個事件而發展下去的。在「穆
王神遊」的故事中，化人邀請穆王到他的宮殿遊玩，穆王在那裡享受了絕非
人間所有的美好事物。這個夢境的產生，導因於化人那「猶不舍然，不得已
而臨之」的態度，是以穆王便在夢中構築一個比中天之臺更加富麗豪華的宮
殿，以此滿足他心中的想望，然而，這個夢同時又是穆王清醒時所經歷的事
件的繼續延伸，而非空穴來風。至於「尹氏與老役夫」的故事寫道：

> 周之尹氏大治產，其下趣役者侵晨昏而弗息。有老役夫筋力竭矣，
> 而使之彌勤。畫則呻呼而即事，夜則昏憊而熟寐。精神荒散，昔昔

〔註19〕楊伯峻：《列子集釋》，頁 107。

夢爲國君。居人民之上，總一國之事。遊燕宮觀，恣意所欲，其樂
無比。……尹氏心營世事，慮鍾家業，心形俱疲，夜亦昏憊而寐。
昔昔夢爲人僕，趨走作役，無不爲也；數罵杖撻，無不至也。眠中
啽囈呻呼，徹旦息焉。〔註20〕

雖然尹氏與老役夫所作之夢，都和他們的現實遭遇有著極大的反差，但仔細
分析夢境內容，又可挖掘出尹氏與老役夫內心潛藏的欲望，換句話說，在這
個故事中，夢境情節實由現實情節所引發，即夢者不僅藉由夢境獲得願望的
滿足，夢境和現實也形成一個密不可分的事件。

　　在《莊子》書中，「莊周夢蝶」的故事不僅表現莊子渴望自由的願望，它同
時也可能是莊子於白天或清醒時所經歷的事件的繼續延伸，即莊子可能在白天
看見蝴蝶飛舞時的自適愉悅，才會因爲心生嚮往而見之於夢。然而，出現於《莊
子》書中的夢境描寫，有些夢象雖然是夢者清醒時所遭遇的事件的繼續延伸，
但從夢境內容卻無法看出夢者的願望究竟爲何。如〈人間世〉中敘述：

匠石之齊，至於曲轅，見櫟社樹。……匠石歸，櫟社見夢曰：「女將
惡乎比予哉？若將比予於文木邪？夫柤梨橘柚，果蓏之屬，實熟則
剝，剝則辱；大枝折，小枝泄。此以其能苦其生者也，故不終其天
年而中道夭，自掊擊於世俗者也。物莫不若是。且予求无所可用久
矣，幾死，乃今得之，爲予大用。使予也而有用，且得有此大也邪？
且也若與予也皆物也，奈何哉其相物也？而幾死之散人，又惡知散
木！」〔註21〕

匠石在齊國見到一棵巨大的櫟社樹，由於匠石認爲它是一棵無用的散木，所以
櫟社樹便出現在匠石夢中，向匠石說明自己因無用而自保，才有辦法活至今日。
這個故事中，匠石之所夢，雖然是他在白天時所經歷的事件的繼續延伸，但我
們卻無法從中看出匠石究竟藉由這個夢境獲得了什麼滿足，換言之，這個夢只
是作者傳達「無用之用」思想的一個工具而已。另如〈至樂〉中描述：

莊子之楚，見空髑髏，髐然有形，撽以馬捶，因而問之，……夜半，
髑髏見夢曰：「子之談者似辯士。視子所言，皆生人之累也，死則无
此矣。子欲聞死之說乎？」莊子曰：「然。」髑髏曰：「死，无君於
上，无臣於下；亦无四時之事，從然以天地爲春秋，雖南面王樂，

〔註20〕楊伯峻：《列子集釋》，頁105～106。
〔註21〕〔清〕郭慶藩：《莊子集釋》，上冊，頁170～172。

不能過也。」〔註22〕

莊子在一次前往楚國的途中，看見一個空的頭顱骨，到了夜晚，髑髏託夢給莊子，它告訴莊子：「死後所過的生活，是一種無君臣上下、無四時之苦的快樂生活，這種快樂甚至超越人世間帝王的享樂。」在故事中，莊子夜裡之所夢，雖然是他在白天時所經歷的事件的繼續延伸，但我們卻無法因此而看出莊子究竟藉由這個夢境滿足了什麼願望，因為在莊子的觀念中，他雖然不贊成貪生惡死，卻也不主張貪死惡生，而是強調順應生死循環的大道。因此，這個夢充其量也只是莊子傳達思想的一個工具而已，而不代表莊子嚮往髑髏所說的死後世界。

從上述的討論可以發現，《列子》與《莊子》書中所出現的夢境描寫，大致上都能與夢者最近的生活經驗產生關連，使得夢境情節和現實情節形成密不可分的一個事件；而夢境內容因為在某種程度上適時滿足了夢者的願望，因此，又可謂引起夢的那個潛在欲望，對於夢者而言是具有重大意義的。這和佛洛依德在討論夢的來源時曾指出，夢的內容會保持其與最近的經驗之關係，而引起夢的刺激本身必定在夢者的心理上具有重大意義，〔註23〕可以說是不謀而合的。而對於莊子的部分夢例，無法同時符合「夢的內容會保持其與最近的經驗之關係」，及「引起夢的刺激本身必定在夢者的心理上具有重大意義」等兩個條件，即透過夢的內容，無法明顯看出夢者的願望，此表示莊子有時只是藉由夢境描述來傳達其自身的思想，換言之，那個夢的內容其實間接傳達了莊子本身的願望，所以，即便那個夢的內容對於故事主人翁（即夢者）而言不具有重大意義，但對於創造夢境的作者而言，卻是具有積極意義的。

四、集體潛意識

神話學大師坎伯（Joseph Campbell）曾說：「神話是公開的夢，夢是私人的神話。」〔註24〕根據榮格的說法，夢的種類有兩種：一種是個人的夢，一種是原型的夢，也就是神話層次的夢。〔註25〕而坎伯甚至認為，就算是非常

〔註22〕〔清〕郭慶藩：《莊子集釋》，下冊，頁 617～619。

〔註23〕佛洛依德著，賴其萬、符傳孝譯：《夢的解析》，〈夢的材料與來源〉，頁 125～126。

〔註24〕喬瑟夫‧坎伯（Joseph Campbell）、莫比爾（Bill Moyers）著，朱侃如譯：《神話》（台北：立緒文化事業有限公司，1998 年），〈內在的旅程〉，頁 72。

〔註25〕蕭兵：「與佛洛依德不同，容格將『下意識』分為兩個層次：較淺表的與個人

私人的夢境，其中也包括基本的神話主題，比方說，夢見能不能通過考試並不單純是個人的問題，因為人的一生中都必須通過某些門檻，某些考驗，因此，這是一種原型的夢。〔註26〕換言之，「夢與神話都可能揭示了人類精神世界中共同的最深層的東西，即超越特定文化的普遍的原型」。〔註27〕正因為如此，所以對於夢象的解讀，便得以從精神分析層次，躍升至神話學的領域中。

在中國文學中，存在著許多原始意象，它們透過存在於創作主體身上的集體潛意識，不自覺地進入文學作品中，並不時地重複出現。根據榮格的理論，集體潛意識是精神的一部份，它與個人潛意識截然不同，因為它的存在不像後者那樣可以歸結為個人的經驗，因此不能為個人所獲得。構成個人潛意識的主要是一些我們曾經意識到，但以後由於遺忘或壓抑而從意識中消失了的內容；而集體潛意識的內容則是來自於遺傳，它的內容主要是「原型」。原型概念對集體潛意識觀念是不可缺少的，它指出了精神中各種確定形式的存在，這些形式無論在何地都普遍存在著。在神話研究中，它們被稱為母題，它不是從個人那裡發展而來，而是通過繼承與遺傳而來，是由原型這種先存的形式所構成的。原型只有通過後天途徑才有可能為意識所知，它賦予一定的精神內容以明確的形式。〔註28〕而所謂的原型形象指的則是「經過相當長的一段時間，得到一大群人的驗證而具有一定意義的形象」。〔註29〕

《列子》中的「華胥夢」，曾被許多文人用來象徵自己對於美好社會生活的嚮往，如賈曾〈孝和皇帝輓歌〉云「夢遊長不返，何國是華胥」、白居易〈卯時酒〉云「當時遺形骸，竟日忘冠帶。似遊華胥國，疑反混元代」、周邦彥〈浣沙溪‧三首之二〉云「酒釅未須令客醉，路長終是少人扶。早教

經驗聯繫較緊的『個體層次』，它可能貯存心理——病理『複合體』；較深藏的，主要仰賴傳承，並且為社會成員所共有的『集體層次』，包括所謂『群體表象』或『集體無意識』，這才是神話和一切藝術『原型』的『隱蔽所』和誕生地。」蕭兵：《神話學引論》（台北：文津出版社有限公司，2001年），〈神話的研究〉，頁237。

〔註26〕喬瑟夫‧坎伯、莫比爾著，朱侃如譯：《神話》，〈內在的旅程〉，頁70。

〔註27〕王文革：《文學夢的審美分析》（湖北：華中師範大學博士論文，2004年），〈文學夢的基本特徵〉，頁83。

〔註28〕榮格著，馮川、蘇克譯：《心理學與文學》（台北：久大文化股份有限公司，1990年），〈集體無意識的概念〉，頁65～66。

〔註29〕詹姆斯‧霍爾（James A.Hall,M.D）著，廖婉如譯：《榮格解夢書——夢的理論與解析》（台北：心靈工坊文化事業股份有限公司，2006年5月），〈榮格式解夢〉，頁58。

幽夢到華胥」、何澹〈滿江紅・再和諸人元夕新賦〉云「疑此身、清夢到華
胥，朝金闕」、石孝友〈鷓鴣天〉云「醉鄉路接華胥國，應夢朝天侍赭黃」，
因而使得「華胥夢」成為中國文人「集體潛意識」裡的一種原型形象，而此
種原型形象之形成，實則根源於人們渴求祥和、安定的集體潛意識。因為自
春秋以來，周文疲弊、禮壞樂崩，各諸侯國競相吞併，戰亂不斷；再加上工
商業的逐漸興起，人們為了爭逐利益，終日爾虞我詐，列子生活在這樣的時
代，不自主嚮往一個「無師長」、「無嗜慾」的理想社會，所以便創造了一個
理想國——「華胥國」。根據《列子》的描述，華胥國裡「無師長」，全民盡
是「不君不臣」，而且人性「婉而從物」，皆「不知親己，不知疏物」，卻能
呈現出一片安樂和平、神行廣大的景象來。他們沒有文明世界的貪欲、虛偽、
矯詐、競爭與浮華，也沒有名教觀念下的是非、好壞、美醜、勤惰與利害，
一切都是「任自然」而已。〔註30〕從這些特徵看來，「華胥國」的出現，確
為人類渴求祥和、安定的潛意識的一種表現。此外，由於這種對於理想社會
的追求，是所有人類精神世界裡共同的、最深層的東西，因此，若就榮格所
提出的原型形象而論，其它諸如老子的「小國寡民」、《禮記・禮運》的「大
同世界」、陶潛的「桃花源」，或是西方柏拉圖的「理想國」、莫爾的「烏托
邦」等，都可以說是人類對於理想社會的集體追求所創造出來的形象，〔註
31〕它們的出現就如同「華胥夢」一樣，乃根源於人類渴求祥和、安定的「集
體潛意識」。

另如莊子所描述的「蝴蝶夢」，同樣受到許多文人的喜愛，如李白〈古風〉
（其九）云「莊周夢蝴蝶，蝴蝶為莊周。一體更變易，萬事良悠悠」、蘇軾〈南
歌子・再和前韻〉云「帶酒衝山雨，和衣睡晚晴。不知鐘鼓報天明。夢裡栩
然蝴蝶、一身輕」、辛棄疾〈念奴嬌・和趙錄國興韻〉云「怎得身似莊周，夢
中蝴蝶，花底人間世」、胡銓〈臨江仙・和陳景衛憶梅〉云「栩然蝴蝶夢，魂
夢竟非真」、馬致遠〈夜行船・秋思〉云「百歲光陰一夢蝶，重回首往事堪嗟」

〔註30〕 林麗真：〈《列子》書中的「聖人」觀念及其思維特徵〉，《文史哲學報》第 52
期（2000 年 6 月），頁 137。

〔註31〕 可參見王德明：〈中國傳統烏托邦的文化分析〉，《社會科學家》第 3 期（1994
年），頁 55～60。夢二冬：〈中國文學中的烏托邦理想〉，《北京大學學報（哲
學社會科學版）》第 42 卷第 1 期（2005 年 1 月），頁 41～50。趙渭絨：〈試析
世界文學中的烏托邦現象〉，《南寧師範高等專科學校學報》第 22 卷第 1 期
（2005 年 3 月），頁 30～32。徐愛琳：〈中西文學之烏托邦現象概論〉，《江西
科技師範學院學報》第 6 期（2005 年 12 月），頁 78～81。

等。蔣向豔曾說：

> 蝴蝶在中國古典文學裡有兩個具體文化涵義：一為莊子夢蝶所代表
> 的虛無或者說絕對自由狀態，二為由韓憑妻的故事演變而來的梁祝
> 故事所體現的忠貞不渝愛情的象徵。在中國傳統文學裡，相當多的
> 自然物和生物都被賦予了特殊的涵義，通過文學的長期流變，這些
> 形象逐漸固定下來成為某種思想或情感的獨特代表。〔註32〕

雖然在文人的詩詞作品中，「莊周夢蝶」的含意已經被廣泛地加以引伸，而未
能依循《莊子》「莊周夢蝶」故事的原意，但由「莊周夢蝶」這一經典故事所
創造出來的「蝴蝶夢」意象，確已成為中國文學裡一個重要的原型形象，它
除了代表追求精神的絕對自由，也被拿來作為抒發苦悶、失落、迷惘等各種
情感的代表。

　　然而，為什麼莊子這個美麗的蝴蝶夢，會成為中國夢意象中一個經典的
意象呢？鄒強以為，在中國的思想領域中，孔子及其儒家倫理早在漢武帝時
期取得天下獨尊的地位而得以普遍推廣開來，成為士子們的行為規範。儒家
所倡導的謹言慎行、中規中矩、仁愛孝悌等都成為歷代儒生必須遵守的準則。
但是，即使是在一片中庸和氣當中也不乏義憤不平者和激情衝動的時刻，在
這種時候，「蝴蝶夢」的閒適就成為撫慰士子浮躁心靈的一種寄託。所以，我
們才會在後世諸多的文本當中，發現這隻蝴蝶，發現這種對於人生終究一場
幻夢的感傷。〔註33〕可以這麼說，莊子夢為蝴蝶時的逍遙自適，雖然得以成
為文人士子們心靈的一種寄託，但因為無論夢中情景再如何美好，終究還是
有清醒的時候，即夢中的美好最終仍是幻夢一場，因此，「蝴蝶夢」便自然演
變成文人抒發苦悶、失落、迷惘等各種情感的代表，這種對「莊周夢蝶」故
事原意的引伸與應用，可視為是作家在自覺性創作過程中，對原型形象的選
擇、把握與改造。〔註34〕

　　還值得注意的是，「莊周夢蝶」故事有一個重要情節，即莊子由人化為蝶。
在神話學理論中，變形被視為是神話思想的重要因子，而莊子幻化為蝶的故

〔註32〕蔣向豔：〈蝴蝶在中國古典文學裡的兩個文化涵義〉，《棗莊師專學報》第18
　　　　卷第1期（2001年2月），頁31。
〔註33〕鄒強：《中國經典文本中夢意象的美學研究》（山東：山東大學博士論文，2006
　　　　年5月），〈中國文學傳統中夢意象的美學歷程〉，頁94。
〔註34〕陳厚誠、王寧：《西方當代文學批評在中國》（天津：百花文藝出版社，2000
　　　　年），〈神話——原型批評在中國〉，頁171。

事情節，正帶有變形神話的色彩。劉文英曾經推測，莊子可能在白天看見飛舞的蝴蝶非常自在快樂，因而希望自己能像蝴蝶那樣自由、快樂的飛來飛去，結果在作夢的時候，自己真的變成了蝴蝶。〔註35〕若從變形神話的角度來看，莊周夢為蝴蝶的原因，乃根源於人類想要衝出「固定形體」的潛意識：

> 人類「一犯人之形」以後，他的生存，就只是一個被決定的點，一個被繫在特定的時空上的梭子。……然而，我們人具有了人形之後，會不會生出某種慾望，要突破他的形體的範圍，想望那超越固有形象的景況？我想，自人類有了意識活動以來，這個想望是經常在熱烈表現著的。從嫦娥月中化蟾蜍的古神話，而莊周夢為蝴蝶的哲學寓言，而悟空的魔術式變形，無論是智性的體悟，和情感的幻覺，都在描寫人類要衝出這個固定形體的熱望。〔註36〕

在《莊子》書中有一個鯤化鵬的故事，這個變形「是某一個形體在生命的力動下，突然躍向另一個形體，而成為變形的。它可能為時短暫，但總含有一個變化的過程，也就是，神話用一連續性的時間，把兩個完全不同形類的生命關係統一起來；在連續不斷的時間流裡，前一個生命是後一生命的因子，後一生命是前一生命的蛻變。」〔註37〕陳鼓應曾指出，「鯤『化而為鳥（鵬）』，僅是形狀的變化，而質和量是未變的。這裡的『化』，乃是朝著理想世界趨進的一個過程、一個方向。」〔註38〕在「莊周夢蝶」的故事中，莊子由「人」躍化為「蝴蝶」的原動力，雖然與莊子處於所謂「為之斗斛以量之，則並與斗斛而竊之；為之權衡以稱之，則並與權衡而竊之；為之符璽以信之，則並與符璽而竊之；為之仁義以矯之，則並與仁義而竊之」〔註39〕的生存環境有關（渴望擺脫污濁險惡的現實世界），但因為莊子並沒有像黃帝夢遊華胥一樣，在夢中構築一個理想國，而是使自己幻化為蝴蝶，從一個形體躍向另一個完全不同形類的形體，徹底擺脫「人形」的種種桎梏與侷限，因而我們可以說，這個變形事件的發生，雖然和莊子所處的生存環境有關，但莊子之所

〔註35〕 劉文英：〈莊子蝴蝶夢的新解讀〉，頁 67。
〔註36〕 樂蘅軍：〈中國原始變形神話試探（上）〉，此文收入《中國古典文學論叢——冊三：神話與小說之部》（台北：中外文學月刊社，1976 年），頁 1。
〔註37〕 樂蘅軍：〈中國原始變形神話試探（上）〉，頁 3～4。
〔註38〕 陳鼓應：《莊子哲學》（台北：台灣商務印書館股份有限公司，2003 年），〈鯤鵬和小麻雀〉，頁 42。
〔註39〕 〔清〕郭慶藩：《莊子集釋》，下冊，頁 350。

以選用「變形」的模式，來擺脫污濁險惡的現實世界，其實和人類想要衝出「固定形體」的潛意識是脫離不了關係的。

此外，在「莊周夢蝶」的故事中，莊子最終還是必須由蝴蝶的形象變回人的形象，而沒有辦法像鯤化鵬的故事一樣，將形體凝固、停頓在變形後的結果，但在經歷了這個夢幻式的變形體驗後，莊子從中體悟了這樣的道理：在現實世界中，萬物不一是客觀的存在條件，但只要在觀念上作個轉換與互化，就像在夢境中改變了身份一般，人也可以化爲物，進而達到物我同一、物我兩忘的物化狀態。如此一來，「夢爲鳥而屬乎天，夢爲魚而沒於淵」的任性逍遙，也可以在現實生活中被眞實地感受與體驗。從這個層次來看，「莊周夢蝶」故事的變形模式（由 A 變爲 B，再由 B 變回 A），雖然表現出人類想要衝出「固定形體」的潛意識，但因爲莊子最終又意識到，與其拘泥於形體的改變，不如在精神上下工夫，即只要在觀念上做個轉換，人便可以化爲外物，達到物我同一、物我兩忘的物化狀態，如此一來，實質形體的變與不變，自然就不再重要了，而這種超越的精神境界，也正是「莊周夢蝶」故事所眞正要傳達的。

總而言之，莊子「化」爲蝴蝶的這個情節，就像《西遊記》中搖身變形的悟空，及卡夫卡〈變形記〉中變成巨大甲蟲的格里高爾一樣，都表現了人類想要衝出「固定形體」的潛意識。而「蝴蝶夢」之所以成爲撫慰士子浮躁心靈的一種寄託，除了其具有追求精神絕對自由的特殊意義外，部分原因還在於「蝴蝶夢」已被廣泛引伸爲抒發苦悶、失落、迷惘等各種情感的代表，所以，我們才會在後世諸多的文本當中，發現這隻蝴蝶，發現這個美麗又略帶傷感的原型形象。

在《莊子》的夢寓言中，還有一些表現人類集體潛意識的內容。如〈田子方〉敘述周文王編造假夢以舉用臧丈人的故事，這個夢的故事和《史記‧殷本紀》記載殷高宗夢傅說的傳說，及《帝王世紀》記載黃帝夢見大風吹天下的塵垢而舉用風后，夢見力士執大弓牧羊羣而舉用力牧等夢的故事類似，都表現了人類共同的「求賢」潛意識。至於那些能與人溝通對話的髑髏、櫟社樹、神龜等形象之出現，也與人們普遍認爲「萬物有靈」〔註40〕的觀念有密切關連。

〔註40〕 萬物有靈現象在神話學中，是一種將思維主體的體驗投射到外部事物上，以爲萬物也和自己一樣有感情、思想和意志等的擬人現象。它一方面是使可觀察的事實變成可體驗的事實，即將思維主體的感情、欲望、感覺等體驗到的

綜合上述可知,《列子》與《莊子》中的夢寓言,都曾不自覺地表現人類的集體潛意識,並分別創造了重要的原型形象——「華胥夢」與「蝴蝶夢」。鄭芳曾在〈論文學創作出現相同現象的潛意識因素〉中指出,集體潛意識有時會以民族精神的方式出現,同一民族藝術家創作的藝術作品,都會深深打上民族精神的烙印。因此,在同一個民族,同一個文化背景下的作家,會出現創作上主題相似、故事相似、人物相似現象的根本原因乃在於:一個民族長期發展形成的較穩定的審美和心理傾向會形成一種潛意識,潛存在每個創作主體的大腦最深層組織,不自覺指揮他們的思想、意識、價值取向和審美情趣。〔註 41〕正因爲如此,所以「華胥夢」與「蝴蝶夢」才會一再重複地出現在中國文學作品中,並不斷在中國文學中發揮影響。然而,相較於「華胥夢」表現了作者對於理想社會的渴求,「蝴蝶夢」則是偏向追求個人精神的絕對自由,從這裡可以看出,「在那亂糟糟的時代裏,人民都處於倒懸的狀態,莊子極欲解除人心的困憊,可是,無望的現狀卻無法促現他的心願。由於他既無法使人類在現實世界中覓得自我的安頓,又不願像神學家們在逃遁的精神情狀中求自我的麻醉,在這種情形下,唯一的路,便是回歸於內在的生活——向內在的人格世界開拓其新境界。」〔註 42〕換言之,因爲莊子所處戰國時代,時局已比列子時代更爲動盪不安,故莊子在面對無力改變的社會現狀時,便不再寄望於理想社會的實現,而是轉向安頓個人的內在心靈,期待透過超越的精神境界,來擺脫污濁險惡的現實世界。

第二節 夢覺問題

一、物化概念

《列子‧周穆王篇》在論夢覺問題時,曾出現「物化」一詞:

經驗投射到有形的對象(觀察事實)之上(如風神、雨神);另一方面,是使可體驗的事實變成可觀察的事實,即將思維主體的感覺、感情、欲望等可體驗而不可觀察的經驗化爲可觀察的形式(如疼神、愛神)。參見鄧啓耀:《中國神話的思維結構》(重慶:重慶出版社,1992 年),〈神話的思維形式因素〉,頁 189～190。

〔註 41〕鄭芳:〈論文學創作出現相同現象的潛意識因素〉,《社會科學家》第 2 期(1999年),頁 71。

〔註 42〕陳鼓應:《莊子哲學》,〈莊子思想的評價〉,頁 141。

子列子曰:「神遇爲夢,形接爲事。故晝想夜夢,神形所遇。故神凝者想夢自消。信覺不語,信夢不達;物化之往來者也。古之眞人,其覺自忘,其寢不夢;幾虛語哉?」〔註43〕

所謂「故神凝者想夢自消」,張湛注曰:「晝無情念,夜無夢寐。」而「信覺不語,信夢不達;物化之往來者也」,張湛注曰:「夢爲鳥而戾於天,夢爲魚而潛於淵,此情化往復也。」〔註44〕從現實面來說,人當然不可能變爲鳥或魚,但到了夢中,卻可以夢爲鳥而在空中飛翔,夢爲魚而在水中游動。只是,爲什麼有時夢爲鳥,有時又夢爲魚呢?依照張湛的看法,其原因即「情化往復也」。張湛認爲,夢象的產生和人的情感變化是有關的,人可能有時覺得鳥在天上非常快樂逍遙,有時又覺得魚在水中非常自在愉悅,於是在夢中有時化爲飛鳥,有時化爲游魚。也就是說,夢象源於「情之所化」,當情感有所變化,夢象便隨之而變。從這裡可以看出,由於人的情感、情緒會使人作夢,所以如果一個人在白天能做到沒有情念,則夜晚便不會作夢,此即《列子》所謂「故神凝者想夢自消」;至於「信覺不語,信夢不達;物化之往來者也」則可理解爲,眞正清醒的人不必說什麼(不會再說夢中之事),眞正相信夢的人不能通達事理,因爲夢與覺不過是情化往復中來去相接之事。由此可知,「物化之往來者也」之「物化」一詞,應有「情化」之意,它說明覺時之情慮會化爲夢中之象,夢與覺不過是情化往復中來去相接之事,能超脫於情化之往復者,便是眞人「其覺自忘,其寢不夢」的境界。

《莊子‧齊物論》亦出現「物化」一詞。〔註45〕郭象和成玄英兩人將「物化」理解爲生死之往來變化,他們認爲生死往來乃物理變化而已,沒有必要以生爲樂,以死爲苦,並由此推證出「死生如一」的觀念。而劉文英則認爲,「物化」一詞是指「夢中主體化爲外物」:

「物化」還有一種特殊意義,就是夢中主體化爲外物,「夢爲蝴蝶」就是一個典型。……許多注家根據「物化」有死亡之義,認爲莊子這裡以「夢爲蝴蝶」講死亡,以夢覺變化講生死變化,大誤。其實,莊子這裡講的「物化」與死亡意義上的「物化」有很大的不同。……

〔註43〕楊伯峻:《列子集釋》,頁 103～104。

〔註44〕楊伯峻:《列子集釋》,頁 103。

〔註45〕「昔者莊周夢爲胡蝶,栩栩然胡蝶也,自喻適志與!不知周也。俄然覺,則蘧蘧然周也。不知周之夢爲胡蝶與,胡蝶之夢爲周與?周與胡蝶,則必有分矣。此之謂物化。」〔清〕郭慶藩:《莊子集釋》,上冊,頁 112。

「夢爲蝴蝶」的過程，就是主體自我在夢中「物化」的過程。「栩栩
然蝴蝶也」和「不知周也」，就是主體自我在夢中「物化」的結果。
而莊子向人講述他的蝴蝶夢，也就是講述他在夢中被「物化」的體
驗。〔註46〕

筆者以爲，以「夢中主體化爲外物」來理解莊周夢蝶的「物化」一詞，比起
用「生死之變」來理解莊周夢蝶的物化概念，不僅較能符合莊子以夢覺問題
來鋪敘「莊周夢蝶」故事的用心，也能與整篇〈齊物論〉的主旨相契合，因
爲〈齊物論〉的主旨本在於破除成心、齊萬物，從而獲得精神上的逍遙，而
非在於生死問題的探討。換句話說，莊子乃藉由這個蝴蝶夢的故事告訴人們，
人可以隨夢「物化」，當人於夢中化爲外物時，人與外物的界限便可以完全消
除，所以在夢爲蝴蝶時，便能夠自在地翩然飛舞。這種情形，也像〈大宗師〉
所提到的：「夢爲鳥而厲乎天，夢爲魚而沒於淵。」〔註47〕當主體自我夢爲飛
鳥時，便可以自在地在天空飛翔，夢爲游魚時，便可以悠遊地在水中游動，
此時此刻，物我之間沒有界限，自我意識不再存在，這是一種「齊物我」的
境界。當然，如果只是在夢中消解自我意識的存在，那還不是最理想的狀態，
莊子藉著人能隨夢「物化」來提醒人們，只要進一步消解夢覺兩種精神狀態
的對立，即不論在「夢」或「覺」的精神狀態下，都能放棄自我意識的存在，
便得以進入更理想的境界——「齊萬物」。

綜合上述，《列子》與《莊子》在論夢過程中，都曾提出「物化」概念。
若單純就「物化」一詞來說，兩者同樣含有「人在夢中能夠幻化爲外物」之
涵意。不過，莊子是用「物化」來說明人可以隨夢物化，當人於夢中化爲外
物時，物我之間的界限便可以完全消除，其目的在引出「齊物我」、「齊萬物」
之說；而《列子》則用「物化」來說明夢與覺不過是情化往復中來去相接之
事，最後導出「眞人不夢」理論。因此，兩者所提之「物化」概念，就字面
意義來看是相同的，但最終的指涉卻又是不同的。

二、夢覺難辨

莊子雖以「其寐也魂交，其覺也形開」來區分夢覺，但對於「什麼是夢？
什麼是覺？」這個問題，莊子還有其它思考。如〈齊物論〉寫道：

〔註46〕劉文英：〈莊子蝴蝶夢的新解讀〉，頁 67。
〔註47〕〔清〕郭慶藩：《莊子集釋》，上冊，頁 275。

> 方其夢也，不知其夢也。夢之中又占其夢焉，覺而後知其夢也。且
> 有大覺而後知此其大夢也，而愚者自以爲覺，竊竊然知之。〔註48〕

人處於夢中時，並不知道自己正在作夢。既然人在夢中會認爲自己沒有在作
夢，那麼，當人們自認清醒時，很可能此刻正在夢中，而夢者卻渾然不知。
正因爲如此，所以人在夢中時，往往自以爲清醒，甚至還在夢中占其夢之吉
凶，等到醒覺後，才知道所夢所占都只是夢而已。然而，這種視夢爲夢的所
謂「覺」的狀態，是否就是眞正的「覺」呢？這「覺」會不會是另一場自身
沒有意識到的「大夢」呢？如果這場正在進行中的大夢，被堅定地認爲是
「覺」，那不就如同另一場「夢之中又占其夢」的活動嗎？由此推斷，夢覺之
分絕非「其寐也魂交，其覺也形開」兩句話就足以輕易判定的。

〈齊物論〉中「莊周夢蝶」的故事，同樣寓有「夢覺難辨」的意思：

> 昔者莊周夢爲胡蝶，栩栩然胡蝶也，自喻適志與！不知周也。俄然
> 覺，則蘧蘧然周也。不知周之夢爲胡蝶與，胡蝶之夢爲周與？〔註49〕

如果視當下莊周的狀態爲「覺」，則蝴蝶爲夢，但問題在於，誰能確定此時自
以爲眞實的莊周，不是出現於蝴蝶的夢中，而把莊周視爲蝴蝶夢中虛幻的存
在？雖然覺後的莊周自以爲眞，但先前那栩栩然飛舞的蝴蝶又何嘗不是如
此？從各自的立場來看，莊周能於夢中化爲蝶，那蝴蝶何嘗不能於夢中化爲
莊周？莊周與蝴蝶究竟孰夢孰覺？正因「方其夢也，不知其夢也」之緣故，
所以，這個問題是難以回答的。

「莊周夢蝶」的故事，是個體自我的夢覺難別；至於《列子》中「樵夫
藏鹿」的故事，則進一步論述個體之間如何看待彼此的夢覺，其中纏繞的夢
覺問題，在故事的層層推進下，更是讓人感到難分難解。以下依「樵夫藏鹿」
的故事情節發展，作一簡單分析：

故　事　情　節	意　涵
鄭人有薪於野者，遇駭鹿，御而擊之，斃之。恐人見之也，遽而藏諸隍中，覆之以蕉。不勝其喜。俄而遺其所藏之處，遂以爲夢焉。順塗而詠其事。	樵夫因爲忘記藏鹿的地方，便以爲得鹿之事只是夢，這是樵夫於覺時「以覺爲夢」。
傍人有聞者，用其言而取之。既歸，告其室人曰：「向薪者夢得鹿而不知其處；吾今得之，彼直眞夢者矣。」	路人耳聞樵夫言夢中得鹿之事而找到鹿，「自以爲覺」認爲樵夫得鹿之事爲夢。

〔註48〕〔清〕郭慶藩：《莊子集釋》，上冊，頁104。
〔註49〕〔清〕郭慶藩：《莊子集釋》，上冊，頁112。

室人曰：「若將是夢見薪者之得鹿邪？詎有薪者邪？今眞得鹿，是若之夢眞邪？」	路人之妻認爲丈夫之得鹿，不過是所夢成眞，而非眞有樵夫之存在，所以，路人先前的自以爲覺，在妻子眼中也成了夢。
薪者之歸，不厭失鹿。其夜眞夢藏之之處，又夢得之之主。爽旦，按所夢而尋得之。	樵夫因不甘失鹿而夢見藏鹿之所與得鹿之人，復又「以夢爲眞」，尋獲失鹿。
士師曰：「若初眞得鹿，妄謂之夢；眞夢得鹿，妄謂之實。彼眞取若鹿，而與若爭鹿。室人又謂夢仍人鹿，無人得鹿。今據有此鹿，請二分之。」	士師以二分此鹿決訟此案，然究竟孰夢孰覺，士師並未說明。不過，「分鹿一事」在士師眼裡看來，絕對是覺而非夢。
鄭君曰：「嘻！士師將復夢分人鹿乎？」	在鄭君眼裡，士師分鹿一事亦不過是夢中分鹿而已。
國相曰：「夢與不夢，臣所不能辨也。欲辨覺夢，唯黃帝孔丘。今亡黃帝孔丘，孰辨之哉？且恂士師之言可也。」	《列子》將夢覺之別寄望於聖人，然時無聖人，故只能因仍士師之言。

　　從「樵夫藏鹿」的故事看來，在《列子》的思想理路中，夢與覺應該是可以區分的，當然，它的前提是必須由聖人來裁定夢覺之別。至於莊子則不然，「夢覺難分」始終貫穿在莊子的思想中，〈齊物論〉雖云：「且有大覺而後知此其大夢也。」然這裡所謂「大覺」之「覺」並非一般意義上的覺醒，而是指對人生的體悟，亦即指：唯有眞正的「大覺」者，方能察知人生的「大夢」。所以，即使「萬世之後而一遇大聖」，其所解的亦非一般意義上的覺與夢，而是指能徹悟人生、「覺」世之大夢者。

　　承上所述，在《列子》與《莊子》的思想中，它們都承認要清楚分辨夢覺，並不是件容易的事。在這個前提之下，《列子》將夢覺之別寄望於聖人的聰明睿智，因而提出「欲辨覺夢，唯黃帝孔丘」之說，當然，因爲「今亡黃帝孔丘，孰辨之哉？」的現實條件，《列子》期盼聖人來公平裁判夢覺之別的願望，終究仍得落空。而就莊子而言，「夢覺難分」始終貫穿在莊子的思想中，對於生理意義上的夢與覺，莊子並不強調要如何清楚劃分界限，而是希望人們能「覺」世之大夢，從汲汲營營的人生大夢中解脫出來。由此可知，莊子對夢覺問題的思辨，已從生理層次的思考，躍升至人生境界的偏執與超脫，而這樣的思辨模式，當然比《列子》那種單純從一般意義上來討論夢覺問題的模式，更加推進一步了。

三、齊夢覺

《列子》曾以「古莽」、「中央」、「阜落」等三國對夢覺的認知，說明夢覺之分來自人們的主觀設定：

> 西極之南隅有國焉，不知境界之所接，名古莽之國。陰陽之氣所不交，故寒暑亡辨；日月之光所不照，故晝夜亡辨。其民不食不衣而多眠。五旬一覺，以夢中所爲者實，覺之所見者妄。

> 四海之齊謂中央之國，跨河南北，越岱東西，萬有餘里。其陰陽之審度，故一寒一暑；昏明之分察，故一晝一夜。其民有智有愚。萬物滋殖，才藝多方。有君臣相臨，禮法相持。其所云爲不可稱計。一覺一寐，以爲覺之所爲者實，夢之所見者妄。

> 東極之北隅有國曰阜落之國，其土氣常燠，日月餘光之照。其土不生嘉苗。其民食草根木實，不知火食，性剛悍，彊弱相藉，貴勝而不尚義；多馳步，少休息，常覺而不眠。〔註50〕

其中，「中央之國」是一個以覺爲實、以夢爲虛的國家，而「古莽之國」則是一個以夢爲實、以覺爲虛的國家，這兩個國家對夢覺的認知，恰巧形成一個對立，它說明在不同的時空背景下，人們對夢覺的劃分，很可能會完全顛置。如此說來，想要釐清夢覺虛實的問題，並不是容易的事。當然，這樣的敘述，還不足以引出「夢覺無異」的道理。緊接其後的「周之尹氏」與「老役夫」故事，則開始帶出《列子》「齊夢覺」的主張。這個故事的預設立場是「人生百年，晝夜各分」，在此條件下，尹氏晝醒時爲富貴之身，夜夢則淪爲僕役，而老役夫則晝爲僕役，夢爲國君。然尹氏對自己的夢覺生活不甚滿意，而老役夫對自己的夢覺生活則是滿意的。在此情形下，《列子》藉尹氏之友說出自己的主張：

> 尹氏病之，以訪其友。友曰：「若位足榮身，資財有餘，勝人遠矣。夜夢爲僕，苦逸之復，數之常也。若欲覺夢兼之，豈可得邪？」〔註51〕

《列子》所要表達的意思是，夢中苦者覺時逸，覺時苦者夢中逸，人不可能在現實中享樂了，在夢中又同樣享樂；在現實中受苦了，在夢中又同樣受苦。既然如此，對於夢覺生活就應該如同老役夫一樣，將夢與覺等同視之：

〔註50〕楊伯峻：《列子集釋》，頁 104～105。
〔註51〕楊伯峻：《列子集釋》，頁 106。

役夫曰：「人生百年，晝夜各分。吾晝爲僕虜，苦則苦矣；夜爲人
君，其樂無比。何所怨哉？」〔註52〕

況且，如果以「古莽之國」對夢覺的認知來看，尹氏的「眞實」身份將變爲僕役，老役夫的「眞實」身份將變爲國君。如此看來，拘執於夢覺生活的眞實或虛妄，事實上是沒有必要的，由此便帶出《列子》的「齊夢覺」主張。

此外，《列子》「樵夫藏鹿」的故事中，有覺有夢，有眞夢有假夢，然究竟是覺是夢，是虛是實，國相的回應頗值得玩味：

國相曰：「夢與不夢，臣所不能辨也。欲辨覺夢，唯黃帝孔丘。今亡
黃帝孔丘，孰辨之哉？且恂士師之言可也。」〔註53〕

國相說：「夢與不夢，臣所不能辨也。欲辨覺夢，唯黃帝孔丘。」而黃帝、孔丘等聖人已經不在了，所以無法分別。既然覺與夢是無法分辨的，那麼，不如將夢覺等同視之，因此，覺便是夢，夢便是覺，夢覺齊一的思想，也在這個故事中呈現。

「齊夢覺」的主張，在《莊子》書中也得到發揮。〈齊物論〉云：「方其夢也，不知其夢也。」人在夢中可以肯定自己不是在作夢，在現實中也同樣肯定自己不是在作夢；但夢中的肯定是錯誤的，現實中的肯定也有可能是錯誤的。所以，夢覺之分是難以斷定的。〈齊物論〉中「莊周夢蝶」的故事，正是利用這樣的思路鋪展情節。在這個故事中，夢覺問題是整個故事的重要主體，但究竟孰夢孰覺，莊子並未給讀者一個明確的答案，而終以「物化」概念來泯除「夢」、「覺」的對立，並藉此傳達「齊萬物」的觀念。他告訴人們，唯有消解「夢」、「覺」兩種精神狀態的對立，並進而在精神上消解自我意識，才能讓自我與外物的界限完全打通，也才能進入「齊萬物」的理想境界。

綜上所述，《列子》與《莊子》的「齊夢覺」主張，都是在「夢覺難分」的情形下所作出的回應。莊子以自己夢爲蝴蝶的經驗來告訴人們，必須先消解「夢」、「覺」兩種精神狀態的對立，最終才得以進入齊萬物的理想境界。換句話說，「齊夢覺」只是莊子說明「齊萬物」主張的一個過程，而非整個故事的最終主旨。而《列子》書中「尹氏與老役夫」的故事，作者爲了消除夢覺生活的相對性，運用許多相對的概念，將讀者導引至夢覺無分

〔註52〕楊伯峻：《列子集釋》，頁106。
〔註53〕楊伯峻：《列子集釋》，頁108。

的觀點；至於「樵夫藏鹿」的故事，在故事情節的層層推進下，有夢有覺，似夢似覺，終亦帶出夢覺齊一的思想。《列子》這兩則故事所出現的人物及情節發展，比起「莊周夢蝶」的故事顯然是複雜多了，且因爲其中的邏輯思路較爲迂迴曲繞，所以它們帶給讀者的感受，自然不若莊子蝴蝶夢來得輕靈自然。不過，相較於「莊周夢蝶」故事的最終主旨乃在於「齊萬物」而非「齊夢覺」，則《列子》對於「齊夢覺」理論之著力，當然是比較深刻的，或許因爲如此，所以它的「齊夢覺」理論便充滿精心雕琢之痕跡，而不若莊子來得眞實自然。

四、眞人無夢

《列子》曾說：「古之眞人，其覺自忘，其寢不夢。」〔註 54〕這種「眞人無夢」的觀點，在《莊子・大宗師》中也有出現。然而，《列子》和《莊子》提出的「眞人無夢」理論究竟有無差異，則是一個值得探討的問題：

> 古之眞人，其覺自忘，其寢不夢。〔註55〕〈周穆王篇〉

> 古之眞人，其寢不夢，其覺无憂。〔註56〕〈大宗師〉

從句意上看，兩者在「眞人無夢」的觀點上是相同的；但在具體論說上，兩者仍存在些許差異。這是因爲，莊子在〈大宗師〉提及「眞人無夢」的觀點時，其著眼點是在說明「眞人的特質」，而「無夢」正是眞人所具備的特質之一：

> 何謂眞人？古之眞人，不逆寡，不雄成，不謨士。……古之眞人，其寢不夢，其覺无憂，其食不甘，其息深深。……古之眞人，不知説生，不知惡死；其出不訢，其入不距；翛然而往，翛然而來而已矣。……是之謂眞人。〔註57〕

從這段敘述來看，莊子並沒有針對眞人「爲什麼無夢」做出具體解釋，他只是在論述眞人的一連串特質時，提出了「眞人無夢」的觀點，換句話說，眞人好像理所當然應該具備「無夢」的特質。而《列子》提出的「眞人無夢」，

〔註54〕楊伯峻：《列子集釋》，頁 104。
〔註55〕楊伯峻：《列子集釋》，頁 104。
〔註56〕〔清〕郭慶藩：《莊子集釋》，上冊，頁 228。
〔註57〕〔清〕郭慶藩：《莊子集釋》，上冊，頁 226～229。

卻是在專門論夢的情況下所得出的結論，〔註58〕由此可見，《列子》的「眞人無夢」理論，其背後具有較明確的邏輯推理支持著；而《莊子》所提出的「眞人無夢」理論，則缺乏明確的論證過程。又嚴靈峯曾在《列子辯誣及其中心思想》中比較了〈周穆王篇〉「子列子曰神遇爲夢……幾虛語哉」一段，與〈大宗師〉「古之眞人其寢不夢……其天機淺」及〈刻意〉「其寢不夢……乃合天德」之雷同文字。他指出，《列子‧周穆王篇》中「子列子曰：神遇爲夢，形接爲事。故晝想夜夢，神形所遇。故神凝者想夢自消，信覺不語，信夢不達；物化之往來者也」一段，主要在說明夢、覺不異，而《莊子‧大宗師》全闕；又〈大宗師〉雖有『其食不甘』及以下諸文，但其主要在解說「何謂眞人」，與《列子》所言義各有當，似《莊子》乃取《列子》之說以爲文。〔註59〕換言之，嚴靈峯認爲莊子應該是在聽過《列子》「眞人不夢」理論的情形之下，因而將「眞人不夢」列爲眞人必須具備的特質之一，所以才會推出「似《莊子》乃取《列子》之說以爲文」的結論。另如馬達《《列子》眞僞考辨》說：「《列子‧周穆王》中『子列子曰』至『物化之往來者也』44字，《莊子‧大宗師》無。《莊子‧大宗師》與《列子‧周穆王》全同者有『古之眞人，其寢不夢』兩句，相似者有『其覺無憂』一句（《列子》作『其覺自忘』）。《莊子》『其覺無憂』下還有『其食不甘』等語。似《莊子》節取《列子》中『古之眞人，其覺自忘，其寢不夢』三句用以描述其理想中的眞人形象。」〔註60〕此和嚴靈峯的看法雷同，都認爲莊子「眞人不夢」理論乃取自《列子》。

此外，莊子在「其寢不夢」後面接著「其覺无憂」，這個敘述引出了一個問題：當莊子在說「古之眞人，其寢不夢，其覺无憂，其食不甘，其息深深」時，是將「其寢不夢，其覺无憂」並列爲眞人具備的特質，亦即眞人在「覺」時是「无憂」的，在「寢」時是「不夢」的，然而，這樣的論述讓人

〔註58〕「覺有八徵，夢有六候。……子列子曰：『神遇爲夢，形接爲事。故晝想夜夢，神形所遇。故神凝者想夢自消。信覺不語，信夢不達；物化之往來者也。古之眞人，其覺自忘，其寢不夢；幾虛語哉？』」楊伯峻：《列子集釋》，頁101～104。

〔註59〕嚴靈峯：《列子辯誣及其中心思想》（台北：時報文化出版事業有限公司，1983年），〈列子書與莊子書中雷同文字之比較與分析〉，頁87。

〔註60〕馬達：《《列子》眞僞考辨》（北京：北京出版社，2000年），〈《列子》與先秦著作〉，頁225。

以爲，只要達到「其覺无憂」的狀態，就能夠「不夢」、「無夢」，但覺時如果是「喜」的狀態，到底會不會致夢呢？莊子忘了說明這一點，造成其「眞人無夢」論的漏洞，也反映莊子對夢缺乏系統的關照。而《列子》說：「古之眞人，其覺自忘，其寢不夢。」「其覺自忘」意指覺時無知無識、無憂無樂、無思無想⋯⋯，眞人在醒覺時，精神是處於完全平靜的狀態，因此，在進入睡眠狀態後，自然無由發夢。這樣的論述，比起莊子的「其覺无憂」，應該是比較圓融的。但這裡同樣引出一個問題：當一個人把一切都忘卻時，他又怎麼確定自己是「覺」是「夢」呢？由此看來，《列子》的「眞人無夢」理論，表面上雖比莊子來得圓潤，但它還是同樣經不起仔細推敲。〔註61〕

然而，即便《列子》和《莊子》的「眞人無夢」論在邏輯上都有所瑕疵，但這不表示「眞人無夢」的觀點就完全失去價值。《列子》講「眞人無夢」時，其強調的是「神凝者想夢自消」，它的意思是：精神凝靜不與外界相遇，夢便無從做起。而莊子雖未說明「眞人無夢」的理由，但對照眞人凡事順應自然、隨遇而安的特質，則其精神狀態亦當是無所牽掛的。換句話說，《列子》和《莊子》的「眞人無夢」理論，其背後都由精神平靜作爲理論基礎。而從現代睡眠醫學的角度來說，人雖然不能完全不作夢，但「內心的寧靜」卻可以使人減少作夢，如此一來，「眞人無夢」並非純爲哲理上的寄託，只要透過某些特殊的方式，則「無夢」的境界亦能在某一時刻獲得實現，而不淪爲空談。再者，「不夢」所展現的既是一種排除雜念而高度淨化的精神狀態，則此修養境界或可在常人身上獲得某種程度的實現，而非僅能在「神化」的「眞人」身上體現，也就是說，純淨無欲的精神境界是可以透過努力來達成，而非完全遙不可及，這對於那些欲多嗜深的人來說，當然具有積極鼓勵的作用。

第三節　敘述特徵

一、相對的概念

《列子》在論夢的過程中，有意識地運用許多「相對」的理念。如〈周穆王篇〉云：「覺有八徵，夢有六候。」雖然「八徵」和「六候」未能達到一一對照，但比起《周禮》僅提出「夢有六候」，《列子》顯然已注意到「夢」

〔註61〕參見陳寒鳴：〈列子夢論——列子與夢的探索〉。

與「覺」乃是一組相依而存的概念。又〈周穆王篇〉提到：「神遇爲夢，形接爲事。」〔註62〕《列子》以爲，精神與事物相接觸就會做夢，形體與事物相接觸就會產生事情，此「形」、「神」觀念之提出，爲區分夢覺提供了一個方向。此外，《列子》在論夢因時，也運用許多兩兩相對的論述，如「陰氣壯，則夢涉大水而恐懼；陽氣壯，則夢涉大火而燔焫」、「甚飽則夢與，甚饑則夢取」、「以浮虛爲疾者，則夢揚；以沈實爲疾者，則夢溺」等。另如「古莽」、「中央」兩國對夢覺的看法，也含有相對的概念，其中「中央之國」是現實世界的代表，而「古莽之國」的設想，則是一個與現實世界夢覺相反的國家。〔註63〕

在「穆王神遊」的故事中，現實之國與理想之國也形成鮮明對照：

> 化人之宮構以金銀，絡以珠玉，出雲雨之上，而不知下之所據，望之若屯雲焉。耳目所觀聽，鼻口所納嘗，皆非人間之有。王實以爲清都、紫微、鈞天、廣樂，帝之所居。王俯而視之，其宮榭若累塊積蘇焉。〔註64〕

在這段敘述中，「化人之宮」的美麗富裕，被作者詳細地渲染，相較之下，「中天之臺」當然顯得「若累塊積蘇」般寒酸簡陋了。此外，在這個故事裡，化人與穆王漫遊理想之國，使周穆王有經歷數十年之感，但夢醒之時，穆王卻發現「所坐猶嚮者之處，侍御猶嚮者之人。視其前，則酒未清，殽未昲。王問所從來。左右曰：『王默存耳。』」在這裡，夢中時間與真實時間亦形成一個對比。而「樵夫藏鹿」的故事中，樵夫先是以真爲夢，後又以夢爲真，前後態度形成對比；而樵夫一開始因爲以真爲夢，所以便向人講述得鹿之夢，沒想到，路人卻以爲樵夫所講之夢爲真，並因此尋獲藏鹿，因此，樵夫之「以真爲夢」與路人之「以夢爲真」也形成對比。至於「尹氏與老役夫」的故事，更存在多組相對關係：其一，尹氏與老役夫的身份具有相對性；其二，尹氏與老役夫的夢覺生活具有相對性；其三，尹氏本身的夢覺生活具有相對性；其四，老役夫本身的夢覺生活具有相對性；其五，尹氏對夢覺生活是不滿的，而老役夫對夢覺生活則是滿意的。

莊子在論夢的過程中，同樣融入一些相對的概念。如〈齊物論〉說：「其

〔註62〕楊伯峻：《列子集釋》，頁103。

〔註63〕參見陳寒鳴：〈列子夢論——列子與夢的探索〉。

〔註64〕楊伯峻：《列子集釋》，頁92～93。

寐也魂交，其覺也形開。」其中「魂交」與「形開」就是一組相對的概念，它們透露莊子對「覺」與「寐」的分辨；另如「夢飲酒者，旦而哭泣；夢哭泣者，旦而田獵」也有明顯的相對關係，它說明現實生活與夢中經歷可能完全相反；「且有大覺而後知此其大夢也」則以「大覺」與「大夢」之相對，借比對於人生的參透與否。

由上述可知，莊子運用的相對概念是比較單純的；而《列子》則特別喜歡營造複雜的相對關係，因此，在其夢理論或夢寓言中，往往將多種相對關係集中在一起，呈現出層層相對的關係。筆者以為，《列子》之所以喜歡運用相對的概念來對夢展開論述，此顯示《列子》對問題的關照不是單一面向的，而其夢論也正是靠這些相對性建立起來的。而莊子雖然也在論夢時，融入一些相對的概念，但這種論述方式卻不是莊子敘夢的主要手法。

二、角色塑造

《列子》和《莊子》書中所出現的夢描寫，除了部分理論性的敘述之外，其中最重要的還是那些深具喻意的夢寓言，而出現在寓言中的各個形象，就像是故事的靈魂一樣，帶動著情節的發展變化，因此，如何選擇合適的形象，好讓這些形象成為作者思想的最佳代言，自然成為一項重要的課題。

《列子》在論夢覺問題時曾說：「欲辨覺夢，唯黃帝孔丘。」作者拱出被視為聖賢代表的黃帝、孔丘來充當區分夢覺的裁判者，這樣的論述，自然比起任何滔滔不絕的雄辯，更能讓人信服；而其中的巧妙之處又在於，作者才剛說完黃帝、孔丘能分辨夢覺之後，竟然接著說：「今亡黃帝孔丘，孰辨之哉？」在一來一往之間，人們原本滿心期待聆聽黃帝、孔丘能針對夢覺問題提出高見，沒想到，這個希望馬上就落空了，因為他們早就死了，當然無法為人們解決問題。作者這樣說的目的，最終雖是為了帶出「齊夢覺」的主張，但若不是作者以「欲辨覺夢，唯黃帝孔丘。今亡黃帝孔丘，孰辨之哉？」為前提，讓人們清楚意識到夢覺問題已無人能解，則其「齊夢覺」之主張，想必無法如此從容帶出。換句話說，黃帝和孔丘這兩位聖賢的形象，雖未能替人們解決棘手的夢覺問題，卻在作者傳達「齊夢覺」主張的過程中，扮演重要的穿針引線角色。而在「黃帝夢遊華胥國」的故事中，作者塑造了一個治國安民的典範——華胥國，黃帝在夢醒之後，按照華胥國的方法治理天下，終於使得天下大治。對於後人來說，黃帝本身就是聖賢之君、萬世楷模，因此，在

其治理下所出現的治世盛況，當然具有典範意義，所以，這個「華胥國」便逐漸變成人們心中「理想國」的典範。

在《列子》的夢寓言中，除了作夢者的角色之外，還有不少「旁觀者」的角色出現，這些形象的出現，除了讓故事情節有圓滿的結局，還能充當作者思想的傳聲筒。如尹氏與老役夫的故事中，尹氏之友是啓發尹氏「減己思慮」的重要關鍵，若非這位友人告訴尹氏：「若位足榮身，資財有餘，勝人遠矣。夜夢爲僕，苦逸之復，數之常也。若欲覺夢兼之，豈可得邪？」則尹氏恐難以擺脫夜以繼日的精神壓力與痛苦。當然，友人的一番話，其實也就是作者對整個事件的評論，可以說，作者乃藉尹氏之口來傳達「夢覺無異，苦樂各適一方」的看法，並暗示人們朝「齊夢覺」的方向去努力。在「樵夫藏鹿」的故事中，樵夫、路人、路人之妻等形象，代表了那些深陷於夢覺問題的愚昧者。而士師看似被安排作爲一個睿智的裁判者，但事實上，他並未針對「孰夢？孰覺？」提出明確的說法，這樣的敘述，除了暗指夢覺問題之難解，也說明不論是平凡的百姓或聰明的智者，都難以清楚區分夢覺。緊接著士師而出現的鄭君，質疑舉凡樵夫、路人、路人之妻等，都只是士師之所夢，即整個事件都是一場夢。如果以這樣的邏輯推衍下去，則鄭君之言亦可能只是夢中之言，如此一來，這個故事將會沒完沒了地發展下去。所幸，國相的一段話，讓故事得以有一個結束：「國相曰：『夢與不夢，臣所不能辨也。欲辨覺夢，唯黃帝孔丘。今亡黃帝孔丘，孰辨之哉？且恂士師之言可也。』」國相說了，夢覺問題是無解的，所以苦心計較夢與不夢是不必要的。因此，如果有人天眞地要質疑整個事件其實是鄭君或國相的一場夢，那就太可笑了。換句話說，國相這一形象的出現，除了讓作者這個「樵夫藏鹿」的故事不至於被無盡推衍，同時也適時傳達了作者「齊夢覺」的主張。

《列子》在論夢的過程中，將孔子視爲能夠區分夢覺的智者，而《莊子》在有關夢的論述當中，也曾有意無意地提及孔子。在〈齊物論〉中，莊子說：「丘也與女，皆夢也；予謂女夢，亦夢也。」此在說明，即便是如孔子般的聖者，同樣處於人生的大夢之中。作者將孔子和那些「自以爲覺」的愚者等同論之，不僅不顯得突兀，反而更加強了作者欲傳達的「且有大覺而後知此其大夢也」的觀念，這是因爲，如果連孔子這樣的聖人都處於「大夢」之中，則那些眞正的「大覺」者，即能化去現實生命的偏執者，才顯得更加難能可貴。有趣的是，莊子在另一則夢寓言中，將孔子塑造成一位拘守過時禮法而

不知變通的人，這和「丘也與女，皆夢也」之論述，恰能互相呼應。不過，莊子在論夢的過程中，也不是全然抹黑孔子智者的形象，如在〈田子方〉和〈外物〉的夢描述中，孔子所扮演的角色便是針對整個事件做出回應，其形象正如同一位智者在向人講述道理。而在〈大宗師〉中，孔子說：「且汝夢爲鳥而厲乎天，夢爲魚而沒於淵。不識今之言者，其覺者乎，其夢者乎？」孔子在此似乎意識到自己可能處於人生的大夢之中，所以才會質疑當下的自己，究竟是處於清醒或作夢的狀態。綜合來說，由於孔子在歷史上一直被視爲是充滿智慧的聖人，所以《莊子》和《列子》在論夢的過程中，才會分別搬出孔子來評論事件或分辨夢覺。但比較特別的是，莊子提出孔子其實也處於人生的大夢之中，這樣的思維方式，不但扣住「方其夢也，不知其夢也」之觀點，同時說明即使是有智慧的人，同樣可能陷溺在人生的幻夢之中而無法自拔。

據筆者觀察，出現在《列子》和《莊子》夢描述中的角色，大抵能跨越不同的社會階層，但相較於《列子》，莊子在論夢的過程中，還會將自己融入故事裡面。如在「莊周夢蝶」的故事中，莊子本身就是故事的主角，而他也正是透過分享自身的物化體驗，來傳達齊物我、齊萬物的觀念。在〈至樂〉中，莊子爲了消解人們對死亡的恐懼，便將自己塑造爲一位「質詢者」，透過他來向髑髏逼問生死問題，藉由一段生與死的對話，帶出故事的中心思想。這種將作者本身融入故事情節當中的敘述模式，除了讓人倍感親切，同時讓人覺得作品裡的人、事、物、景，都是作者所經歷、所耳聞目睹，因而無形中增加了作品的眞實性和可信度。

此外，不同於《列子》夢寓言中的角色是以「人」的形象爲主，參與《莊子》夢寓言的角色，還包括蝴蝶、櫟樹、髑髏、鬼魂、神龜等一些「非人」的形象，而這些「非人」的形象之所以能「合理化」地出現在夢中，則是因爲「夢是一種意念的神力、超力、張力、壓力，是虛構力、想像力、創造力的奇特大結合。在這力的支配下，它可把人變性、變形、變質，變成另外的人種或一切非人的物種，也可把一切非人的物種變成人種，把非人的世界變成人的世界，甚至使人物不分，渾然一體」。〔註65〕當然，這些「非人」角色的出現，都是深具意義的。如「莊周夢蝶」的故事中，莊子之所以選用「蝴

〔註65〕傅正谷：《中國夢文學史》（北京：光明日報出版社，1993年），〈夢：不同文學創作軌跡的一個交匯點〉，頁32。

蝶」作爲夢中主角，除了因爲蝴蝶翩然飛舞時所象徵的「自由逍遙」意義外，部分原因還在於「蝴蝶」這個形象是「美的化身」，有了這個美麗的形象來充當〈齊物論〉的代言人，莊子要說服人們朝著齊物我、齊萬物的理想邁進，當然就比較容易了。在「櫟社見夢」的故事中，匠石所云：「不材之木也，無所可用，故能若是之壽。」雖然已經隱含「無用之用」的意思，但再透過櫟社的現身說法，整個故事所欲傳達的主旨，才更加彰顯出來。「髑髏見夢」的故事中，莊子爲了破除人們悅生惡死的觀念，特別讓髑髏來暢談死後的快樂生活，有了這段生與死的溝通對話，更有助於消解人們對死亡的恐懼與排斥。在「神龜見夢」的故事中，神龜本是神靈的象徵，然在故事中，神龜不僅從一開始就陷入無法自救的窘境，最後甚至還遭受剖腸而死的下場，如此不堪的遭遇，成了「知有所困，神有所不及」理論的最佳前導。「鄭人緩託夢」的故事中，緩的「自以爲是」，就算自己死了，還是不忘託夢其父以邀功，這種可笑的行爲，無形中強化了「造物者之報人也，不報其人而報其人之天」的道理。

三、藉夢寓理

以夢爲素材的文學作品，除了記錄栩栩如生的夢象外，其背後所隱藏的義蘊，通常才是作品的中心主旨。就《列子》來說，「古莽」等三國的故事除了說明夢覺的長短差異，與所處天地自然的陰陽之氣相交、調和與否有很大的關係；同時也說明，夢覺之分是由人們主觀所設定，而缺乏明確、客觀的區分標準。在「樵夫藏鹿」的故事中，《列子》之所以說：「欲辨覺夢，唯黃帝孔丘。」這表示《列子》清楚意識到，區別事物的關鍵在於要有一個標準，然而，因爲「今亡黃帝孔丘」，所以，對於區分夢覺這件事，已然缺乏一個普遍而有效的標準。既然不可能提出一個標準來區分夢覺，那麼，「覺便是夢，夢便是覺」，夢覺齊一的思想，成爲這個故事所要傳達的主旨。在「尹氏與老役夫」的故事中，老役夫因爲能將眞實與夢幻等同視之，所以對於世間的富貴貧賤便能坦然面對，使身心得到最佳的安頓；而尹氏則因爲太在乎所擁有的榮華富貴，深怕有一天會保不住這份產業，所以搞得自己無論夢覺都疲累不堪。這個故事告訴我們，對於眞實人生與虛妄夢境所遭遇的一切，應該平等視之，才能從人生際遇解脫出來，不再因貧賤而自悲自憐，或爲了長保富貴而勞心勞神。嚴格來說，上述三個故事，都在爲「齊夢覺」的思想而努力

論證。至於「黃帝夢遊華胥」的故事，除了寓含「無為而治」的為政之道外，它同時告訴人們，唯有泯除世間一切的差別相、對待相，達到合同於物的情狀，才不會讓生命受到傷害。另如「穆王神遊」的故事則在告訴人們，世間存亡變化皆在須臾之間，所以應當把握當下，及時行樂。由此看來，《列子》在論述夢的時候，除了針對夢覺問題展開思考外，同時還利用夢的形式，寄託為政之道和處世智慧。

而在《莊子》書中，由於其中出現有關夢的論述比《列子》還要多，所以，其中所寄託的思想自然比《列子》更為豐富多樣。在「髑髏見夢」的故事中，莊子藉髑髏之口告訴人們，死不但不像人們心中所想的那麼可怕，反而還可以過著一種「無君於上，無臣於下；亦無四時之事，從然以天地為春秋，雖南面王樂，不能過也。」的快樂生活，企圖藉此消解人們對死後世界的排斥與恐懼，並破除人們好生惡死的觀念。而「莊周夢蝶」的故事，若綜合傳統兩種常見的詮釋取向，其一，將「莊周夢蝶」一段的詮釋重心擺在「不知周之夢為胡蝶與，胡蝶之夢為周與？」二語，推證出「覺夢如一」、「生死如一」之主旨。其二，以「昔者莊周夢為胡蝶，栩栩然胡蝶也，自喻適志與！不知周也。」為主語，引出「物我冥合」狀態下，自由、愉悅的經驗。則「莊周夢蝶」不僅強調「合」境中的愉悅、自由的美感經驗，也重視「分」境中主體心靈對「覺夢如一」、「生死如一」的反省。在「鄭人緩託夢」的故事中，如果沒有緩的資助，翟或許就沒有機會成為墨者；可是，如果不是因為翟具有墨性，就算他再怎麼學習，也無法成為墨者。因此，莊子便以「聖人安其所安，不安其所不安；眾人安其所不安，不安其所安」來提醒世人，希望人們能任物自然，不要違反物性來順從自己。可以這麼說，上述幾個故事主要都在破除世人的成見，希望人們不要陷溺於世俗既有的定見之中。

此外，莊子也藉夢寄託為政之道和處世智慧。如「周文王藉夢以舉臧丈人」的故事中，如果文王沒有假藉先君託夢顯靈，讓大臣們同意舉用臧丈人，很可能臧丈人在推行政策時，就會受到其它臣子的排擠；而無法獲得大家的支持。因此，這個故事實寄託了為政者「以合眾情」的治國之道，它指出執政者必須順著人心所向來治國，不可專權獨裁，才能獲得支持與成功。而在〈天運〉中，莊子以夢魘之喻來譏刺孔子推行過時的先王之道，這顯示莊子認為禮義法度必須應時而變，不可拘守過時的禮法而不知變通，這同樣在提供為政者治國的方針。在處世智慧方面，莊子於〈人間世〉裡，藉櫟社樹託

夢於匠石談論「大而無用」，並暗示有才之人易遭妒恨，唯有隱藏自己的才華，才不會引來殺身之禍。〈外物〉有一個「宋元君夢神龜」的故事，莊子藉神龜託夢的故事告訴人們，智慧也有困窮的時候，神靈也有不及的地方，世上的智者都有其不智之處，這正是其不能免禍的原因。所以，唯有「去智」、「去善」才是保身之道，才是眞正的大智。

　　從上述可以發現，《列子》和《莊子》書中所出現的夢描寫，都是爲了闡述哲理而設，而非單純的夢象紀實。透過生動情節的帶領，原本該是生硬的說教內容，靈活地在世人面前展現，使人們在不知不覺的情形下，進入作者的思想感情世界。這種說理方式比起教條式的陳述，當然是比較容易被讀者接受的。還值得注意的是，《列子》和《莊子》寓言中的夢意象，雖然都是其內在哲理的形象化，但比較特別的是，莊子還利用夢的形式對現實進行批判，如「髑髏見夢」的故事即反映戰國時期白骨露於野，人民生無路的社會現實。這種利用夢的形式來對現實進行嘲諷的手段，不但可以達到警醒世人的目的，同時還能避免作者受到不必要的迫害，實不失爲批判社會的好方法。

第四節　小結：《列子》與《莊子》論夢之異同

　　綜合上述各節的討論可知，《列子》與《莊子》書中所出現的夢理論與夢寓言，不論是從敘述特徵，或從它們對夢的生理認知及理論性闡述來看，都存在著許多一致性。然而，在這些「一致性」的表象之下，卻同時存在著些許差異。如在論「夢的產生」方面，我們發現《列子》與《莊子》書中所出現的夢境描寫，大致上都能與夢者最近的生活經驗產生關連，使得夢境情節和現實情節形成密不可分的一個事件；且夢境內容也能在某種程度上，適時滿足夢者的願望。然而，《列子》在論夢因時，已經注意到致夢的原因可能涉及與陰陽二氣的關係、與生理狀態的關係、與疾病的關係、與外界刺激的關係、與地理環境的關係、與人的處境的關係等，這種對於夢因的多面性關照，卻是《莊子》一書所缺乏的。至於《列子》與《莊子》中的夢寓言，雖都曾不自覺地表現人類的集體潛意識，並分別創造了重要的原型形象——「華胥夢」與「蝴蝶夢」，但「華胥夢」所表現的是作者對於理想社會的渴求，而「蝴蝶夢」則是偏向追求個人精神的絕對自由。

　　在「夢覺問題」的討論方面，《列子》與《莊子》在論夢過程中，都曾提

出「物化」概念。若單純就「物化」一詞來說，兩者同樣含有「人在夢中能夠幻化爲外物」之涵意。不過，莊子是用「物化」來說明人可以隨夢物化，當人於夢中化爲外物時，物我之間的界限便可以完全消除，其目的在引出「齊物我」、「齊萬物」之說；而《列子》則用「物化」來說明夢與覺不過是情化往復中來去相接之事，最後導出「眞人不夢」理論。在《列子》與《莊子》的思想中，它們都承認要清楚分辨夢覺，並不是件容易的事，在這個前提之下，《列子》將夢覺之別寄望於聖人的聰明睿智；但就莊子來說，「夢覺難分」始終貫穿在莊子的思想中。此外，《列子》與《莊子》雖然都提出「齊夢覺」的主張來回應「夢覺難辨」，但相較之下，《列子》的「齊夢覺」理論卻是充滿精心雕琢的痕跡，而不若莊子來得眞實自然。另如《列子》和《莊子》的「眞人無夢」理論，其背後雖然都由精神平靜作爲理論基礎，但《列子》的「眞人無夢」理論，其背後具有較明確的邏輯推理支持著；而莊子所提出的「眞人無夢」理論，則缺乏明確的論證過程。

在敘述特徵方面，《列子》喜歡運用相對的概念來對夢展開論述；莊子雖然也在論夢時，融入一些相對的概念，但這種論述方式卻不是莊子敘夢的主要手法。《列子》在論夢的過程中，將孔子視爲能夠區分夢覺的智者；但在莊子的筆下，孔子卻同樣可能陷溺在人生的幻夢之中而無法自拔。又不同於《列子》夢寓言中的角色是以「人」的形象爲主，莊子還會讓蝴蝶、櫟樹、髑髏、鬼魂、神龜等一些「非人」形象，「合理化」地出現在夢中，讓人與物、活人與死人在夢中組成一個「物化」世界；且莊子在論夢的過程中，還會將自己融入故事裡面，以便讓人覺得作品裡的人、事、物、景，都是作者所經歷、所耳聞目睹，因而無形中增加了作品的眞實性和可信度。此外，《列子》和《莊子》寓言中的夢意象，雖然都是其內在哲理的形象化，但比較特別的是，莊子還利用夢的形式對現實進行批判，如「髑髏見夢」的故事，除了「在客觀上起了對反動統治者的揭發和諷刺作用，同時，描繪了一幅戰國時代人民悲慘生活的畫面，從荒誕的超現實中透出豐富的現實性」。〔註66〕

綜上所述，筆者以爲《列子》和《莊子》論夢的最大不同處乃在於：《列子》在對於夢因的探討方面，明顯比莊子來得深入而全面；而相較於《列子》在論夢的過程中，習慣以相對的理念來呈現冷靜、理性而又抽象的分析與論

〔註66〕 王世祥：〈汪洋恣肆 詼諧詭譎——試談莊子寓言個性〉，《甘肅教育學院學報（社會科學版）》第 18 卷專輯（2002 年），頁 47。

述，莊子則是創造了許多活潑生動的夢寓言，並透過這些寓言來談論其思想。因此，我們可以說《列子》之論夢，其主要貢獻是建立了理論化與系統化的夢研究模式，且其對於夢因的多面性探討，即使從現在看來，也是極具參考價值的。而《莊子》之論夢，其最有價值之處則在於作者運用了文學虛構手法來創造不同的夢境情節，並藉此表達作者的思想情感，使得人類對於夢的關注，從單純的夢象意義探索，進入到夢象描寫藝術的文學殿堂。

第六章　結　論

一、同調與異趣

　　「夢」究竟因何而起，一向是夢研究的重要課題。依照佛洛依德的說法，夢是一種願望的達成，且夢的材料和來源主要有三類，一種是日常生活的經驗，一種是孩提時期的經驗，另一種則是來自肉體的刺激。綜觀《列子》書中有關夢的論述，如「樵夫藏鹿」、「尹氏與老役夫」、「黃帝夢遊華胥」、「穆王神遊」等故事，雖然沒有特別針對夢的性質展開理論闡述，但從故事的發展脈絡及其中隱含的寓意加以分析，仍可看出夢的產生和「日常生活的經驗」及「願望的達成」有一定的關連。而其〈周穆王篇〉有一段專門論夢的文字：「一體之盈虛消息，皆通於天地，應於物類。故陰氣壯，則夢涉大水而恐懼；陽氣壯，則夢涉大火而燔焫。陰陽俱壯，則夢生殺。甚飽則夢與，甚饑則夢取。是以以浮虛為疾者，則夢揚；以沈實為疾者，則夢溺。藉帶而寢則夢蛇，飛鳥銜髮則夢飛。將陰夢火，將疾夢食。飲酒者憂，歌儛者哭。」從中可看出夢的產生和陰陽二氣、生理狀態、疾病、外界刺激、地理環境、人的處境等因素有密切關連，此亦和佛洛依德提出的「願望的達成」、「肉體的刺激」等致夢之因是類似的。此外，《列子》提出的八徵、六候、神遇為夢等觀念，也對夢的特性作了闡述。由此看來，《列子》對於夢的認識已達某種深度，而這些和夢相關的理論，也能在一定程度上，提供有志探索夢的奧秘的研究者做為參考。至於《莊子》書中有關夢的論述，從「莊周夢蝶」故事可知夢的產生是一種「願望的達成」；從「匠石夢見櫟社樹」及「莊子夢中與髑髏對話」這兩則故事的敘述脈絡可知，夢的產生和「日常生活的經驗」具有關連性。

此外，莊子曾提出「其寐也魂交」的觀點，這個觀點承續古代的夢魂觀念，認爲夢來自作夢者的內在靈魂，即夢是由人在睡眠中的神魂交合而成。

又根據榮格的說法，夢的種類有兩種：一種是個人的夢，一種是原型的夢。榮格認爲，夢在將概念影像化時，其中某些概念是人類所共有的，這些共同的概念就是「集體潛意識」中的「原型」。「原型」是人類心靈的一種本能傾向，它們會一再以象徵的方式出現在人類的神話和夢境，當這些充滿象徵意義的原型出現在夢中時，它的目的不是要滿足欲望，而是要對現實生活裡的難題帶來啓示，或提醒被忽視的一些重要問題。《列子》與《莊子》中的夢寓言，都曾不自覺地表現人類的集體潛意識，如《列子》中的華胥國，主要表現人類渴求祥和、安定的潛意識；而從變形神話的角度來看，莊周夢爲蝴蝶的原因，乃根源於人類想要衝出「固定形體」的潛意識。另如〈田子方〉敘述周文王編造假夢以舉用臧丈人的故事，主要表現人類共同的「求賢」潛意識，至於那些能與人溝通對話的髑髏、櫟社樹、神龜等形象之出現，也與人們普遍認爲「萬物有靈」的觀念有密切關連。然而，雖然莊子的夢寓言及「魂交」觀念，同樣可以作爲探索夢因的參考，但因爲《莊子》書中並沒有像《列子·周穆王篇》一樣，有專門針對夢的成因、特點等展開系統性論述的文字，因此，若要拿《莊子》書中有關夢的論述，來作爲探索夢因的參考，則其可供參考的資料顯然不如《列子》來得豐富。

如何區分夢覺，同被列爲夢研究的重要課題。在《列子》與《莊子》的思想中，它們都承認要區分夢覺並不是件容易的事。但《列子》曾說：「欲辨覺夢，唯黃帝孔丘。」由此推測，在《列子》的思想理路中，夢與覺應該是可以區分的，只不過，因爲黃帝、孔丘早已不在，所以最終還是無人能區分夢覺。而莊子雖曾以「其寐也魂交，其覺也形開」來區分夢覺，但他也指出，人處於夢中時，並不知道自己正在作夢，正因爲如此，所以人在夢中時，往往自以爲清醒，甚至還在夢中占其夢之吉凶，等到醒覺後，才知道所夢所占都只是夢而已。基於此，莊子並不強調如何區分生理意義上的夢與覺，而是希望人們能「覺」世之大夢，從汲汲營營的人生大夢中解脫出來。

又因爲夢與覺是難以區分的，所以莊子便以自己夢爲蝴蝶的經驗來告訴人們，唯有消解「夢」、「覺」兩種精神狀態的對立，並進而在精神上消解自我意識，才能讓自我與外物的界限完全打通，也才能進入「齊萬物」的理想境界。而《列子》中「尹氏與老役夫」的故事，作者爲了消除夢覺生活的相

對性，運用許多相對的概念，將讀者導引至夢覺無分的觀點；至於「樵夫藏鹿」的故事，在故事情節的層層推進下，有夢有覺，似夢似覺，終亦帶出夢覺齊一的思想。換言之，《列子》與《莊子》的「齊夢覺」主張，都是在「夢覺難分」的情形下所作出的回應。不過，相較於「莊周夢蝶」故事的最終主旨乃在於「齊萬物」而非「齊夢覺」，則《列子》對於「齊夢覺」理論之著力，當然是比較深刻的，或許因為如此，所以它的「齊夢覺」理論便充滿精心雕琢之痕跡，而不若莊子來得真實自然。

此外，《列子》與《莊子》在論夢過程中，都曾提出「物化」概念。若單純就「物化」一詞來說，兩者同樣含有「人在夢中能夠幻化為外物」之涵意。只不過，莊子是用「物化」來說明人可以隨夢物化，當人於夢中化為外物時，物我之間的界限便可以完全消除，其目的在引出「齊物我」、「齊萬物」之說；而《列子》則用「物化」來說明夢與覺不過是情化往復中來去相接之事，最後導出「真人不夢」理論。巧合的是，這種「真人無夢」的觀點，在《莊子・大宗師》也有出現。只是，雖然《列子》與《莊子》的「真人無夢」理論，其背後都由精神平靜作為理論基礎，但《列子》提出的「真人無夢」，是在專門論夢的情況下所得出的結論；而莊子卻是在論述真人的一連串特質時，提出了「真人無夢」的觀點，就好像真人理所當然應該具備「無夢」的特質似的。正因為如此，所以嚴靈峯認為莊子應該是在聽過《列子》「真人不夢」理論的情形之下，節取《列子》「古之真人，其覺自忘，其寢不夢」之說以為文。

在敘述特徵方面，《列子》在論夢的過程中，有意識地運用許多「相對」的概念，並且喜歡將多種相對關係集中在一起，營造出複雜的相對關係；而莊子在論夢的過程中，雖然同樣融入了一些相對的概念，但其運用的相對概念都是比較單純的。又不同於《列子》夢寓言中的角色是以「人」的形象為主，莊子還會讓蝴蝶、櫟樹、髑髏、鬼魂、神龜等一些「非人」形象，「合理化」地出現在夢中，讓人與物、活人與死人在夢中組成一個「物化」世界；且莊子在論夢的過程中，還會將自己融入故事裡面，以便讓人覺得作品裡的人、事、物、景，都是作者所經歷、所耳聞目睹，因而無形中增加了作品的真實性和可信度。還值得注意的是，《列子》和《莊子》寓言中的夢意象，雖然都是其內在哲理的形象化，但比較特別的是，莊子還利用夢的形式對現實進行批判，如「髑髏見夢」的故事即反映戰國時期白骨露於野，人民生無路的社會現實。

　　整體而言，《列子》與《莊子》書中有關夢的論述，雖有部分思想或內容是極為相似的；但若進一步深入探究，就會發現它們對於夢的基本關注是不同的，如《列子》主要是從冷靜、理智的角度來分析夢的特性、夢覺問題等；而《莊子》則多偏重在夢覺問題的哲學思辨，以及創造充滿「物化」色彩的夢寓言。因此，我們可以說《列子》之論夢，其主要貢獻是建立了理論化與系統化的夢研究模式，而其對於夢因的多面性探討，即使從現在看來，也是極具參考價值的。如《列子・周穆王篇》所提出的「感變」概念：「不識感變之所起者，事至則惑其所由然；識感變之所起者，事至則知其所由然。知其所由然，則無所怛。一體之盈虛消息，皆通於天地，應於物類。故陰氣壯，則夢涉大水而恐懼；……飲酒者憂，歌儛者哭。」按作者的觀點，無論是醒覺還是睡夢，人的這些精神活動都是一種「感變」，即由「感」而「變」，由「變」而生，所以都有原因可尋。「所起者」就是原因；由一定原因產生一定的結果，則屬「所由然」。從一體之「通於天地，應於物類」看，睡夢來自「外感」；然從「一體之盈虛消息」看，睡夢又來自「內感」。陰壯、陽壯、甚飽、甚飢以及浮虛、沈實等等，都屬於內感，但藉帶、銜髮、將陰、將晴等等，又都屬於外感。作者根據這些現象提出「感變」這一概念，標誌著中國古代對夢的生理病理原因的認識，已經達到一個新的水平。〔註1〕同時，這種由內感和外感來考察發夢機制的觀點，即使到了現代，仍然被視為引起夢的重要原因，如佛洛依德便指出：「只要外界的神經刺激和肉體內部的刺激其強度足夠引起心靈的注意（如果它們只夠引起夢，而不使人驚醒的程度），它們即可構成產生夢的出發點和夢資料的核心」。〔註2〕另如〈周穆王篇〉提到：「以浮虛為疾者，則夢揚。以沈實為疾者，則夢溺。」其中「浮虛」、「沈實」屬脈象，「夢揚」、「夢溺」為夢象，這裡指出脈象的不同會導致夢象不同；而現代醫學證明，「人在睡眠中如果遇到外界或體內某中弱刺激，經神經傳導到大腦皮質的一定部位，這個部位便會出現一定的興奮狀態，由此就會產生一定的夢象。而夢象的內容，確實同所受的那種刺激、被刺激的感官、受影響的臟腑和人體部位，以及大腦皮質的興奮區有關。」〔註3〕由此可見，《列子》提

〔註1〕　劉文英：《夢的迷信與夢的探索》（台北：曉園出版社有限公司，1993年），〈關於夢的原因和機制〉，頁206。

〔註2〕　佛洛依德著，賴其萬、符傳孝譯：《夢的解析》（台北：志文出版社，2005年），〈夢的材料與來源〉，頁186。

〔註3〕　劉文英：《夢的迷信與夢的探索》，〈關於夢的原因和機制〉，頁200～201。

出「脈象」和「夢象」是有關連的觀點，至今仍然是符合事實的。

　　至於《莊子》之論夢，其最有價值之處則在於作者運用了文學虛構手法來創造不同的夢境情節，並藉此表達作者的思想情感，使得人類對於夢的關注，從單純的夢象意義探索，進入到夢象描寫藝術的文學殿堂，換言之，「莊子已經跳出了時人記夢常限於直揚天命的窠臼，開始對夢進行自覺的形而上思考，《莊子》中的夢意象也因此具有更為純粹的文學色彩。它們的出現與迷信神學、政治功利主義目的並無直接關係，也不受具體史實的羈絆，可以隨心所欲、盡情發揮，骷髏、草木、神龜皆可入夢參與言說」，〔註4〕正因為如此，所以莊子才會被視為中國「夢象藝術」的創始人。〔註5〕此外，姚偉鈞曾指出：「早在戰國時期，《莊子》在『莊周夢蝶』的故事裡，就以夢境與現實的或即或離狀態來懷疑現實、人生，乃至人的主體的實在性。從此，也在中國古代文學中形成一種傳統，即以夢境與現實的對比，來關照現實社會的荒誕，透視人生的自我虛無，從而召喚精神幻想的永恆。」〔註6〕換言之，自《莊子》以後，通過夢境描寫來揭示現實生活中的矛盾，並從中寄託對生命的感悟、對理想的追求，已成為中國文學的一種表現內容。如有人認為，陶淵明在〈桃花源記〉中所描述的世外桃源，乃是作者以夢境來表現作者理想的散文。〔註7〕另諸如唐代傳奇中的《南柯記》和《枕中記》，及明代湯顯祖的《南柯夢》、《邯鄲夢》等，亦無不是在現實之上，建構一個理想的夢境，藉此傳達人生如夢、宦海如夢的感悟。

　　李白曾在〈古風〉（其九）寫道：「莊周夢胡蝶，胡蝶為莊周。一體更變

〔註4〕鄒強：《中國經典文本中夢意象的美學研究》（山東：山東大學博士論文，2006年），〈中國文學傳統中夢意象的美學歷程〉，頁91。

〔註5〕張蘭花、白本松指出，夢象描寫在夢文化發展史中大致經歷三個階段：一是具有「夢兆」喻意、帶有神學性質的夢象紀實階段，二是拓寬至各領域的「夢象」之自主構設階段，三是「夢象」藝術在文學創作中的自由運用階段。而從第一至第二階段，即由紀實到藝術虛構、由自然生發到人為創設、由神學到文學夢象描寫的發展過程中，莊子對「夢象藝術」的開創是其轉變的關鍵。莊子以夢為文的創作，從真正意義上拉開了中國夢文學的發展序幕，也奠定了他在夢象描寫藝術乃至夢文學史上的始祖地位。參見張蘭花、白本松：〈莊子是中國「夢象藝術」的創始人〉，《中州學刊》第4期（2005年7月），頁190～194。

〔註6〕姚偉鈞：《神秘的占夢：夢文化散論》（南寧：廣西人民出版社，2004年），〈五光十色的夢占和夢幻文學〉，頁146。

〔註7〕華同：〈夢與文學〉，《中華文化》第12期（1998年6月），頁57。

易，萬事良悠悠。乃知蓬萊水，復作清淺流。青門種瓜人，舊日東陵侯。富貴故如此，營營何所求？」〔註8〕從表面上來看，由「莊周夢蝶」所引發的「人生如夢」之感慨，總不免給人一種消極、無奈的感覺，「但這消極的背後是對於人生深層的感悟和體驗，蘊藏著以『小無換大有』的人生智慧，所謂『退一步而海闊天空』，莊子的這種思想，告誡人們不要執著名利的追求，斷不可為外物所役，這在一定範圍內是有著深刻的道理的」。〔註9〕此或許便是蘇軾在面對人生的失意與困頓時，之所以選擇用「人生如夢」這四個字來寬慰自己的原因吧！

二、從夢覺問題談面對生命的態度

當年的莊子，曾在夢中幻化為一隻蝴蝶，並在夢中享受自適愉悅的飛翔之樂，由於這個夢實在太過真實，所以莊子在醒來之後，不禁對夢覺生活的真實與虛妄產生疑惑。而按照《列子》書中的看法，關於生理所感受的「夢」、「覺」差異，其實來自於人的習慣和成見，即所謂的真實和虛妄，完全取決於夢與醒覺在人的生活中所佔時間的長短。因此，便有「古莽之國」的「以夢中所為者實，覺之所見者妄」；「中央之國」的「以為覺之所為者實，夢之所見者妄」；以及「阜落之國」的「常覺而不眠」，根本不知道有夢的存在。既然所謂的夢覺之分，是由人們主觀設定，那麼，一般人所謂的「真實世界」，亦不過是世俗標準的產物，而不能稱之為真理。所以，夢是否必然虛幻？醒覺是否就是真實？便可以隨著不同的認定標準而有不同答案。基於此，人們在所謂「真實世界」中遭遇的悲歡、聚散、成敗、得失……等各種人生際遇，根本就無須太在意，因為真實與虛幻的界限，本無絕對、客觀的標準，且人們於所謂「真實世界」中汲汲營營追求的功名利祿，很可能正如莊子所言「方其夢也，不知其夢也」的情況，即當人們「真正」清醒的那一刻，曾經以為的「真實」，便會立刻成為幻夢一場。既然如此，我們不妨用「隨遇而安」的心態來面對世間紛擾的萬事，千萬不要為了趨利避害而處心積慮地謀求與計畫，甚至因此而傷害了他人。

〔註8〕 〔清〕彭定求、楊中訥等主編：《全唐詩》（北京：中華書局，1992年），冊5，頁1672。

〔註9〕 鄔強：《中國經典文本中夢意象的美學研究》，〈中國文學傳統中夢意象的美學歷程〉，頁95。

　　然而，如果眞實與虛幻之間並無客觀、確定的界限，那對於夢覺生活的轉換差異，又該用什麼心態來面對呢？《莊子・齊物論》曾說：「夢飲酒者，旦而哭泣；夢哭泣者，旦而田獵。」而《列子・周穆王篇》中的尹氏與老役夫，尹氏畫醒時爲富貴之身，夜夢則淪爲僕役；老役夫則畫爲僕役，夢爲國君。這種「夢中苦者覺時逸，覺時苦者夢中逸」的情況，雖不能概括所有人的夢覺生活，但人們在閱讀上述文字時一定會心想：如果可以在夢覺生活中，同樣享受歡樂安逸的生活，那不知該有多好呢！只是，這樣的心願有可能達成嗎？莊子認爲，只要能做到精神上的絕對自由，不要執著於世間萬事，自然不會在清醒時爲俗事所擾，甚至到了夢裡，還繼續被這些事情糾纏著。《列子》指出，白天所想的乃是夜晚作夢的原因。因此，精神凝靜不與外界相遇，夢便無從做起。由此可知，《列子》和《莊子》都認爲，只要醒覺時能夠做到精神上無所掛礙，則那些擾人的思緒便不會繼續在夢中糾纏不清，順此所引出的便是「眞人不夢」理論。孔子曾說：「甚矣吾衰也！久矣無不復夢見周公。」〔註10〕朱熹注曰：「孔子盛時，志欲行周公之道，故夢寐之間，如或見之。至其老而不能行也，則無復是心，而亦無復是夢矣，故因此而自歎其衰之甚也。」〔註11〕孔子年輕時力行周公禮樂之道，如今已經衰老，時不我予，再也無心施行周公之道，由於不再有此心思意念，所以就不再夢見周公。〔註12〕此時的「不夢」對於孔子來說，或許是超越了政治俗世的企圖心，而也有些「眞人不夢」的境界吧！

　　只是，《文心雕龍・序志》有云：「予生七齡，乃夢彩云若錦，則攀而采之。齒在逾立，則嘗夜夢執丹漆之禮器，隨仲尼而南行。且而寤，乃怡然而喜，大哉！聖人之難見哉，乃小子之垂夢歟！」〔註13〕彩雲夢是劉勰兒時對

〔註10〕　〔宋〕朱熹：《四書章句集註・論語集注卷四・述而第七》（台北：鵝湖出版社，1996年），頁94。

〔註11〕　〔宋〕朱熹：《四書章句集註・論語集注卷四・述而第七》，頁94。

〔註12〕　劉文英則指出：「爲什麼孔子早年夢見周公，而晚年不夢周公呢？按張載的觀點，這要看有沒有一種志向來通引：『從心莫如夢，夢見周公，志也；不夢，欲不逾矩也，不願乎外也，順之志也，老而安死也。』孔子早年立志恢復周禮，而周禮則同周公聯繫在一起。『仲尼生於周，從周禮，故旦公（周公旦）法（禮制）壞，夢寐不忘爲東周之意。』夢發於心，心志指向哪裡，便會夢見那裡的人、物或事。晚年孔子修養已經達到『欲不逾矩』的境界，他看到世道已不可能恢復周禮，所以順其自然，不願爲其奮鬥。由『老而安死』，沒有那種志向來通引，所以也就不再夢見周公了。」劉文英：《夢的迷信與夢的探索》，〈夢在文化網絡中的影響〉，頁506。

〔註13〕　〔梁〕劉勰撰，〔清〕黃叔琳注：《文心雕龍注十卷》（台北：世界書局，1984

美好未來的期盼，隨孔子南行夢是中年劉勰渴望自己的才能得到認可的心理反映。劉勰在入仕之前，因爲有這兩個美夢，所以對人生始終保持著積極的態度，然而，當他爲沈約賞識而走上仕途之後，卻始終無法實現政治抱負，夢的破滅，使他再度入佛，「未期而卒」。〔註14〕從這個角度來看，「夢」既然可以把現實的渴望轉換爲幻想的滿足，讓「現實」與「理想」的衝突獲得緩解，那麼，「作夢」似乎未必是壞事，而「不夢」也未必就是好事。再者，若由「眞人不夢」與「莊周夢蝶」的矛盾情況看來，「夢」與「不夢」是可以同時依於自由清明的精神狀態而兩不相妨的。即倘若莊子在眞人的境界而確然夢爲蝴蝶，那麼，至少莊子知道這個夢並非幻成、蕩馳，故而促使他進一步的思索與說明——也就是他深知這個夢的意義，迥異於尋常的夢的蕩馳與幻成，其憬悟亦正由此而來。〔註15〕既然如此，則不管是執著於「夢」或「不夢」的任何一端，便都屬偏執的惑見，而不算眞正的通達事理；唯有當人們能如同「老役夫」一樣，安然地接受在眞實人生與虛妄夢境所遭遇的一切，才能夠眞正從人生際遇中解脫出來，再不必爲了計較功名利祿而患得患失、勞心勞神。

年），頁 175。

〔註14〕 趙必珊：〈劉勰二夢的心理分析〉，《湖北成人教育學院學報》第 1 期（2001年 1 月），頁 20～22。

〔註15〕 徐聖心：《莊子內篇夢字義蘊試詮》（台北：台灣大學中國文學研究所碩士論文，1991 年），〈眞人不夢與莊周夢蝶〉，頁 65。

參考書目

一、專　著

（一）《列子》及其研究類

1. 張湛注：《列子》（台北：藝文印書館，1975 年）。

2. 周紹賢：《列子要義》（台北：文景出版社，1975 年）。

3. 陶光：《列子校釋》（台北：河洛圖書出版社，1975 年）。

4. 莊萬壽：《新譯列子讀本》（台北：三民書局股份有限公司，1979 年）。

5. 嚴靈峯：《列子辯誣及其中心思想》（台北：時報文化出版事業有限公司，1983 年）。

6. 羅肇錦：《列子：禦風而行的哲思》（台北：時報文化出版事業有限公司，1983 年）。

7. 楊伯峻：《列子集釋》（台北：華正書局，1987 年）。

8. 蕭登福：《列子古注今譯》（台北：文津出版社，1990 年）。

9. 蕭登福：《列子探微》（台北：文津出版社，1990 年）。

10. 嚴北溟、嚴捷：《列子譯注》（台北：書林出版股份有限公司，1995 年）。

11. 馬達：《《列子》眞偽考辨》（北京：北京出版社，2000 年）。

12. 應涵：《虛靜人生——列子》（台北：正展出版公司，2000 年）。

13. 胡眞：《列子現代版》（上海：上海古籍出版社，2001 年）。

14. 王平、張廣保注釋：《列子·抱朴子內篇》（北京：華夏出版社，2002 年）。

15. 東方橋：《走進列子理想的大世界》（台北：玄同文化事業有限公司，2003 年）。

16. 何淑貞：《展現生命芬芳的神話傳說——列子的智慧》（台北：圓神出版社，2006 年）。

（二）《莊子》及其研究類

1. 王先謙：《莊子集解》（台北：台灣商務印書館股份有限公司，1969 年）。

2. 周紹賢：《莊子要義》（台北：文景出版社，1973 年）。

3. 黃錦鋐：《莊子及其文學》（台北：東大圖書股份有限公司，1977 年）。

4. 王夫之：《莊子解》（台北：河洛圖書出版社，1978 年）。

5. 王煜：《老莊思想論集》（台北：聯經出版事業公司，1979 年）。

6. 張默生：《莊子新譯》（台北：漢京文化事業公司，1983 年）。

7. 蔡宗陽：《莊子之文學》（台北：文史哲出版社，1983 年）。

8. 顏崑陽：《莊子藝術精神析論》（台北：華正書局，1985 年）。

9. 劉光義：《莊學蠡測》（台北：台灣學生書局，1986 年）。

10. 陳鼓應：《莊子今註今譯》（台北：台灣商務印書館股份有限公司，1987年）。

11. 吳怡：《逍遙的莊子》（台北：東大圖書股份有限公司，1988 年）。

12. 王叔岷：《莊子校詮》（台北：中研院史語所，1988 年）。

13. 陳品卿：《莊學新探》（台北：文史哲出版社，1991 年）。

14. 高柏園：《莊子內七篇思想研究》（台北：文津出版社，1992 年）。

15. 崔大華：《莊學研究》（北京：人民出版社，1992 年）。

16. 郭慶藩：《莊子集釋》（台北：萬卷樓圖書有限公司，1993 年）。

17. 陳鼓應：《老莊新論》（台北：五南圖書出版股份有限公司，1993 年）。

18. 劉笑敢：《莊子哲學其及演變》（北京：中國社會科學出版社，1993 年）。

19. 顏崑陽：《人生是無題的寓言：莊子的寓言世界》（台北：躍昇文化事業有限公司，1994 年）。

20. 錢穆：《莊子纂箋》（台北：聯經出版事業公司，1994 年）。

21. 錢穆：《莊老通辨》（台北：聯經出版事業公司，1994 年）。

22. 杜保瑞：《莊周夢蝶》（台北：書泉，1995 年）。

23. 葉海煙：《老莊哲學新論》（台北：文津出版社，1997 年）。

24. 白本松、王利鎖：《逍遙之祖——《莊子》與中國文化》（河南：河南大學出版社：1997 年）。

25. 譚宇權：《莊子哲學評論》（台北：文津出版社，1998 年）。

26. 牟宗三講述，陶國璋整構：《莊子齊物論義理演析》（台北：書林出版有限公司，1999 年）。

27. 池田知久著，黃華珍譯：《《莊子》——「道」的思想及其演變》（台北：國立編譯館，2001 年）。

28. 陳鼓應:《莊子哲學》(台北:台灣商務印書館股份有限公司,2003 年)。

29. 熊鐵基、劉固盛、劉韶軍等著:《中國莊學史》(長沙:湖南人民出版社,2003 年)。

30. 劉榮賢:《莊子外雜篇研究》(台北:聯經出版事業股份有限公司,2004 年)。

31. 胡道靜主編:《十家論莊》(上海:上海人民出版社,2004 年)。

32. 王博:《莊子哲學》(北京:北京大學出版社,2004 年)。

33. 愛蓮心(Robert E.Allinson)著,周熾成譯:《嚮往心靈轉化的莊子:內篇分析》(南京:江蘇人民出版社,2004 年)。

34. 葉舒憲:《莊子的文化解析》(西安:陝西人民出版社,2005 年)。

35. 徐克謙:《莊子哲學新探》(北京:中華書局,2005 年)。

36. 陳少明:《齊物論及其影響》(北京:北京大學出版社,2005 年)。

(三)經史古籍類

1. 阮元校勘:《十三經注疏·禮記正義》(台北:大化書局,1989 年)。

2. 阮元校勘:《十三經注疏·周禮注疏》(台北:大化書局,1989 年)。

3. 竹添光鴻:《左傳會箋》(台北:天工書局,1998 年)。

4. 王弼注:《老子道德經》(台北:文史哲出版社,1997 年)。

5. 王冰注:《黃帝內經》(北京:中國古籍出版社,2003 年)。

6. 郭璞注:《穆天子傳》,收於《叢書集成初編》(北京:中華書局,1985 年)。

7. 瀧川龜太郎:《史記會注考證》(台北:文史哲出版社,1993 年)。

8. 許慎著,段玉裁注:《說文解字》(台北:書銘出版事業有限公司,1997 年)。

9. 王符:《潛夫論》(台北:黎明文化事業出版社,1996 年)。

10. 皇甫謐:《帝王世紀》,收於《叢書集成初編》(北京:中華書局,1985 年)。

11. 劉勰撰,黃叔琳注:《文心雕龍注十卷》(台北:世界書局,1984 年)。

12. 李泌:《枕中記》,收於《叢書集成初編》(北京:中華書局,1985 年)。

13. 王琦注:《李太白全集》(台北:河洛圖書出版社,1975 年)。

14. 蘇軾:《蘇東坡全集》(台北:河洛圖書出版社,1975 年)。

15. 朱熹:《四書章句集註》(台北:鵝湖出版社,1996 年)。

16. 陳士元:《夢占逸旨》,收於《叢書集成初編》(北京:中華書局,1985 年)。

(四)「夢」的研究類

1. 王溢嘉:《夢的世界》(台北:野鵝出版社,1983 年)。

2. 佛洛姆(Erich From)撰,葉頌壽譯:《夢的精神分析:被遺忘的語言》(台

北：志文出版社，1983年）。

3. 蓋肯巴赫(Jayne Gackenbach)、珍・波斯維德(Jane Bosveld)著，朱恩伶譯：《夢的指南：解析奧妙的清明之夢》（台北：遠流出版社，1992年）。

4. 劉文英：《夢的迷信與夢的探索》（台北：曉園出版社有限公司，1993年）。

5. 傅正谷：《中國夢文學史》（北京：光明日報出版社，1993年）。

6. 傅正谷：《中國夢文化》（北京：中國社會科學出版社，1993年）。

7. 王溢嘉：《夜間風景——夢》（台北：野鵝出版社，1994年）。

8. 楊健民：《中國夢文化史》（福建：福建教育出版社，1997年）。

9. 榮格(Carl Gustav Jung)著，劉國彬、楊德友譯：《榮格自傳：回憶・夢・省思》（台北：張老師文化出版社：1997年）。

10. 露易斯（James R. Lewis）原著，王宜燕、戴育賢譯：《夢的百科全書》（台北：五南圖書出版股份有限公司，1999年）。

11. 劉文英、曹田玉：《夢與中國文化》（北京：人民出版社，2003年）。

12. 姚偉鈞：《神秘的占夢：夢文化散論》（南寧：廣西人民出版社，2004年）。

13. 佛洛依德（Sigmund Freud）著，楊韶剛譯：《佛洛依德之夢的解析》（台北：百善書房，2004年）。

14. 佛洛依德（Sigmund Freud）著，賴其萬、符傳孝譯：《夢的解析》（台北：志文出版社，2005年）。

15. 霍布森（J.Allan Hobson）著，潘震澤譯：《夢的新解析——承繼佛洛依德的未竟事業》（台北：天下遠見出版股份有限公司，2005年）。

16. 詹姆斯・霍爾（James A.Hall,M.D）著，廖婉如譯：《榮格解夢書——夢的理論與解析》（台北：心靈工坊文化事業股份有限公司，2006年）。

（五）其他

1. 萊特(Willia Righter)撰，何文敬譯：《神話與文學》（台北：成文出版社，1979年）。錢鍾書：《管錐編（中）》（香港：太平圖書公司，1980年）。

2. 楊家駱主編：《全唐五代詞彙編》（台北：世界書局，1980年）。

3. 楊汝舟：《道家思想與西方哲學》（台北：中央文物供應社，1983年）。

4. 王邦雄：《老子的哲學》（台北：東大圖書股份有限公司，1984年）。

5. 世界書局編輯部主編：《全宋詞》（台北：世界書局，1984年）。

6. 榮格（Carl Gustav Jung）著，馮川、蘇克譯：《心理學與文學》（台北：久大文化股份有限公司，1990年）。

7. 王溢嘉：《精神分析與文學》（台北：野鵝出版社，1991年）。

8. 彭定求、楊中訥等主編：《全唐詩》（北京：中華書局，1992年）。

9. 譚宇權：《老子哲學評論》（台北：文津出版社，1992年）。

10. 鄧啓耀：《中國神話的思維結構》（重慶：重慶出版社，1992 年）。

11. 王立：《中國古代文學十大主題——原型與流變》（台北：文史哲出版社，1994 年）。

12. 袁保新：《老子哲學之詮釋與重建》（台北：文津出版社，1997 年）。

13. 劉笑敢：《老子》（台北：東大圖書股份有限公司，1997 年）。

14. 喬瑟夫‧坎伯（Joseph Campbell）、莫比爾（Bill Moyers）著，朱侃如譯：《神話》（台北：立緒文化事業有限公司，1998 年）。

15. 羅蘭‧巴特(Roland Barthes)著，許薔薔、許綺玲譯：《神話學》（台北：桂冠出版社，1998 年）。

16. 霍普克（Robert H.Hopcke）著，蔣韜譯：《導讀榮格》（台北：立緒文化事業有限公司，1998 年）。

17. 熊哲宏：《心靈深處的王國：佛洛依德的精神分析學》（武漢：湖北教育出版社，1999 年）。

18. 莫瑞‧史坦(Murray Stein)著，朱侃如譯：《榮格心靈地圖：人類的先知神秘心靈世界的拓荒者》（台北：立緒文化事業有限公司，1999 年）。

19. 陳厚誠、王寧：《西方當代文學批評在中國》（天津：百花文藝出版社，2000 年）。

20. 鄭良樹：《諸子著作年代考》（北京：北京圖書館出版社，2001 年）。

21. 蕭兵：《神話學引論》（台北：文津出版社有限公司，2001 年）。

22. 榮格（Carl Gustav Jung）主編，龔卓君譯：《人及其象徵：榮格思想精華的總結》（台北：立緒文化事業有限公司，2001 年）。

23. 卡夫卡（Franz Kafka）著，李文俊譯：《變形記：卡夫卡短篇小說選》（台北：商周，2005 年）。

二、期刊論文

（一）《列子》研究

1. 楊伯峻：〈從漢語史的角度來鑑定中國古籍寫作年代的一個實例——《列子》著述年代考〉，見於楊伯峻：《列子集釋》（台北：華正書局，1987 年），附錄三〈辨偽文字輯略〉，頁 323～348。

2. 鄭良樹：〈《列子》真偽考述評〉，《中國文哲研究通訊》第 10 卷第 4 期（1990 年 10 月），頁 209～235。

3. 章滄授：〈《列子》散文多面觀〉，《安慶師範學院學報》第 2 期（1994 年），頁 59～65。

4. 馬振亞：〈《列子》中關於稱數法的運用——兼論《列子》的成書年代〉，《東北師大學報（哲學社會科學版）》第 2 期（1995 年），頁 76～81。

5. 馬振亞：〈從詞的運用上揭示《列子》偽書的眞面目〉，《吉林大學社會科學學報》第 6 期（1995 年），頁 77～80。

6. 彭自強：〈《列子》的名實觀〉，《西南師範大學學報（哲學社會科學版）》第 5 期（1997 年），頁 77～81。

7. 馬達：〈劉向《列子敘錄》非偽作——馬敘倫《列子偽書考》匡正之一〉，《大陸雜誌》第 94 卷第 4 期（1997 年 4 月），頁 158～163。

8. 譚家健：〈《列子》的科學猜測與幻想〉，《中國國學》第 26 期（1998 年 11 月），頁 21～31。

9. 吳佳眞：〈《列子》中的神話運用研究〉，《問學集》第 9 期（1999 年），頁 35～58。

10. 胡家聰：〈《列子》是早期的道家黃老學著作——兼論稷下黃老學之興起高潮〉，《管子學刊》第 4 期（1999 年），頁 34～38。

11. 譚家健：〈《列子》的科學猜想〉，《遼寧大學學報》第 4 期（1999 年），頁 72～78。

12. 譚家健：〈《列子》的理想世界〉，《中國文學研究》第 3 期（1999 年），頁 27～33。

13. 林義正：〈論列子之「虛」〉，《台大哲學評論》第 22 期（1999 年 1 月），頁 105～135。

14. 譚家健：〈《列子》故事淵源考略〉，《社會科學戰線》第 3 期（2000 年），頁 136～144。

15. 林麗眞：〈《列子》書中的「聖人」觀念及其思維特徵〉，《文史哲學報》第 52 期（2000 年 6 月），頁 119～140。

16. 馬達：〈從寓言文學史的角度論證《列子》非魏晉人偽作〉，《常州工學院學報》第 13 卷第 3 期（2000 年 9 月），頁 61～64。

17. 陳宏銘：〈列子的政治思想〉，《中華道教學院南臺分院學報》第 1 期（2000 年 9 月），頁 179～190。

18. 陳宏銘：〈列子的宇宙論〉，《中華道教學院南臺分院學報》第 2 期（2001 年 10 月），頁 65～83。

19. 吳曉青：〈《列子》的生死觀〉，《文與哲》第 1 期（2002 年 12 月），頁 59～95。

20. 盧桂珍：〈張湛宇宙觀辨析〉，《哲學與文化》第 31 卷第 3 期（2004 年 3 月），頁 149～169。

21. 管宗昌：〈《列子》中無佛家思想——《列子》非偽書証據之一〉，《大連民族學院學報》第 6 卷第 2 期（2004 年 3 月），頁 29～31。

22. 楊滌柳：〈論《列子》對《莊子》寓言的應用〉，《四川師範大學學報（社會科學版）》第 31 卷第 4 期（2004 年 7 月），頁 46～52。

23. 詹福瑞:〈莊子與《列子》生命觀異同論〉,《哲學研究》第 3 期(2005 年), 頁 43～47。

24. 廖俊裕:〈列子其人及《列子》成書之歷史考察〉,《研究與動態》第 3～4 期合輯(2005 年 4 月),頁 3～9。

25. 管宗昌、楊秀蘭:〈《列子》研究綜述〉,《大連民族學院學報》第 2 期(2006 年 3 月),頁 30～33。

26. 黃素嬌:〈黃帝夢遊華胥國〉,《中國語文》第 595 期(2007 年 1 月),頁 93～99。

(二)《莊子》研究

1. 蔣振華:〈《莊子》夢寓言──中國夢文學的開山鼻祖〉,《求索》第 3 期(1995 年),頁 101～102。

2. 李霞:〈莊子研究四十五年〉,《哲學動態》第 6 期(1995 年),頁 5～7。

3. 李美燕:〈從「莊周夢蝶」論莊子的「物化」觀〉,《國立屏東師範學院屏東師院學報》第 10 期(1997 年),頁 355～370。

4. 陳洪:〈蝶夢之夢與渾沌之死──《莊子》「物化」「氣變」論解析〉,《蘇州大學學報(哲學社會科學版)》第 1 期(1997 年),頁 66～71。

5. 李伯聰:〈論莊子的夢覺弔詭──〈齊物論〉讀書筆記之一〉,《自然辯證法研究》第 13 卷第 8 期(1997 年),頁 6～12。

6. 鍾雲鶯:〈《莊子》之「夢」探析〉,《鵝湖月刊》第 23 卷第 5 期(1997 年 11 月),頁 43～51。

7. 張中載:〈莊周夢蝴蝶與格里戈爾變甲蟲〉,《外國文學》第 6 期(1998 年),頁 82～86。

8. 吳明益:〈試論《莊子》藉「夢」表述之生命理境〉,《國立中央大學中國文學研究所論文集刊》第 5 期(1998 年 5 月),頁 14～27。

9. 曹智頻:〈大陸近五十年來的莊子研究〉,《鵝湖月刊》第 24 卷第 4 期(1998 年 10 月),頁 15～24。

10. 芮寧生:〈近 20 年莊子散文藝術研究綜述〉,《江漢論壇》(1999 年 8 月)。

11. 周明俠:〈莊周夢蝶與「以物觀物」──《齊物論》主旨解讀〉,《船山學刊》第 1 期(2000 年),頁 25～28。

12. 梁徐寧:〈莊子的「物化」概念解析〉,《中國哲學史》第 4 期(2001 年),頁 47～51。

13. 沈毅:〈死生齊一,鼓盆而歌:莊子的生死觀〉,《歷史月刊》(2001 年 8 月),頁 73～80。

14. 王世祥:〈汪洋恣肆 詼諧詭譎──試談莊子寓言個性〉,《甘肅教育學院學報(社會科學版)》第 18 卷專輯(2002 年),頁 46～47。

15. 陳紅兵：〈莊子研究的不同視角和方法——陳鼓應、劉笑敢、顏世安莊子研究述評〉，《淄博學院學報（社會科學版）》第 18 卷第 1 期（2002 年 3 月），頁 20～22。

16. 林漢彬：〈試探《莊子》「莊周夢蝶」的幾種詮釋取向與效用〉，《東華中國文學研究》創刊號（2002 年 6 月），頁 33～56。

17. 劉文英：〈莊子蝴蝶夢的新解讀〉，《文史哲》第 5 期（2003 年），頁 66～70。

18. 范曾：〈莊子的生命體驗——從說夢到徹悟生死〉，《解放軍藝術學院學報》第 1 期（2003 年），頁 71～72。

19. 包兆會：〈二十世紀《莊子》研究的回顧與反思〉，《文藝理論研究》第 2 期（2003 年），頁 30～39。

20. 郭公民：〈「莊周夢蝶」的悲劇內涵及其哲學指歸〉，《湖州師範學院學報》第 25 卷（2003 年 6 月），頁 134～137。

21. 刁生虎：〈莊子物化論及其影響〉，《番禺職業技術學院學報》第 2 卷第 2 期（2003 年 6 月），頁 16～20。

22. 趙衛民：〈莊子的風神——〈齊物論〉新探〉，《淡江大學中文學報》第 8 期（2003 年 7 月），頁 13～34。

23. 張京華：〈評近十餘年出版的四部莊子研究博士論文〉，《河南科技大學學報（社會科學版）》第 21 卷第 3 期（2003 年 9 月），頁 33～36。

24. 張廷國：〈「莊周夢蝶」的現象學意義〉，《學術研究》第 2 期（2004 年），頁 24～25。

25. 鄭杰文：〈《莊子》論墨與戰國中後期墨學的流傳〉，《齊魯學刊》第 5 期（2004 年），頁 17～23。

26. 李耀南：〈夢歟覺歟〉，《學術研究》第 1 期（2004 年），頁 32～34。

27. 賴錫三：〈神話、《老子》、《莊子》之「同」「異」研究——朝向「當代新道家」的可能性〉，《臺大文史哲學報》第 61 期（2004 年 11 月），頁 139～178。

28. 梁淑芳：〈論莊子的生死觀及其對現代人的啟示〉，《研究與動態》第 11 期（2004 年 12 月），頁 187～207。

29. 唐坤：〈略論莊子超越生死的曠達境界〉，《江漢論壇》（2004 年 12 月），頁 50～52。

30. 孫琪：〈「莊周夢蝶」的生態美學解讀〉，《貴州社會科學》第 1 期（2005 年 1 月），頁 72～75。

31. 劉偉安：〈論莊子的蝴蝶夢——人生在夢幻中超越〉，《台州學院學報》第 27 卷第 1 期（2005 年 2 月），頁 41～45。

32. 劉昌佳：〈《莊子》的語言層次論與道〉，《興大人文學報》第 35 期（2005

年 6 月），頁 275～296。

33. 張蘭花：〈論莊子之夢的文化地位〉，《商丘師範學院學報》第 21 卷第 3 期（2005 年 6 月），頁 100～103。

34. 張蘭花、白本松：〈莊子是中國「夢象藝術」的創始人〉，《中州學刊》第 4 期（2005 年 7 月），頁 190～194。

35. 潘國好：〈白馬堪做蝴蝶飛——白馬非馬論題和莊周夢蝶反映的邏輯和想像力反變關係研究〉，《天水師範學院學報》第 25 卷第 4 期（2005 年 8 月），頁 57～59。

36. 許雅芳：〈從笛卡兒之「夢幻論證」探究「莊周夢蝶」的哲學意涵〉，《鵝湖月刊》第 31 卷第 6 期（2005 年 12 月），頁 34～43。

37. 鄔強：〈《莊子》經典夢意象的美學分析——以「莊周夢蝶」爲例〉，《船山學刊》第 1 期（2006 年），頁 99～101。

38. 伏愛華：〈「莊周夢蝶」的美學意義〉，《安徽大學學報（哲學社會科學版）》第 30 卷第 2 期（2006 年 3 月），頁 36～39。

39. 曹東海：〈楚文化視野中的《莊子》藝術變形〉，《江漢論壇》（2006 年 4 月），頁 100～102。

（三）「夢」的研究

1. 李寧寧：〈夢的理論及發展〉，《學海》（1995 年 6 月），頁 61～66。

2. 易健賢：〈劉勰三夢和他的「奉時以騁績」心態——關於《文心雕龍》成書的思考〉，《貴州教育學院學報（社會科學版）》第 1 期（1996 年），頁 1～7。

3. 汪鳳炎：〈論中國古代釋夢心理學思想〉，《南京師大學報（社會科學版）》第 3 期（1997 年），頁 90～93。

4. 燕良軾：〈中國古代的釋夢心理思想〉，《長沙電力學院社會科學學報》第 4 期（1997 年），頁 43～48。

5. 郭永玉：〈精神分析夢論的三個里程碑〉，《醫學與哲學》第 18 卷第 3 期（1997 年），頁 153～155。

6. 劉曉明：〈夢：一種人類奇特的思維方式——論夢的本質特徵及其成因〉，《浙江師大學報》第 6 期（1998 年），頁 105～109。

7. 鍾玖英：〈夢之喻與傳統文士心態〉，《修辭學習》第 4 期（1998 年），頁 8～9。

8. 華同：〈夢與文學〉，《中華文化》第 12 期（1998 年 6 月），頁 56～58。

9. 張雷：〈夢幻之魂　主體之神——試論中國古代夢幻文化與主體夢幻體驗〉，《西安航空技術高等專科學校學報》第 17 卷第 1～2 期（1999 年 6 月），頁 15～18。

10. 向學力：〈夢的發生及其道德意蘊——佛洛伊德《夢的解析》研究〉，《常德師範學院學報（社會科學版）》第 25 卷第 1 期（2000 年 1 月），頁 8～10。

11. 鄧新躍：〈先秦文學中的夢意象〉，《文史雜誌》第 3 期（2001 年），頁 59～62。

12. 趙必珊：〈劉勰二夢的心理分析〉，《湖北成人教育學院學報》第 1 期（2001 年 1 月），頁 20～22。

13. 張廣保：〈原始道家道論的展開——道家形而上的夢論與生死論〉，《中國哲學史》第 3 期（2002 年），頁 96～106。

14. 賈岸：〈《序志》說夢因緣探賾——劉勰生年辨〉，《臨沂師範學院學報》第 25 卷第 1 期（2003 年 2 月），頁 30～33。

15. 高梓梅：〈古代文學作品中的魂靈托夢現象〉，《南都學壇（人文社會科學學報）》第 23 卷第 4 期（2003 年 7 月），頁 72～74。

16. 王文戈：〈以夢設喻的審美意識〉，《湖北師範學院學報（哲學社會科學版）》第 24 卷第 1 期（2004 年），頁 90～97。

17. 張曙光：〈夢與覺：一個典型的存在論論題〉，《學術研究》第 1 期（2004 年），頁 27～31。

18. 高秉江：〈夢與自我意識確定性〉，《學術研究》第 2 期（2004 年），頁 22～23。

19. 王兵：〈三種夢境一樣人生——試析《莊子》、《牡丹亭》、《紅樓夢》之夢〉，《遼寧教育行政學院學報》第 21 卷第 5 期（2004 年 5 月），頁 75～76。

20. 苟波：〈從「夢幻」故事看巫術、道術以及人類「征服自然」的理想〉，《社會科學研究》（2004 年 5 月），頁 66～69。

21. 王文戈：〈文學夢的敘述特徵〉，《鄱陽師範高等專科學校學報》第 24 卷第 4 期（2004 年 8 月），頁 23～29。

22. 鄔強：〈文本之夢的美學特徵——略論自然之夢衍化爲文本之夢的內部原因〉，《山東社會科學》第 9 期（2005 年），頁 113～115。

23. 苟波：〈道教的「出世」人生理想與「夢幻」故事〉，《宗教學研究》第 1 期（2005 年），頁 24～30。

24. 高梓梅：〈解讀古代文學作品中的鬼魂托夢〉，《河南社會科學》第 13 卷第 2 期（2005 年 3 月），頁 123～125。

25. 王文戈：〈文學作品中夢的眞實性建構〉，《華中師範大學學報（人文社會科學版）》第 45 卷第 2 期（2006 年 3 月），頁 90～97。

（四）其　他

1. 樂蘅軍：〈中國原始變形神話試探（上）〉，收於《中國古典文學論叢——

冊三：神話與小說之部》（台北：中外文學月刊社，1976 年），頁 1～12。

2. 王德明：〈中國傳統烏托邦的文化分析〉，《社會科學家》第 3 期（1994 年），頁 55～60。

3. 鄭芳：〈論文學創作出現相同現象的潛意識因素〉，《社會科學家》第 2 期（1999 年），頁 69～73。

4. 關山：〈龜爲上古神話中的智慧神考〉，《廣西梧州師範高等專科學校學報》第 15 卷第 2 期（1999 年 5 月），頁 9～14。

5. 蔣向豔：〈蝴蝶在中國古典文學裡的兩個文化涵義〉，《棗莊師專學報》第 18 卷第 1 期（2001 年 2 月），頁 31～33。

6. 魯亮：〈生爲附贅縣疣 死爲決疣潰癰——從髑髏作品的流變看道家的生死觀〉，《蒙自師範高等專科學校學報》第 3 卷第 3 期（2001 年 6 月），頁 23～26。

7. 王向東：〈卡夫卡與老莊〉，《西昌師範高等專科學校學報》第 13 卷第 3 期（2001 年 9 月），頁 50～55。

8. 楊麗萍：〈淺談中國古代悲劇意識的消解因素——酒、仙、夢、自然〉，《北京聯合大學學報》第 16 卷第 4 期（2002 年 12 月），頁 16～19。

9. 苟波：〈中國古代的「原始樂園」神話及哲學解讀〉，《四川大學學報》第 5 期（2003 年），頁 53～58。

10. 石曉輝：〈潛意識・集體潛意識・社會潛意識〉，《欽州師範高等專科學校》第 18 卷第 4 期（2003 年 12 月），頁 15～17。

11. 苟波：〈中國古代的「仙境」觀念、「遊歷仙境」小說和道教倫理〉，《江西社會科學》（2004 年 9 月），頁 61～66。

12. 宿好軍：〈對物化世界的驚懼與反抗——卡夫卡《變形記》解讀一種〉，《烏魯木齊職業大學學報》第 13 卷第 3 期（2004 年 9 月），頁 94～96。

13. 蔣文燕：〈形骸爾何有 生死誰所戚——張衡和他的《骷髏賦》〉，《古典今讀》（2004 年 12 月），頁 80～84。

14. 夢二冬：〈中國文學中的烏托邦理想〉，《北京大學學報（哲學社會科學版）》第 42 卷第 1 期（2005 年 1 月），頁 41～50。

15. 趙渭絨：〈試析世界文學中的烏托邦現象〉，《南寧師範高等專科學校學報》第 22 卷第 1 期（2005 年 3 月），頁 30～32。

16. 徐愛琳：〈中西文學之烏托邦現象概論〉，《江西科技師範學院學報》第 6 期（2005 年 12 月），頁 78～81。

17. 趙玉玲：〈重析「小國寡民」——談道家的現代意義〉，《武漢大學學報（人文科學版）》第 59 卷第 1 期（2006 年），頁 91～95。

18. 曾豔兵：〈爲何變形？卡夫卡《變形記》解析〉，《語文講堂》（2006 年 4 月），頁 44～51。

三、學位論文

（一）《列子》研究

1. 黃美煖：《列子神話、寓言研究》（台北：台灣師範大學國文研究所碩士論文，1986 年）。

2. 陳月婷：《列子人生哲學研究》（台北：中國文化大學哲學研究所碩士論文，1995 年）。

3. 楊玉如：《《列子》達生思想研究》（台北：政治大學中國文學研究所碩士論文，2000 年）。

4. 黃翔：《《列子》寓言思想研究》（台北：台灣大學中國文學研究所碩士論文，2002 年）。

5. 蔡政翰：《《列子》生命哲學研究》（高雄：高雄師範大學國文教學碩士班，2003 年）。

（二）《莊子》研究

1. 徐聖心：《莊子內篇夢字義蘊試詮》（台北：台灣大學中國文學研究所碩士論文，1991 年）。

2. 黃漢耀：《莊子「真人」思想研究》（台北：中國文化大學哲學研究所碩士論文，1991 年）。

3. 余靜惠：《死亡的問題與《莊子》哲學的回應》（桃園：中央大學哲學研究所碩士論文，1994 年）。

4. 張昭珮：《莊子一書中的「真人」研究》（台北：輔仁大學哲學研究所博士論文，1999 年）。

5. 汪逸楓：《莊子〈齊物論〉研究》（台中：東海大學哲學研究所碩士論文，2000 年）。

6. 李宗蓓：《莊子生死觀研究》（台北：輔仁大學中文研究所碩士論文，2000 年）。

7. 沈雅惠：《莊子「用」思想之研究》（台北：中國文化大學哲學研究所碩士論文，2001 年）。

8. 朱玉玲：《《莊子》「無用之用」思想研究》（台北：台北市立師範學院應用語言文學研究所碩士論文，2003 年）。

9. 蕭世楓：《莊子·齊物論研究》（嘉義：中正大學中國文學研究所碩士論文，2004 年）。

10. 郭冠麟：《論莊子哲學中的「生」與「死」》（台北：輔仁大學哲學研究所碩士論文，2005 年）。

11. 鄭均瑋：《《莊子》生死觀研究》（台北：台灣大學哲學研究所碩士論文，2005 年）。

（三）「夢」的研究

1. 黃銘亮：《先秦兩漢間夢的類型與意義——中國古代夢的迷思》（台北：台灣大學歷史學研究所碩士論文，1993 年）。

2. 葉慧玲：《元雜劇中「夢」的探析》（台北：台灣師範大學國文研究所碩士論文，2000 年）。

3. 賴素玫：《解釋的有效性——六朝志怪小說夢故事研究》（台中：中興大學中國文學研究所碩士論文，2001 年）。

4. 熊道麟：《先秦夢文化探微》（高雄：高雄師範大學國文研究所博士論文，2002 年）。

5. 王文革：《文學夢的審美分析》（湖北：華中師範大學博士論文，2004 年）。

6. 王志瑜：《唐代傳奇夢之研究》（台北：中國文化大學中國文學研究所碩士論文，2005 年）。

7. 鄒強：《中國經典文本中夢意象的美學研究》（山東：山東大學博士論文，2006 年）。

四、網站資料

1. 陳寒鳴：〈列子夢論——列子與夢的探索〉，中華文史網（2006 年 11 月 2 日），http://www.historychina.net/Search/index.jsp。